대한민국 골프 산업의 모든 것!

대한민국 골프백서

대한민국 골프백서

2013년 7월 5일 초판 1쇄 인쇄
2013년 7월 10일 초판 1쇄 발행

지은이 | 골프존 마켓인텔리전스팀
펴낸이 | 진욱상
본문 편집 | ㈜골프존 카운티
일러스트 | 김경찬
펴낸곳 | 백산출판사
등록 | 1974. 1. 9. 제 1-72호
주소 | 서울시 성북구 정릉 3동 653-40
전화 | 02)914-1621, 02)917-6240
팩스 | 02)912-4438

http://www.ibaeksan.kr
editbsp@naver.com

ISBN 978-89-6183-737-8 03690
값 | 25,000원

대한민국 골프 산업의 모든 것!

대한민국
골프백서

골프존 마켓인텔리전스팀 지음
이화여대 원형중 교수 감수

백산출판사

발간사

골프는 과거 일부 선수들과 부유층 같은 특정 집단의 전유물로 여겨졌던 것에 비해 오늘날 개인의 건강 증진, 여가 선용, 그리고 친목 도모와 같은 삶의 즐거움은 물론이거니와 고용 창출, 국가 이미지 제고, 국제 교류 등 경제 효과 창출에도 큰 역할을 하고 있습니다.

한국의 골프 산업 또한 짧은 역사에도 불구하고 양적으로나 질적으로 눈부신 발전을 이루었습니다. 1982년 '뉴델리아시안게임'에서 골프가 정식 종목으로 채택된 이후, 각종 국제 대회에서 한국 대표팀이 우승을 차지하고, 1998년 여자 골프의 최고 무대인 LPGA 'US여자오픈'에서 박세리 선수가 우승을 하면서부터 세계인의 기억 속에 '골프 대한민국'을 각인시키게 되었습니다.

특히, 매년 퍼블릭 골프장 및 연습장이 증가하고, 누구나 쉽게 즐길 수 있는 스크린골프의 활성화, 가격 거품이 사라지고 있는 골프 용품 시장의 성장 등으로 인해 골프는 대중과 더욱 가까워지고 있습니다.
최근 프로 선수들의 지속적인 선전과 더불어 2016년 리우데자네이루올림픽에서 골프가 정식 종목으로 채택된 점은 우리나라 골프 시장의 기반을 더욱 든든히 할 호재로 작용할 것으로 기대됩니다.

하지만 골프 저변 확대 및 다방면에 걸친 골프의 영향력 강화를 위해서는 급변하는 환경에 적극적으로 대처하기 위한 전략 수립이 필요합니다. 전통적인 골프에 IT와 문화를 결합한 스크린골프와 같이 새로운 수요를 충족하기 위해 지속적인 투자와 노력을 하거나, 학교 중심의 골프 활동을 전개하여 골퍼 수 증대에 힘쓰는 등 국민 모두가 쉽게 골프를 즐길 수 있도록 생활 체육 여건을 지속적으로 확대해 나가야 합니다.

이와 관련하여 〈대한민국 골프백서〉는 골프에 대한 역사 및 트렌드 변화에 대한 이해, 그리고 골프와 관련된 다양한 산업의 현황 자료와 더불어 골퍼들의 골프 관련 이용 행태에 대한 조사 결과를 제공함으로써 골프 시장 전반에 대한 실태와 발전 정도를 보여주는 귀중한 자료라고 할 수 있습니다.

이 책이 각 골프 단체 및 관련 학과, 연구소 등 골프 산업 관계자들의 골프에 대한 이해를 높이고 골프 시장의 변화를 파악하는 데 도움이 될 수 있는 자료가 되기를 기대합니다.

끝으로, 이 책의 발간을 위해 애써 주신 집필진 및 관계자 여러분의 노고에 감사의 말씀을 전합니다.

2013년 6월

(주)골프존

대표이사 김원일

감수의 글

우리나라 골프 인구는 400만 명에 이르고 빠른 속도로 대중화되고 있습니다. 대한민국 골프 산업의 성장을 대표한다고 볼 수 있는 골프존에서 새로운 각도에서 골프를 해석하는 시도를 했습니다. 기존 골프 관련 도서와는 상당한 차별성을 지닌 〈대한민국 골프백서〉는 우리나라 골프 문화의 또 다른 성장과 발전에 기여할 것으로 믿습니다. 이 책은 다음과 같이 구성되었습니다.

1장 골프에 대한 이해에서는 골프의 기원과 대표적 국가(미국, 일본)에 대한 전반적인 역사 및 한국의 골프 발달 과정을 살펴보았습니다. 2장 국내 골프 산업의 이해에서는 우리나라 골프장, 필드, 실내 및 실외 연습장, 스크린골프장의 현황을 표와 그림을 통하여 알기 쉽게 제시함으로써 골프 산업에 관심을 가진 기업인들이 참고, 활용할 수 있도록 하였습니다. 3장은 골프 용품 및 웨어, 기타 골프 산업 부분으로 골프장 이외에 골프 산업 전반에 대한 발달 과정을 과거부터 현재에 이르기까지 폭넓게 살펴보았으며, 골프 여행 부분을 통하여 현재 골프 참여자들의 참여행태를 한눈에 파악할 수 있도록 하였습니다. 또한 LPGA와 PGA 대회를 소개하여 프로 대회에 갤러리로 참여하고 싶은 아마추어들에게 도움이 되는 정보를 제공함으로써 기존 골프 도서와의 차별화를 시도했습니다. 4장 국내 골프 인구 및 골프 이용 행태에서는 골프 인구의 특성을 알기 쉽게 제시하고 있으며, 그들이 각 형태의 골프장(필드, 실내 · 외 연습장, 스크린골프장) 선택 시 고려요인을 제공하였습니다. 또한 대한민국 골퍼 유형을 소개하여 그들의 참여 특성을 파악하기 쉽도록 하였기에, 골프를 전공하는 학생들에게도 매우 유용한 정보원으로 활용될 수 있습니다. 5장의 골프 관련 상식에서는 골프 참여 시에 필요한 기본 상식을 제공하였습니다. 또한 필드를 처음 접하는 아마추어 골퍼들이 갖추어야 할 소양을 소개하고 골프클럽 구조를 이해할 수 있는 정보를 제공하였습니다.

이 책은 골프 하는 분이라면, 그리고 골프 관련 업종에 종사하는 분이라면 기본적으로 알아야 할 상식과 정보들을 담고 있습니다. 〈대한민국 골프백서〉에서는 꼭 필요한 기본적인 정보를 다양한 시각과 방법으로 제공하고 있으므로, 기업인들이 사업에 필요한 정보를 각종 전문 인터넷 매체와 신문잡지를 통하여 수집하는 수고를 덜어줄 것으로 확신하는 바입니다.

또한 필드를 처음 접하는 사람들이 항상 당황스러워하는 에티켓은 누가 일일이 가르쳐줄 수 없는 상식입니다. 또한 클럽의 구조와 관리, 골프의 역사는 골프 전문가인 프로들도 자세히 설명하기 어려운 부분입니다. 이 책은 이와 같은 궁금증을 해결할 수 있도록 꼭 필요한 부분만을 엄선하여 매우 간단명료하게 설명하고 있습니다.

〈대한민국 골프백서〉는 자칫 지루하고 어려울 수 있는 내용을 그림과 사진, 표를 통하여 재미있고 알차게 꾸몄기에, 보는 내내 즐거운 마음을 선사합니다. 오랜 기간 골프 산업 분야에서 일해 온 필자가 강력히 추천하는 교양 골프 도서입니다. 감사합니다.

2013년 6월

이화여대 체육과학부

원형중 교수

Contents

4장 국내 골프 인구 및 골프 이용 행태

5장 골프 관련 상식

1장

골프에 대한 이해

01

골프의 역사

1. 골프의 기원과 탄생

골프의 기원에 대해서는 여러 가지 설(說)이 있지만, 정확한 근거에 대해서는 아직까지 의견이 분분하다. 가장 유력하게 논의되는 내용으로는 스코틀랜드의 국왕 제임스 2세가 칙령을 내린 '골프 금지령'이 있는데, 이는 골프에 대한 최초의 문서 기록으로 그 기원을 유추해 볼 수 있다.

1457년 스코틀랜드의 국왕 제임스 2세는 이웃나라 잉글랜드와 전쟁의 위협에 처해 있는 상황에서 병사들이 궁술 훈련을 받아야 함에도 불구하고, 골프를 즐기느라 훈련을 게을리한다고 판단하여 의회의 법령을 통해 골프를 금지시켰다. 이 금지령에는 "골프가 지나치게 성행하여 이웃 잉글랜드와의 전쟁에 대비하는 궁술 연습에 심각한 방해가 되므로 12세 이상 50세까지의 국민에게 골프를 금한다"라는 내용이 명시되어 있다. 이를 근거로 골프가 스코틀랜드에서 처음 시작되었으며, 골프의 실제 발생 시기는 이보다 훨씬 이전이라는 것을 유추할 수 있다.

제임스 2세의 골프 금지령

자료: 대한골프협회, 사진으로 보는 한국 골프사

최근에 가장 인정받고 있는 또 다른 설은 골프가 13세기 중엽 스코틀랜드 지방의 목동들로부터 시작되었다는 설이다. 넓은 초원에서 양을 치던 목동들이 무료함을 달래기 위해 양몰이에 사용하는 지팡이로 돌멩이, 열매 등을 쳤는데 이것이 주변의 토끼 굴에 들어가자 재미를 느꼈다. 그 후로 동료들과 몇 번씩

초기 골프의 모습

자료: 대한골프협회, 사진으로 보는 한국 골프사

돌을 쳐야 토끼 굴에 돌을 넣을 수 있는지를 놓고 내기를 하게 되었고, 이 놀이가 점차 정형화되어 오늘날 보는 골프의 형태를 띠게 되었다는 내용이다.

이 밖에도 스코틀랜드 동쪽 해안에서 고기잡이를 하는 어부들이 배에서 내려 집으로 가는 동안 나무막대를 이용하여 돌을 치자, 이 돌이 양들이 지나가면서 생긴 길 위의 구덩이 등에 들어간 것이 골프의 기원이라는 설도 있다.

이를 뒷받침하는 근거로, '골프'의 어원이 스코틀랜드의 고어(古語)인 '고프(Goulf)'에서 유래했다는 것이 최근 골프 학계의 중론이다. 고프(Goulf)는 '치다'를 의미하는 단어로, 원래 '치다'를 의미하는 영어 커프(Cuff)의 첫 글자 C가 스코틀랜드식인 G로 변화하여 고프(Goulf)가 되었고, 점차 어휘가 변하여 골프(Golf)가 되었다는 것이다. 또 다른 근거로, 초창기 골프 클럽의 재료인 과수목과 이를 가공하는 가공 기술 보유자가 스코틀랜드에 많았다는 것도 스코틀랜드가 골프의 발상지란 설을 뒷받침하고 있다.

2. 세계 각국의 골프 원형(原形)

골프의 탄생지인 스코틀랜드를 비롯하여 유럽의 여러 나라에서도 비슷한 시기에 골프와 유사한 형태의 스포츠가 있었으며, 우리나라 및 중국, 일본 등에서도 골프와 유사한 형태의 스포츠가 있었던 것으로 확인되었다.

로마시대의 파가니카(Pila Paganica) 기원전 100~44년경은 로마 제국이 지중해 지역뿐만 아니라 서유럽까지 영토를 확장했던 시기로, 이 시기의 로마인들이 '파가니카'라는 게임을 즐겨했다는 기록이 있다. 유럽 전역을 정복하고 영국해협을 건너 잉글랜드, 스코틀랜드성까지 정복한 로마 병사들은 야영지에서 쉬던 중 새털로 만든 볼을 클럽과 비슷하게 생긴 막대기로 치며 즐겼는데, '피가니카'라고 불리던 이 놀이가 스코틀랜드에 남아서 골프가 되었다는 설이다.

파가니카 게임에서 사용한 공은 직경이 4~7인치(10~18㎝) 정도로 오늘날의 골프 볼과는 큰 차이가 있으나, 차츰 유럽지역에 전파되면서 스코틀랜드의 '고프(Goulf)', 잉글랜드의 '캄부카(Cambuca)', 프랑스의 '죄 드 마이(Jeu de Mail)', 네덜란드의 '콜벤(Kolven)'처럼 다양한 유형의 클럽과 공을 이용하는 놀이로 발전하여 골프와 유사한 스포츠의 원형이 되었을 것이라 추론하고 있다.

잉글랜드 캄부카

자료: 글로스터 대성당(Gloucester Cathedral)
그레이트 이스트 윈도우(Great East Window)

잉글랜드의 캄부카(Cambuca) '캄부카'는 14세기 중반 잉글랜드에서 유행했던 놀이로, 파가니카와 유사한 점을 많이 갖고 있다. 휘어진 막대기를 사용했다는 점이나 가죽으로 만든 공을 특정 위치를 표시한 곳으로 날리는 점 등이 유사하다.

그러나 1363년에 잉글랜드 왕 에드워드 3세는 "모든 신체 건강한 사람은 축제일에 어떤 종류의 경기도 해서는 안 된다"라는 내용의 캄부카 금지령을 선포했다. 때문에 주민들은 감옥에 가지 않기 위하여 캄부카 대신 활쏘기를 즐기게 되었다.

프랑스의 죄 드 마이(Jeu de Mail)를 즐기는 모습(상)과 클럽/볼(하)

프랑스의 죄 드 마이(Jeu de Mail)와 숄레(Chole) 프랑스 남부 지방에서는 골프와 유사한 형태인 '죄 드 마이'라는 스포츠가 존재했다. 죄 드 마이(Jeu de Mail)는 프랑스어로 '방망이로 하는 게임'이라는 의미다. 이 게임도 로마시대의 파가니카와 비슷한 점이 많은데, 강철로 된 방망이를 이용하여 나무로 만들어진 볼을 장거리 코스를 따라 특정 위치까지 몰고 가면서 즐기는 게임이다. 특히 최소한의 타수로 도착하는 사람이 이기는 것이 골프와 유사하다. A. 롭은 〈골프와 골퍼의 역사에 대한 일화〉(1863년)라는 책에서 죄 드 마이가 골프와 상당히 유사한 경기라 기술하고 있다.

프랑스 북부 지방에서는 죄 드 마이와 유사한 형태의 '숄레'라는 경기가 존재했다. 숄레(Chole)는 프랑스어로 '구부러진 스틱'을 의미하며, 14세기 프랑스 북부 및 벨기에 지방에서 즐겼던 것으로 알려지고 있다. 숄레에 사용되는 클럽은 죄 드 마이와 마찬가지로 헤드 부분이 강철로 이루어져 있고 가죽으로 만들어진 공을 이용했다. 그러나 숄레는 하키와 같은 방식의 팀 스포츠로, 양 팀이 하나의 공을 이용하여 목표물에 도착하는 방식이라는 점에서 골프와 뚜렷한 차이를 보인다.

네덜란드의 코르프(Kolf, 좌)와 콜벤(Kolven, 우)

네덜란드의 코르프(Kolf)와 콜벤(Kolven) 네덜란드에서는 13세기부터 '코르프'와 '콜벤'이라 불리는 경기가 골프와 유사한 형태로 존재했다. 코르프(Kolf)는 네덜란드어로 '막대기'를 의미하며, 주로 어린이들이 실내에서 즐겨 하던 놀이였다. 놀이 방식은 실내의 양쪽에 표시목을 세워 놓은 다음, 그것을 중심으로 바닥에 라인을 그어 공을 표시목에 가깝게 놓을수록 높은 점수를 얻는 것이다.

콜벤은 주로 추운 겨울, 얼음 위에 여럿이 모여 하는 게임으로, 끝이 쇠로 된 막대기를 이용하여 고무나 가죽을 씌운 양털로 만든 공을 치는 방식이다. 당시 네덜란드는 여러 나라와 무역을 했었는데, 양모를 중심으로 무역이 이루어졌던 스코틀랜드에 콜벤이 전파되어 오늘날의 골프로 발전되었다는 설이 있다.

중국의 추이환(摧丸) 중국 간쑤성(甘肅省) 란저우(蘭州)에 위치한 한 사범대학교의 링훙링(凌弘嶸) 교수는 1991년 호주의 한 학회지(ASSH Bulletin)에 "골프의 원조는 중국(Verification of the Fact That Golf Originated from Chuiwan)"이라는 글을 게재하여 중국이 골프의 발상지라는 원조론을 주장했다. 이러한 근거로 링 교수는 중국 당나라 시대에 이미 골프와 유사한 형태의 '추이환(摧丸)'이라는 스포츠를 즐겼다는

당나라의 추이환(摧丸)을 즐기는 모습

자료: 대한골프협회, 사진으로 보는 한국 골프사

원나라의 추환도벽화(捶丸圖壁畵, 좌)와 명나라의 선종행락도(宣宗行樂圖, 우)

자료: 대한골프협회, 사진으로 보는 한국 골프사

사실이 쓰인 〈남당(南唐)의 사서(史書)〉(943년)를 인용했다.

이 사서에 따르면 추이환을 즐기기 위해 골프 룰 북에 해당하는 〈환경(丸經)〉이라는 책을 만들었는데, 환경에 의하면 공을 권(權)이라 불렀고, 클럽은 구봉(毬棒)이라 칭했던 것으로 기록되어 있다. 또한 원나라 시대에 그려진 '추환도벽화(捶丸圖壁畵)'에서 오늘날의 골프와 비슷한 형태로 경기하는 모습을 확인할 수 있으며, 명나라의 '선종행락도(宣宗行樂圖)'에서는 선종(宣宗)이 공을 치기 전, 양손에 구봉을 들고 고민하는 듯한 모습이 그려져 있다.

우리나라의 격구(擊毬), 장구(杖毬) 우리나라에도 골프와 유사한 형태의 '격구(擊毬)'라는 스포츠가 삼국시대부터 존재한 것으로 보인다. 격구가 우리나라에 언제 들어왔는지는 확실치 않지만, 〈고려사(高麗史)〉에 따르면 918년(태조 1년)에 상주적수(尙州賊帥)인 아자개(阿字蓋)가 투항하고 싶다는 의사를 표해왔을 때, 그를 맞이한 환영식 연습을 격구장에서 하였다는 기록이 있는 것

조선의 〈무예도보통지(武藝圖譜通志)〉에 기록된 격구(擊毬) 동작

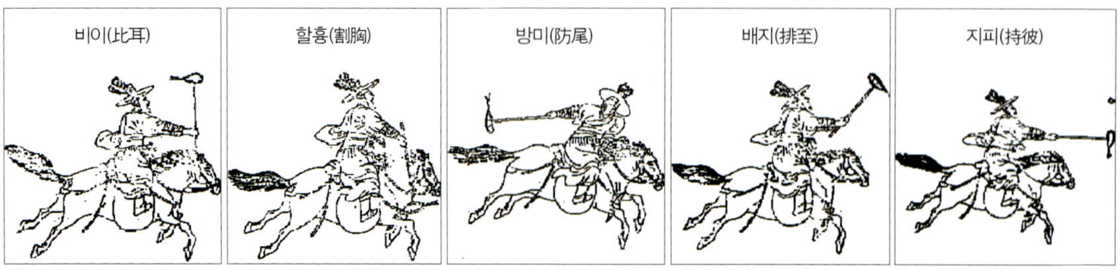

자료: 대한골프협회, 사진으로 보는 한국 골프사

으로 미루어 보아 고려시대 이전(즉, 후삼국시대)부터 격구가 행해졌음을 짐작할 수 있다. 고려시대에는 격구 경기를 주로 단오절 궁중 행사로 진행했고, 왕족은 물론 부녀자도 즐긴 것으로 알려졌다.

격구는 말을 타고 가면서 나무 막대기로 공을 치는 경기로, 골프보다는 폴로와 유사한 형태를 지녔다고 볼 수 있다. 그러나 조선시대에 이르러 '보격구(步擊毬)'라는 도보 형태로 변화하여 골프와 유사한 게임이 되었다.

'장구(杖毬), 장치기, 얼레공치기'라고 불린 보격구는 조선시대 세조 3년(1421년)에 이에 대한 경기 규칙을 문헌을 통해 정리해 놓았다고 〈우리민족의 놀이문화〉(조완묵 지음)에 기술되어 있다.

또한 〈세종실록〉과 〈세조실록〉에도 장구(杖毬)를 즐긴 기록이 나온다. 세종은 큰아버지인 정종과 궁전에서 양편으로 나눠 장구를 즐겼고, 세조도 사정전에서 왕자들과 종친들을 모아 장구를 즐겼다는 기록이 존재한다. 그러나 이후 '왕이 장구와 같은 천한 놀이를 해서는 안 된다'라는 유교학자들의 반대로 궁내에서의 장구는 급속히 사라지고 말았다. 대신 장구는 규칙이 간단했기 때문에 아이들까지 즐기는 서민 놀이로 그 명맥을 유지해왔다.

3. 골프의 발전 과정

앞에서 세계 각국의 다양한 골프 유래에 대해 살펴보았다면, 이번에는 골프의 시국(始國)인 스코틀랜드를 중심으로 골프의 발전 과정에 대해 살펴보겠다.

스코틀랜드의 국왕 제임스 2세는 잉글랜드와의 전쟁 위협에 직면해 있는 와중에 골프가 궁술 훈련에 방해가 된다는 이유로 1457년 '골프 금지령'을 발표했다. 이 법으로 인해 평소 골프를 즐겼던 목동들과 서민들은 더 이상 골프를 칠 수 없게 되었다. 그러나 골프에 대한 열망이 컸던 일부 귀족과 서민들은 여전히 숨어서 골프를 쳤고, 이에 '골프 금지령을 어길 시에는 벌금형에 처한다'는 강력한 선포까지 내려지게 되었다.

이러한 왕명으로 한동안 골프가 금지되어 골프의 인기가 다소 사그라지는 듯했으나, 15세기 말 화약의 발명으로 활쏘기의 중요성이 떨어지고, 잉글랜드와 '글래스고 협약'을 체결하면서 스코틀랜드에 평화가 찾아오자 '골프 금지령'은 폐지되었다. 이를 계기로 왕족은 물론 귀족, 상인, 심지어 서민들에게까지 골프가 인기를 누리게 되어 골프 인구는 점점 증가하게 되었다.

스코틀랜드의 평화시대인 제임스 4세에 이르러 골프는 비약적인 발전을 이루게 되었다. 그러나 제임스 4세는 '골프 금지령'을 어기는 사람들을 구속하고, 벌금을 부과하는 골프 반대론자였다.

스코틀랜드 국왕 제임스 6세(좌)와 메리 스튜어트 여왕의 골프 치는 모습(중), 1800년대의 여성 골퍼(우)

자료: 대한골프협회, 사진으로 보는 한국 골프사

이에 많은 귀족들과 시민들이 '국민 건강에 유익한 스포츠를 금하는 것은 잘못'이라며 제임스 4세에게 항변하였고, 골프를 권장해야 한다고 적극 주장했다.

골프에 대한 스코틀랜드 국민들의 강한 애착심을 느낀 제임스 4세는 결국 코스에 나가서 직접 골프를 체험해 보았다. 처음에는 클럽으로 공을 제대로 맞추는 것도 성공하지 못했다. 이에 화가 난 제임스 4세는 이튿날 다시 코스에 나가서 연습을 했고, 몇 번의 샷을 성공시킨 것이 계기가 되어 열렬한 골퍼가 되었다고 전해진다.

제임스 4세의 아들인 제임스 5세와 손녀딸인 메리 스튜어트 여왕은 제임스 4세의 영향을 받아 골프에 대한 애정이 각별했다고 한다. 어릴 때부터 골프를 배운 제임스 5세는 왕실 전용 코스를 만들어 친구들과 함께 라운딩을 즐겼으며, 메리 스튜어트 여왕은 세인트앤드루스(Saint Andrews)에서 라운딩을 즐겼다고 한다. 특히 메리 스튜어트 여왕은 그녀의 남편인 프랑소와 2세가 죽은 지 사흘 만에 골프를 즐겼을 정도로 열렬한 골프 팬이었다. 그러나 이것이 의회에서 문제시되어 프랑스에서 고국인 스코틀랜드로 돌아오게 된다. 이후 그녀는 정치적 문제로 반대파에 의한 투옥, 도망, 전쟁, 재혼과 이혼 등 파란만장한 인생을 살면서도 틈이 나면 골프를 즐겼다고 한다.

메리 스튜어트 여왕의 아들인 영국 잉글랜드의 국왕 제임스 1세(스코틀랜드 국왕으로서는 제임스 6세) 또한 골프에 대한 애정이 각별하여, 1608년 런던 근교 블랙히스(Blackheath)에 6홀 규모의 로열 블랙히스 골프 클럽(Royal Blackheath Golf Club)을 만들기도 했다.

한편 메리 스튜어트 여왕이 골프를 즐기러 에든버러(Edinburgh)로 갈 때 함께한 프랑스 귀족의 어린 아들을 '카데(Cadet : 아우, 생도라는 뜻)'라고 칭하였는데, 이것이 오늘날 캐디(Caddie)의 어원이라고 알려져 있다.

02

국가별 근대 골프의 역사

1. 미국

골프의 도입

17~18세기에 스코틀랜드 이주민을 통해 미국으로 골프가 전파되었다고는 하나 확실한 근거가 있는 것은 아니다. 그리고 1779년에 '골프'란 단어가 처음 생겼다고는 하지만 이 시기에 미국 골프가 기원되었다고 말하기는 어렵다. 미국에 골프가 공식적으로 소개된 것은 1888년 스코틀랜드계 미국인 로버트 록하트(Robert Lockhart)와 존 레이드(John G. Reid)에 의해서다. 스코틀랜드 이주민인 두 사람은 세인트앤드루스 지방의 작은 도시 출신으로 학교 동창생이며, 미국의 초창기 골프를 정착시키는 데 공헌한 개척자이자 선구자이다.

존 레이드(John G. Reid)

자료: USGA 홈페이지

처음에 록하트가 고향 스코틀랜드에 방문했다가 접하게 된 골프 게임을 미국으로 돌아와 레이드와 함께 즐긴 것이 그 시초가 되었다. 1888년 11월 14일 레이드는 록하트를 비롯한 친구들과 골프 게임을 존속시키기 위한 모임을 제안했고, 모임의 명칭으로 '골프의 메카'인 스코틀랜드 세인트앤드루스의 이름을 그대로 사용하였다. 이 모임에서 골프에 대한 규칙 및 규정에 대해 논의했는데, 이것들을 모아 엮은 것이 바로 "Minute Book of the Golf"로 미국 골프 최

초기 미국의 골프 코스 전경

자료: USGA 박물관

초의 규정집이다.

'세인트앤드루스 클럽'은 골프 경기를 위해 뉴저지의 허드슨강과 페리사이드가 내려다보이는 사과밭 근처에 골프장을 설립하였고, 이를 계기로 '애플 트리 갱(Apple Tree Gang)'이라는 이름으로도 불리게 되었다.

이후 골프는 뉴욕의 다른 지방으로 퍼져나가면서 메도 브룩 온 롱아일랜드(Meadow Brook on Long Island), 리치몬드 온 스태튼 아일랜드(Richmond on Staten Island), 아즐리(Ardsley) 등 수많은 골프 코스가 생겨나게 되었다.

1890년 중반 이후에 만들어진 골프 코스들은 18홀 규모로 커졌으며, 코스 관리 등에도 많은 노력을 기울였다. 이를 계기로 미국 내 골프장 수는 급격하게 증가하여 세인트앤드루스 클럽을 설립한 지 10년 만에 약 1,000개의 골프장이 생겨나게 되었다. 또한 1894년에는 미국골프협회(USGA)가 발족하였고, 같은 해 세인트앤드루스에서 '전미오픈골프 선수권대회(US Open)'를 개최했다.

미국 골프의 발전

미국은 영국으로부터 골프를 도입하였기 때문에 초창기에는 영국 골퍼들로부터 많은 도전과 실패를 겪었다. 실제로 1894년에 시작한 US오픈은 첫해에 영국인 호레이스 로린(Horace Rawlins)이 우승컵을 거머쥐었고, 2회째 대회에서도 스코틀랜드의 제임스 포리스(James Foulis)가 우승을 차지했다. 1911년 존 맥더모트(John J. McDermott)가 우승할 때까지 US오픈은 잉글랜드와 스코틀랜드 출신 선수들의 무대였다고 해도 과언이 아니다.

그러나 1916년 미국프로골프협회(USPGA)가 탄생하면서 미국 골퍼들의 실력은 한층 향상되었고, 미국 골프의 발전에도 가속도가 붙기 시작하였다. 이후 미국 골프가 골프의 종주국인 영국(스코틀랜드)을 제치고 더 발전할 수 있었던 것은 세계대전의 영향이 매우 컸다. 1차 세계대전으로 인해 영국에서는 5년 동안 골프장의 신설 및 아마추어 골프 대회 개최 등이 금지되었고, 2차 세계대전 때는 영국의 많은 프로 골퍼들이 사망했으며, 코스 또한 폭격 등에 의해 황폐화되었다.

같은 시기에 미국 역시 골프 경기 개최 등은 중단하였지만, 전쟁으로 인한 직접적인 피해는 없어서 많은 발전을 할 수 있었다.

2. 일본

골프의 도입

일본에 골프가 처음 등장한 것은 1901년 스코틀랜드 출신의 아서 그룸(Arther H. Groom)이 잉글랜드와 스코틀랜드의 이주민들을 위해 고베 근교 로코산(六甲山) 정상에 6홀 규모의 코스를 개장하면서부터다. 이후 요코하마와 도쿄 인근에도 몇몇 골프장이 설립되었지만 초창기 회원의 대부분은 외국인들이었다.

최초의 일본인 골퍼로는 생사 무역상인 아라이 료이치로(新井領一郎)를 꼽을 수 있는데, 아라이는 1900년경 미국에서 골프를 배워 와서 주변 사람들에게 전파한 것으로 알려졌다. 이후 마츠다이라 요시타미(松平慶民), 가토 야스미치(加藤泰通)와 같은 외국 유학생들이 귀국하면서 일본에서도 골프에 대한 관심이 높아졌고, 1914년 고마자와(駒澤)에 9홀 규모의 일본인 골프장이 설립되었다.

일본 골프의 발전

일본에서 골프가 발전하게 된 계기는 다이쇼(大正) 일왕이 골프를 시작하면서부터다. 다이쇼 일왕은 1917년 다카나와고텐(高輪御殿)에서 골프를 시작하였으며, 후에 신주쿠교엔(新宿御苑)에서 골프 연습을 했던 것이 기록으로 남아 있다. 또한 1922년 영국 황태자가 일본을 방문했을 때 고마자와에서 다이쇼 일왕과 함께 매치 플레이를 한 것은 골프라는 스포츠가 일본인들에게 알려지는 계기가 되었다.

1924년에는 일본 골프계의 최고 기관인 일본골프협회(Japan Golf Association)가 설립되었다. 당시에는 고베 골프 구락부,

로코산(六甲山) 골프 코스

자료: 대한골프협회, 사진으로 보는 한국 골프사

일본 최초의 골프장인 동경 골프장(좌)과 영국 황태자의 라운딩 모습(우)

자료: 대한골프협회, 사진으로 보는 한국 골프사

일본 레이스 클럽, 동경 골프 구락부, 네기시 골프 구락부 등 8개 소속 단체가 있었다. *구락부-Club의 일본식 발음

1930년경에는 일본에서 본격적으로 골프 붐이 일어나기 시작했는데 홋카이도(北海道)에서 규슈(九州)까지 일본 전역에 30여 개의 골프장이 새롭게 생겨났고, 1932년에는 일본인을 위한 골프장이 60개에 이르렀다.

또한 '베이비 골프(Baby Golf)'라고 불리는 약식 골프가 성행하였고 대중 골프장, 실외 연습장 등이 생겨나면서 골프가 서민 스포츠로 발돋움하였다. 이와 함께 골프를 즐기는 계층 또한 노년층에서 청년층까지 그 폭이 넓어지게 되었다.

그러나 일본 역시 세계대전을 겪으면서 골프의 침체기를 겪게 된다. 1942년부터 1945년까지 공식적인 경기를 진행하지 못하였고, 패전 이후에는 일본에 주둔한 미군이 일본의 골프 코스를 접수하기 시작했다.

1946년부터 일본프로골프협회가 부활했고, 1949년에는 간토골프연맹과 간사이골프연맹이 재편성되어 아마추어/프로 골프 대회를 재개하였다. 1950년 이후에는 미군에게 접수되었던 골프 코스들이 일본인들에게 반환되면서 골프 붐이 다시 일었다.

3. 한국 골프의 역사

(1) 한국 골프의 역사

우리나라에 골프가 처음 도입된 시기는 1900년 구한말로, 황실의 고문이자 원산만의 세관으로 들어온 영국인들이 세관 구내에 6홀 규모의 코스를 만들어 골프를 즐겼다는 기록이 있다. 초창기에는 외국인 선교사와 외교관들이 골프를 즐긴 것으로, 실질적인 한국 골프의 시작은 1921년 조선 철도국에 의해서 효창원 내 6홀 규모의 골프 코스인 경성 골프 구락부가 개설되면서부터이다. 그러나 1923년에 효창원 골프 코스가 공원으로 편입됨으로써 청량리로 골프 코스를 이전하게 되었다.

효창원 골프 코스(상), 군자리 골프 코스(하)

자료: 대한골프협회, 사진으로 보는 한국 골프사

이때까지 골프 코스는 외국인을 중심으로 운영되었고, 1927년 영친왕이 군자리에 있는 땅 1만 평을 무상으로 빌려주며 골프장 건설비용 2만 원을 내놓아 1929년 전장 6,500야드 규모의 군자리 골프 코스가 설립되었다. 군자리 골프 코스 설립 이후, 한국인 골퍼들도 본격적으로 골프를 즐기게 되었는데, 현재 서울 컨트리클럽의 기초가 여기서 마련되었다고 할 수 있다.

이후 1924년 평양 골프 구락부, 1925년 필원산 골프 구락부, 1930년 부산 수영천 인근에 9홀 규

원산 골프 코스 전경(좌)과 골퍼(우)

자료: 대한골프협회, 사진으로 보는 한국 골프사

서울 군자리 골프 코스 전경

자료: 대한골프협회, 사진으로 보는 한국 골프사

모의 골프 코스가 설립된 것을 비롯해 대구, 평양, 원산, 부산 등지에서도 골프 코스가 생겨났다. 1937년에는 경성 골프 구락부에서 '조선골프연맹창립총회'가 개최되어 골프에 대한 규약과 임원을 결정하고 정식으로 조선골프연맹을 설립했다.

세계대전은 우리나라 골프 역사에도 영향을 주었다. 많은 골프 코스들이 식량 확보를 위해 농경지로 변모하였고, 광복 이후에 일부 코스들의 복구 작업을 진행했지만 6·25전쟁이 발발하여 또다시 황폐화되었다. 6·25전쟁이 끝난 후인 1953년 11월에 '서울 컨트리 구락부'가 군자리 코스의 코스 운영을 위해 창단되었으며, 1954년 7월이 되어서야 군자리 골프 코스가 전장 6,750야드(yd), 파(Par) 72 규모로 재탄생되었다.

(2) 한국 골프의 발달 과정

본격적인 한국 골프의 역사는 광복 이후로 보는 것이 일반적인 중론이다. 광복 이전에는 주로 외국인들에 의해서 골프 코스가 개장되었고, 이용자 역시 외국인들이 주를 이루었기 때문에 한국 골프의 역사로서 그 의미를 찾기 어렵다.

그런 와중에 1927년 조선의 영친왕이 사재를 들여 군자리에 골프 코스를 조성했으나(개장: 1929년), 세계대전과 6·25의 영향으로 폐장과 복구를 반복하게 된다. 이후 1953년 11월 '서울 컨트리 구락부' 창설, 1954년 '대통령 배 한국 아마추어 골프 선수권 대회' 개최, 1958년 '제1회 한국 프로 골프 선수권 대회'와 오픈 경기의 효시인 '한국 골프 선수권 대회'를 개최하면서 본격적으로 골프의 발전기를 맞게 된다.

그 후, 서울 컨트리 구락부에 의해 운영되었던 한국 골프계는 '제4회 월드컵 골프경기'(1956년) 참가를 계기로 한국 골프계를 대표할 수 있는 기관을 설립해야 할 필요성을 느끼게 된다. 당시 캐나다에서 열리는 국세 대회에 한국도 참여할 수 있는지에 대한 공문을 보내면서 '한국골프협회'라고 명칭을 정하였으나, 실무적인 일들을 서울 컨트리 구락부에서 처리하는 등의 편법이 생기자 골프계 인사들 사이에서 자타가 공인하는 한국 골프 대표기관을 설립하자는 중론이 일게 된 것이다.

이에 1959년 '한국골프협회'를 설립하였으나 한국 골프계를 대표하기에는 재정 및 운영 면에서 여러 가지 여건이 미흡했다. 또한 1960년 4·19혁명이 일어나며 정부에서 정당 및 사회단체에 해산 지시를 내림으로써 한국골프협회의 존재는 유명무실해지게 되었다. 결국 1965년에 이르러서야 한국골프협회가 정식으로 출범하였고, '국제골프연맹'과 '아시아 아마추어골프연맹'에 가입함으로써 국

박세리 선수

제 골프계와의 교류를 대표할 수 있는 기관의 역할을 하게 되었다.

1970년대에 들어서는 20개의 골프장이 새롭게 개장하면서 서울, 부산 중심에서 수도권 및 전국으로 골프가 확산되었다. 1980년대에 들어서는 아시안 게임과 올림픽을 계기로 골프장 설립에 대한 인허가 조건이 완화되어 골프장은 양적인 성장과 함께 점차 대중화되기 시작했다. 1990년대에는 이른바 용인 Big 3라고 일컬어졌던 신원 CC, 아시아나 CC, 은화삼 CC 등이 오픈하면서 국내 최초로 억대 회원권 상품을 만들어내면서 큰 이슈가 되었다.

골프 선수 및 대회 부분에서는 1982년 '뉴델리 아시안 게임'부터 골프가 정식 종목으로 채택됨에 따라 그동안 골프를 일부 특권층의 전유물이라 인식했던 국내에서도 스포츠라는 인식이 서서히 생겨나기 시작했다.

1984년에는 '대학골프연맹' 창설로 국제 대회를 준비했다. 그 결과 1986년 '서울 아시안 게임' 남자 단체전 금메달, 1990년 '북경 아시안 게임' 여자 개인 · 단체전 금메달, 1996년 17회 '세계 아마추어 골프 선수권 대회' 여자팀 우승 등 각종 국제 대회에서 한국 대표팀이 우승하면서 한국 골프에 대한 인지도 상승과 국위 선양의 선봉 역할을 했다.

그리고 1998년 여자 골프의 최고 무대인 LPGA 'US여자오픈'에서 박세리 선수가 우승을 차지하면서 전 세계에 한국 골프의 위상을 떨치는 결정적인 기회가 찾아왔다. 특히 박세리 선수의 우승은 단순히 해외의 유명 대회에서 우승을 차지한 것에 그치지 않고, 당시 IMF로 힘들어하던 우리 국민에게 힘과 용기를 주는 감동적인 드라마로 다가와 더 큰 의미를 갖게 했다.

박세리 선수 이후 김미현, 박지은, 송아리 선수 등이 세계 프로 골프 대회에서 우승을 차지하면서 대한민국에는 골프 붐이 일었고, 이것은 최근까지 LPGA에서 맹활약하는 박세리 kids(신지애, 서희경, 최나연, 유소연 선수 등)의 밑거름이 되었다.

[표-1] 한국 골프의 발달 과정(광복 이후)

연도	주요 내용
1950년대	- 1953년 '서울 컨트리 구락부' 창설 - 1954년 '서울 컨트리 구락부 코스' 개장 - 1954년 대통령 배 한국 아마추어 골프 선수권 대회 - 1958년 제1회 한국 프로 골프 선수권 대회
1960년대	- 1965년 한국골프협회 정식 설립 - 1965년 아시아-태평양 골프 연맹(A-PGC) 가입 - 1968년 한국프로골프협회 창립 - 1968년 세계아마추어골프연맹(WAGC) 가입 - 1968년 한국대학생 골프회 발족 - 1969년 최초 대학 골프부 창설 : 경희대학교 - 1969년 최초 여자 대학 골프부 창설 : 이화여자대학교
1970년대	- 1970년 군자리 골프 코스 폐쇄 결정 - 1974년 한국골프장업협회 창설
1980년대	- 1980년 한국여성아마추어골프협회 발족 - 1982년 골프장 회원권 기준시가 공표 - 1984년 대학골프연맹 창립 - 1986년 대한골프협회 대한체육회 정회원 가입 - 1986년 '서울 아시안 게임' 남자 단체전 금메달
1990년대	- 1990년 '북경 아시안 게임' 여자 개인 · 단체전 금메달 - 1994년 골프장 이용 요금 자율화 - 1996년 17회 '세계 아마추어 골프 선수권 대회' 여자팀 우승 - 1998년 LPGA US오픈/맥도날드 챔피언십 박세리 우승(한국인 최초 LPGA 우승) - 1998년 외국인 골프장 투자 허용 - 1999년 골프장 취득세 인하(회원제 신설: 15% > 10% / 운영 중 · 대중제: 15% > 2%) - 1999년 최경주 한국인 최초 PGA 투어 자격 통과
2000년대	- 2000년 대중제 골프장에 대한 특별소비세(개별소비세) 폐지 - 2000년 입회금 반환 기간 5년 규제 폐지 - 2002년 PGA 뉴올리언스 컴팩 클래식 최경주 우승(한국인 최초 PGA 우승) - 2002년 제주지역 골프장에 대한 특별소비세(개별소비세) 폐지 - 2005년 골프장 및 콘도 회원권 분양 제한 완화 - 2008년 LPGA 브리티시 오픈 신지애 우승 - 2009년 PGA 챔피언십 양용은 우승(아시아 최초 PGA 메이저 대회 우승) - 2011년 LPGA US 오픈 유소연 우승 - 2011년 LPGA 사임다비 말레이시아 최나연 우승 - 2011년 LPGA 한국인 누적 승수 100승 달성

2장

국내 골프 산업의 이해

01

국내 골프 산업의 규모

골프가 국내에 도입된 지 100여 년 만에 국내 골프 산업은 급속도로 발전해 왔다. 소득 수준 증가와 주 5일제 도입으로 레저 스포츠에 대한 관심이 크게 증가하면서 자연스럽게 골프에 대한 관심도 높아지게 되었다.

1990년대 이전까지 골프는 부유층의 전유물 중 하나로 인식되어 왔으나, 박세리 선수의 US여자오픈 우승을 계기로 국민들의 많은 관심과 기대를 받으면서 한국에서 빠르게 성장하는 스포츠로 자리 잡았고, 대중 스포츠라는 인식의 변화가 생기기 시작했다.

특히 최근에는 스크린골프장의 설립으로 골프의 진입 장벽이 낮아져 20~30대 젊은층과 여성층으로 골프 인구가 확대되고 있으며, 바야흐로 골프의 대중화 시대를 맞이하고 있다.

골프의 대중화에 힘입어 2011년 현재, 국내 전체 골프 산업 규모는 11.8조 원, 골프 인구는 260만 명에 이를 정도로 성장했으며, 국가 경제와 문화에 큰 영향을 미치는 스포츠로 자리매김하고 있다. 이 중 골프장 산업이 가장 큰 규모로 약 4조 원(골프장 이용료, 회원권 거래, 캐디피 포함)의 시장을 형성하고 있으며, 국내 골프장 수는 410개, 연간 골프장 내장객 수는 2,700만 명에 달하는 것으로 보고되고 있다.

골프 산업의 성장과 함께 발전한 것이 스크린골프 산업이다. 한국의 독특한 공간 문화를 비즈니스 모델로 삼아 스포츠에 접목한 새로운 형태의 골프 산업이며, 2000년대 중반부터 급격히 성장하여 2011년 기준 약 1.7조 원 규모로 골프 산업에서 한 축을 이루게 되었다.

인기 있는 스크린골프방

골프 인구의 증가로 골프 연습장 산업의 규모도 크게 증가하고 있다. 문화체육관광부에 등록된 체육시설 현황 자료에 따르면 2011년 기준 실내 연습장은 4,200여 개소, 실외 연습장은 1,300여 개소로 보고되고 있다.

이상의 골프 산업 규모를 종합해 보면, 2011년 기준 골프장이 약 4.1조 원으로 가장 큰 비중을 차지하고 있으며, 스크린골프 1.7조, 골프 연습장 산업 약 1.1조, 이 중 실내 연습장이 3,800억 원, 실외 연습장이 7,200억 원 규모로 추정되고 있다.

다음으로 골프 연관 산업 규모를 살펴보면, 클럽 및 기타 용품(액세서리 포함)이 6,500억 원, 골프 의류 약 2.1조 원, 골프 여행 2조 원, 골프 대회 관련 약 300억 원, 골프 관련 미디어 약 800억 원 규모로 추정되는 등 전체 골프 연관 산업의 규모가 약 11.8조 원에 이르러 골프 선진국에 진입하였다고 볼 수 있다.

[그림-1] 2011년 국내 골프 연관 산업 규모 (단위: 억 원)

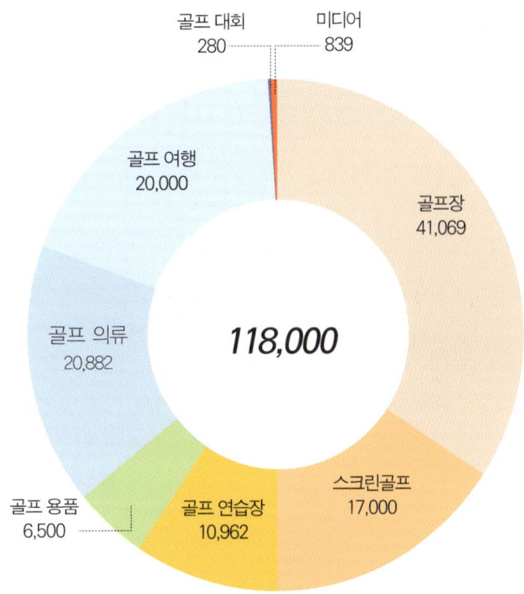

자료: 골프존 자체 추정

02

필드 골프

1. 국내 필드의 골프장 현황

(1) 골프장의 구분

골프장의 사전적 의미는 '티그라운드(Tee Ground), 페어웨이(Fairway), 러프(Rough), 해저드(Hazard), 홀컵(Hole Cup)' 등을 포함한 일련의 홀로 구성되어 있는 시설물로, 골프를 즐기기 위해 인공적으로 조성해 놓은 일정한 규격의 장소를 의미한다(김기홍/최창욱, 골프산업론, 2011). 또한 법적으로는 '체육시설의 설치 · 이용에 관한 법률'에 의해 등록체육시설업에 속하며, 크게 회원제 골프장과 대중제 골프장으로 구분된다.

[표-1] 골프장의 유형

구분	주요 내용
회원제 골프장	- 일정 금액의 투자 또는 입회비를 예탁한 회원을 모집하여 운영 - 회원에게 골프장의 예약 및 사용의 우선권을 부여
대중제 골프장	- 회원을 모집할 수 없고, 일반 대중을 상대로 운영 - 골퍼의 예약 순서 또는 도착 순서에 따라 이용 가능하며, 특정인에게 시설 이용에 대한 우선권의 배정을 금지

자료: 문화체육관광부, 체육시설의 설치 · 이용에 관한 법률

국내에서 회원제 골프장 사업을 하기 위해서는 시/도의 시행령에 따라 대중제 골프장을 병설해야 하며, 부득이한 경우에 한해 대중제 골프장 조성비를 예치할 수 있도록 하고 있다.

회원제 골프장(Membership/Private Golf Club) '회원제 골프장'이란 골프장 사업자가 일정금액을 위탁한 사람에게 회원권을 발행하여 회원들에게 우선적으로 골프장 이용 기회를 부여하는 것을 의미한다. 또한 회원의 참여 형태에 따라 예탁금회원제, 사단법인제, 주주회원제 등으로 구분할 수 있다(김태호, 2010).

'예탁금회원제'는 회원이 골프장 경영 회사에 입회비를 예탁하고, 골프장을 우선적으로 이용할 권리(시설 이용권)와 일정 거치 기간 이후 예탁금을 반환 청구할 수 있는 권리(입회금 반환 청구권)를 갖는 제도이다. 국내의 대다수 회원제 골프장이 예탁금회원제로 운영되고 있다.

'사단법인제'는 회원들로 구성된 조직이 골프장 건설, 운영을 진행하고, 회원들이 골프장을 이용하는 형태이다. 비영리법인단체로 구분하지만 골프장 운영과 같은 영리 목적의 사업을 한다. 사단법인의 지위를 공익을 목적으로 하는 단체에게만 부여함에도 불구하고 사단법인제 골프장들은 일반 회원제 골프장처럼 영리를 추구하기 때문에 비판의 대상이 되고 있으며, 대표적인 사단법인제 골프장으로 서울 CC가 있다.

'주주회원제'는 골프장을 경영하는 주식회사의 주식을 회원들에게 분배하는 형태이다. 따라서 회원들은 골프장의 주주로서의 권리를 가지게 되며, 골프장의 운영 또한 주주들의 권리를 극대화하기 위한 것을 목적으로 한다. 국내에서는 신원 CC, 창원 CC, 경주신라 CC, 파미힐스 CC 4개소가 대표적인 주주회원제 골프장이다.

[표-2] 회원제 골프장의 유형

구분	주요 내용
예탁금회원제	시설 이용권: 회원이 골프장에 일정 금액의 입회금을 예탁하고, 골프장 시설을 우선적으로 이용할 수 있는 권리를 보장받음 입회금 반환 청구권: 입회금은 일정 거치 기간 이후 반환을 청구할 수 있는 권리를 가짐
사단법인제	회원들로 구성된 조직이 골프장을 건설, 운영하며 시설에 대한 이용권을 가짐
주주회원제	회원들이 골프장의 주주로 참여하고 골프장을 이용하며 회원(주주)들의 합의에 의해 운영되는 골프장

자료: 문화체육관광부, 체육시설의 설치 · 이용에 관한 법률

대중제 골프장(Public Golf Club) '대중제 골프장'은 회원권을 발행하지 못하고, 모든 골퍼들에게 라운딩의 기회가 평등하게 분배되는 골프장을 의미한다. 대중제 골프장은 시설 규모에 따라 정규 대중제 골프장, 일반 대중제 골프장, 간이 골프장 등으로 구분된다.

[표-3] 대중제 골프장의 유형

구분	주요 내용
정규 대중제 골프장	18홀 이상의 대중제 골프장
일반 대중제 골프장	9홀 이상 18홀 미만의 대중제 골프장
간이 골프장	3홀 이상 9홀 미만의 대중제 골프장

자료: 문화체육관광부, 체육시설의 설치·이용에 관한 법률

(2) 국내 골프장 현황

2013년 1월 기준으로 전국에 운영 중인 골프장은 437개소(회원제 227개소, 대중제 210개소)로 파악되며 전년 대비 27개소가 증가하였다.

유형별로는 회원제 골프장이 4개소, 대중제 골프장이 23개소 증가하였으며, 2008년 이후에는 대중제 골프장의 증가세가 회원제 골프장을 능가하는 것으로 나타났다.

[표-4] 연도별 골프장 수 추이

(단위: 개소)

연도	전체		회원제		대중제	
	골프장 수	증감	골프장 수	증감	골프장 수	증감
2012년	437	▲27	227	▲4	210	▲23
2011년	410	▲24	223	▲8	187	▲16
2010년	386	▲47	215	▲22	171	▲25
2009년	339	▲28	193	▲10	146	▲18
2008년	311	▲35	183	▲9	128	▲26
2007년	276	▲29	174	▲20	102	▲9
2006년	247	▲27	154	▲11	93	▲16
2005년	220	▲29	143	▲12	77	▲17
2004년	191	▲14	131	▲9	60	▲5
2003년	177	▲16	122	▲9	55	▲7
2002년	161	▲7	113	▲3	48	▲4
2001년	154	▲6	110	▲2	44	▲4
2000년	148	▲11	108	▲5	40	▲6
1999년	137	▲15	103	▲11	34	▲4
1998년	122	▲10	92	▲5	30	▲5
1997년	112	-	87	-	25	-

자료: 문화체육관광부, 등록신고 체육시설업, 2012년 12월 31일 기준

[그림-1] 골프장 유형별 증가 추이

(단위: 개소)

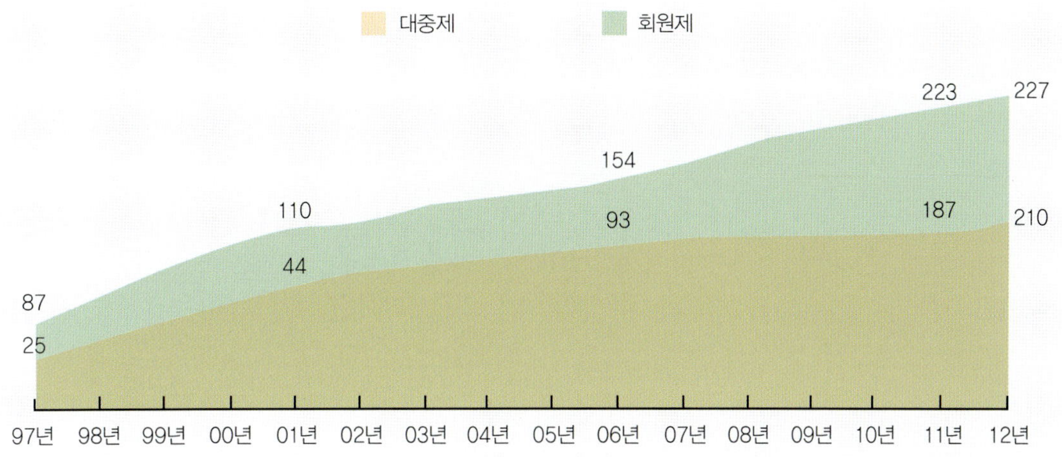

자료: 한국골프장경영협회

특히 대중제 골프장은 2001년까지 전국에 44개소에 불과하던 것이 2012년에는 210개소로 증가하여 최근 11년간 377%의 성장률을 보이며, 전체 골프장의 48%를 차지하는 것으로 나타났다.

전국 골프장의 지역별 분포를 살펴보면, 회원제 골프장의 경우 인천/경기지역에 84개소가 위치

[표-5] 운영 중인 지역별 골프장 현황(18홀 미만 포함)

(단위: 개소 / %)

시도	전체			회원제			대중제		
	2012년	2011년	증감률	2012년	2011년	증감률	2012년	2011년	증감률
강원	52	48	▲ 8.3	25	24	▲ 4.2	27	24	▲ 12.5
인천/경기	143	138	▲ 3.6	84	84	-	59	54	▲ 9.3
대구/경북	42	42	-	19	20	▽ 5.0	23	22	▲ 4.5
부산/울산/경남	39	38	▲ 2.6	26	26	-	13	12	▲ 8.3
충북	36	30	▲ 20.0	18	16	▲ 12.5	18	14	▲ 28.6
대전/충남	24	22	▲ 9.1	11	11	-	13	11	▲ 18.2
전북	23	19	▲ 21.1	5	4	▲ 25.0	18	15	▲ 20.0
광주/전남	38	33	▲ 15.2	14	12	▲ 16.7	24	21	▲ 14.3
제주	40	40	-	25	26	▽ 3.8	15	14	▲ 7.1
합계	437	410	▲ 6.6	227	223	▲ 1.8	210	187	▲ 12.3

자료: 문화체육관광부, 등록신고 체육시설업, 2012년 12월 31일 기준

[표-6] 지역별 골프장 현황 및 유형별 비중

(단위: 개소(%), ( )는 전체/유형별 골프장 중의 비중)

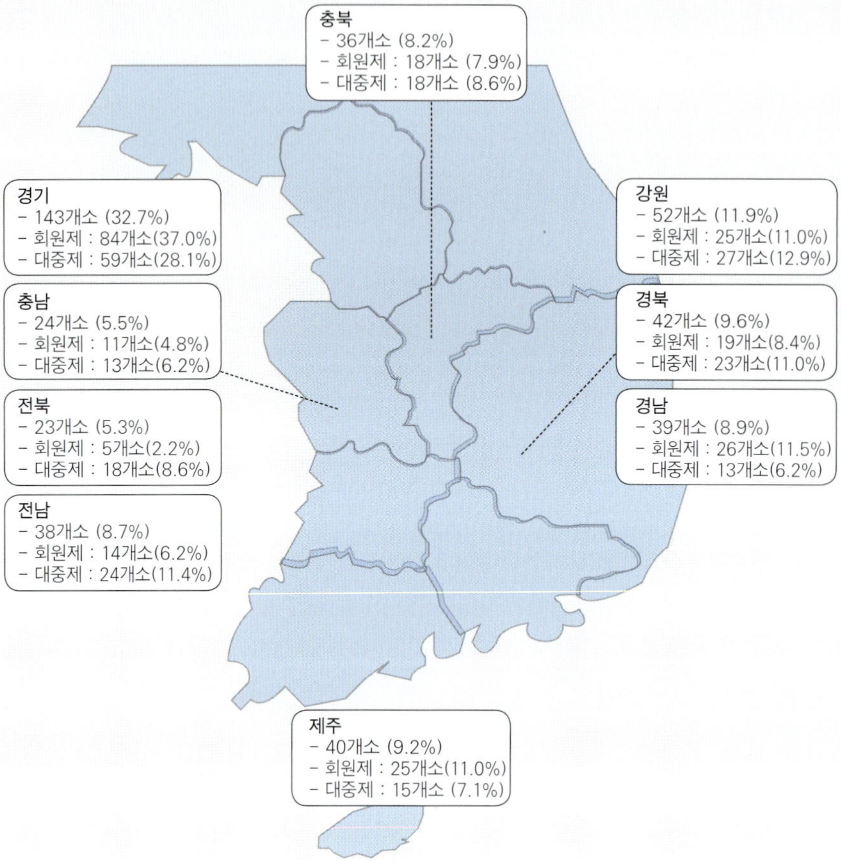

자료: 문화체육관광부, 등록신고 체육시설업, 2012년 12월 31일 기준

하여 전국 회원제 골프장의 37.0%를 차지하고 있다. 이는 골퍼들이 수도권에 집중되어 있어 수도권 지역의 회원권 분양 및 영업 환경이 좋기 때문으로 판단된다.

대중제 골프장 역시 골퍼가 가장 많은 인천/경기지역에 54개소가 위치해 있어 전체의 28.1%가 집중되어 있는 것으로 나타났으며, 전북/전남지역에 20.0%의 대중제 골프장이 위치한 것으로 파악되고 있다.

건설 중 · 미착공 골프장 수는 110개소로, 지역별로는 강원지역이 23개소로 가장 많고, 경기 19개소, 경남 17개소 순이다. 또한 사업허가를 받았으나 착공하지 않은 미착공 골프장은 2011년 말

[표-7] 건설 중/미착공 골프장 지역별 현황(18홀 미만 포함)

(단위: 개소)

구분	계	부산	대구	인천	광주	대전	서울	울산	경기	강원	충북	충남	전북	전남	경북	경남	제주
전체	110	-	-	2	2	1	-	-	19	23	7	3	11	8	13	17	5
회원제	44	-	-	-	-	-	-	-	6	15	4	-	3	3	5	6	2
대중제	66	-	-	2	1	1	-	-	13	8	3	3	8	5	8	11	3

자료: 문화체육관광부, 2011년 12월 31일 기준

44개소(대중제 27개소, 회원제 17개소)로 전년보다 11개소 증가하였다.

한편, 강원지역을 제외한 모든 지역에서 회원제 골프장 대비 건설 예정 대중제 골프장의 수가 많은데, 이는 최근 금융권의 골프장 프로젝트 파이낸싱(Project Financing) 중단 및 회원권 시세 하락으로 인해 회원권 분양이 어렵기 때문인 것으로 판단하고 있다.

더욱이 회원제 골프장은 회원들의 입회금으로 초기 자금 회수가 가능하지만 대중제 골프장 대비 영업이익률이 낮고, 각종 세금이 과중 적용되며, 일정 기간이 지나면 입회금을 반환해야 하기 때문에 회원제 골프장 사업자들이 대중제 골프장으로 전환하는 움직임도 보이고 있다.

(3) 전국 필드 골프장의 내장객 수

국내 필드 골프장의 내장객 수는 골프에 대한 인식 전환, 골프장 수의 확대, 스크린골프를 통한

[그림-2] 연도별 골프장 및 내장객 추이

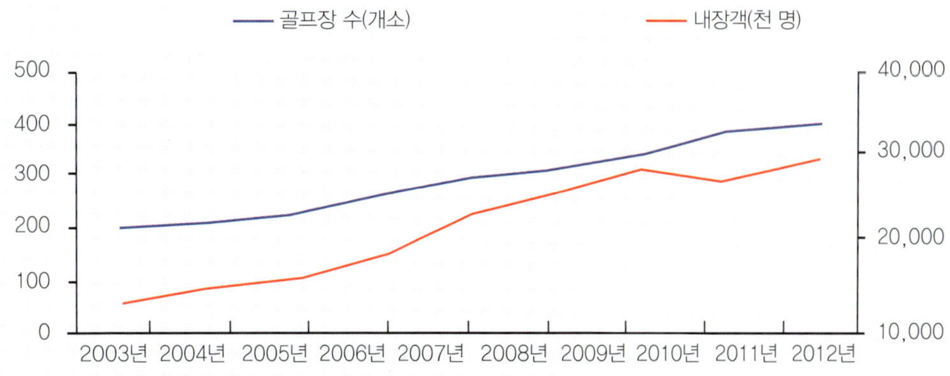

자료: 문화체육관광부

신규 골퍼 유입, 건강에 대한 관심 증가, 기업의 접대 문화 변화 등으로 꾸준히 증가하는 추세이다. 2012년 골프장 내장객 수는 2억 8,600만 5,167명으로 전년 대비 63% 증가하였다. 2010년에 IMF 시기인 1998년 이후 처음으로 0.7% 감소했던 전체 내장객이 2011년에 다시 상승세로 돌아서며 2009년 내장객 수준을 넘어선 것이다.

2010년에는 1~3월의 강추위와 폭설, 7~8월의 강우량 증가 등으로 영업일 수가 예년에 비해 줄어들었기 때문에 골프장 내장객 수가 감소한 것으로 판단된다. 이후 2012년 들어 예년의 기후/기온을 되찾음으로써 영업일 수가 확대되었고, 신규 골퍼의 유입이 꾸준히 증가한 것이 내장객 수 상승의 원인으로 판단된다.

특히 2009년 내장객 수 증가 추세는 예상을 뛰어넘는 실적을 보였는데, 이는 한시적으로 지방 회원제 골프장의 중과세율 폐지/인하에 의해 라운드 비용이 낮아진 효과, 1~2월의 높은 기온과 강설량 저하에 따른 영업일 수 확대 등이 작용한 것으로 보인다.

골프장 내장객 수 현황을 골프장 유형별로 살펴보면, 회원제 골프장은 1,707만 7,672명이 이용하여 전년 대비 1.7% 증가에 그친 반면, 대중제 골프장은 1,152만 7,495명이 이용하여 전년 대비 13.9%의 높은 증가세를 보였다. 이는 대중제 골프장의 수가 증가한 데다가, 2009년 한시적으로 폐지되었던 개별 소비세의 부활 등으로 회원제 골프장에 각종 세금 부담이 증가해 회원제 골프

[표-8] 연도별 골프장 내장객 추이

(단위: 천 명 / %)

연도	전체		회원제		대중제	
	내장객	내장객 증감률	내장객	내장객 증감률	내장객	내장객 증감률
2012년	28,605	▲ 6.3	17,077	▲ 1.7	11,527	▲ 13.9
2011년	26,905	▲ 4.6	16,785	▲ 1.3	10,120	▲10.6
2010년	25,726	▽ 0.7	16,573	▽ 2.2	9,153	▲ 2.0
2009년	25,909	▲ 8.0	16,940	▲ 8.2	8,969	▲ 7.7
2008년	23,983	▲ 7.3	15,654	▲ 4.9	8,329	▲12.2
2007년	22,343	▲13.7	14,923	▲10.5	7,420	▲20.7
2006년	19,653	▲10.6	13,507	▲ 6.0	6,146	▲22.3
2005년	17,767	▲ 9.8	12,741	▲ 4.4	5,026	▲26.5
2004년	16,179	▲ 7.0	12,205	▲ 6.6	3,974	▲ 8.6
2003년	15,116	-	11,455	-	3,661	-

자료: 문화체육관광부, 전국 골프장 내장객 현황, 2012년 12월 31일 기준

[그림-3] 골프장 유형별 내장객 증가 추이

(단위: 천 명)

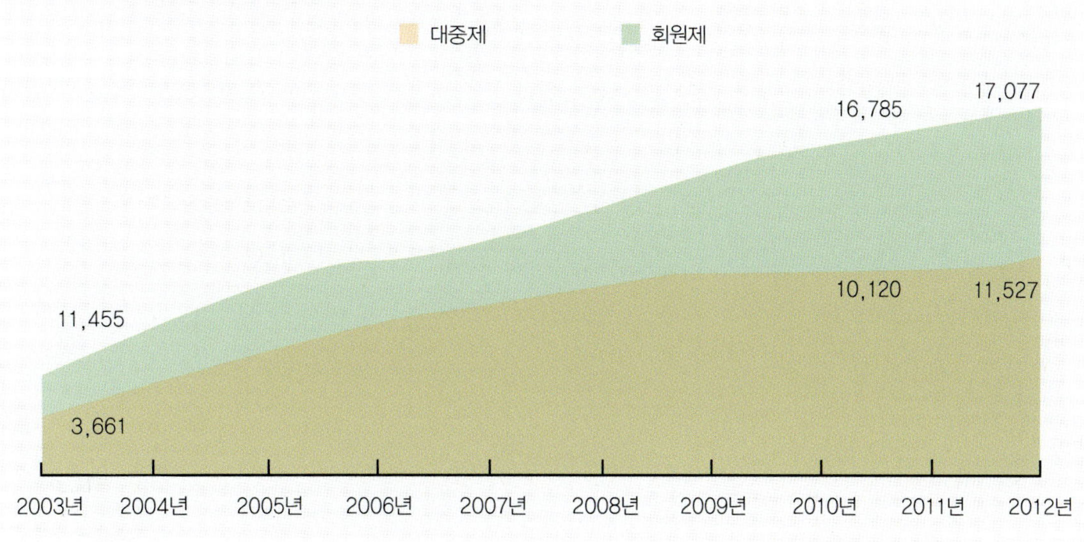

자료: 문화체육관광부, 전국 골프장 내장객 현황, 2012년 12월 31일 기준

장의 비회원 이용 요금 대비 가격 경쟁력이 떨어졌기 때문으로 판단된다.

지역별로는 골퍼의 수가 많은 경기지역의 내장객 수 비율이 타 지역 대비 월등히 높았으며 다음으로 경북, 경남, 강원 순으로 내장객 수의 규모가 큰 것으로 나타났다. 한편 전체 내장객 수 가운

[그림-4] 지역별 골프장 내장객 비율

(단위: %)

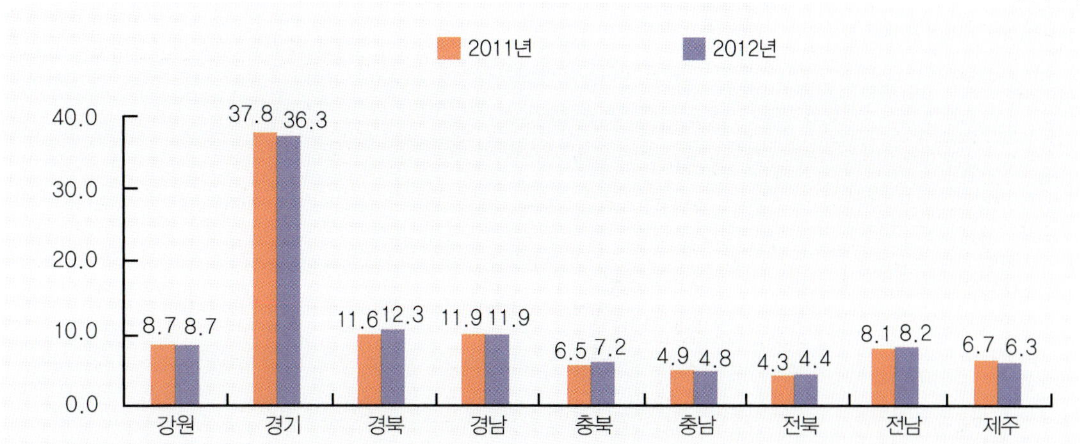

자료: 한국골프장경영협회

[표-9] 골프장 유형별, 지역별 내장객 수

(단위: 천 명 / %)

시도	전체			회원제			대중제		
	2012년	2011년	증감률	2012년	2011년	증감률	2012년	2011년	증감률
강원	2,482	2,227	▲11.7	1,368	1,151	▲18.8	1,113	1,076	▲3.5
경기	10,369	10,179	▲1.9	6,608	6,723	▽1.7	3,761	3,456	▲8.8
경북	3,511	3,115	▲12.7	1,901	1,801	▲5.6	1,609	1,314	▲22.5
경남	3,403	3,194	▲6.5	2,657	2,541	▲4.6	745	653	▲14.2
충북	2,068	1,737	▲19.1	1,161	1,082	▲7.3	907	656	▲38.4
충남	1,374	1,316	▲4.4	743	738	▲0.8	630	578	▲9.0
전북	1,250	1,164	▲7.4	251	248	▲1.3	999	916	▲9.1
전남	2,350	2,176	▲8.0	988	1,052	▽6.0	1,361	1,123	▲21.2
제주	1,795	1,796	▽0.1	1,397	1,449	▽3.6	397	347	▲14.7
합계	28,605	26,904	▲6.3	17,077	16,785	▲1.7	11,527	10,120	▲13.9

자료: 문화체육관광부, 전국 골프장 내장객 현황, 2012년 12월 31일 기준

데 경남, 충남, 전남 지역이 차지하는 비율은 예년과 동일한 수준이지만, 경북, 충북 지역의 비율이 소폭 상승한 반면, 경기, 제주 지역의 비율은 소폭 하락한 것으로 나타났다.

골프장 유형과 지역별 이용객을 살펴보면, 강원, 경북, 충북지역에서 전년 대비 골프장 내장객 수의 증가가 눈에 띄게 나타났는데, 해당 지역의 대중제 골프장 내장객 수가 크게 증가한 것이 그 원인으로 파악되고 있다.

(4) 홀당 내장객 수

골프장의 중요 경영 지표인 홀당 내장객 수는 2007년 이후 꾸준히 감소하는 추세를 보이고 있다. 이는 골프장의 공급 대비 골퍼의 증가세가 상대적으로 낮기 때문으로 판단된다.

또한 2012년 전국 골프장의 총 홀 수는 2007년 5,226홀 대비 55.4% 증가한 8,121홀인 반면, 내장객 수는 28.0% 증가에 그쳐, 홀당 평균 내장객 수가 2007년 4,274명에서 17.6% 감소한 3,552명으로 나타났다.

전체 골프장의 홀당 내장객 수는 2007년 이후 꾸준히 감소하는 추세였으나, 유형별로 살펴본 결과, 회원제 골프장은 2007~2009년 기간의 홀당 내장객 수가 소폭 증가하였다. 이는 당시 글로벌 경제위기 등의 문제로 인허가 및 공사를 완료한 골프장들이 회원권 분양에 대한 우려로 개장 시기를 2010년 이후로 늦추면서, 회원제 골프장의 홀 증가세가 다소 완화된 것이 원인으로

[그림-5] 전국 골프장의 홀 수 및 내장객, 홀당 내장객 수

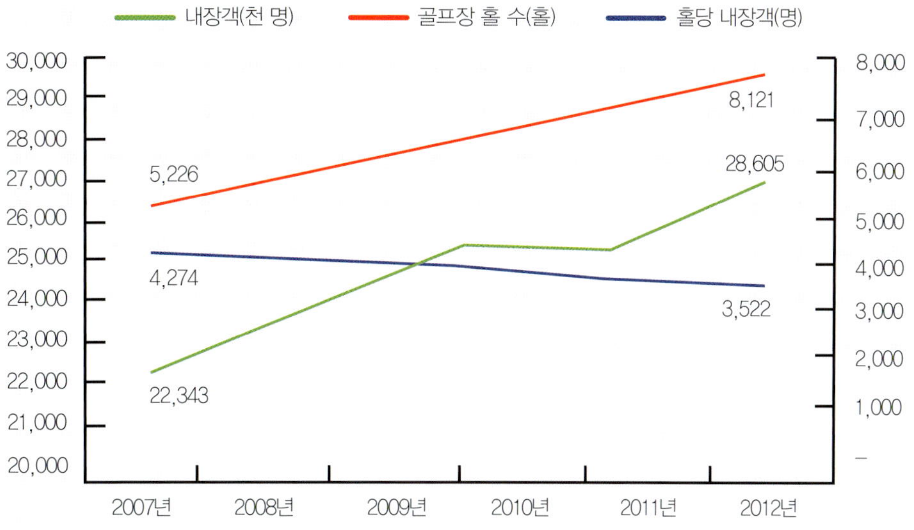

자료: 문화체육관광부, 전국 골프장 내장객 현황, 2012년 12월 31일 기준

보인다. 또한 지방 회원제 골프장에 한해 개별소비세를 한시적으로 경감시켜주었던 것도 원인으로 파악된다.

한편 대중제 골프장은 2007년 이후 홀당 내장객 수가 꾸준히 감소하는 추세를 보이며, 2008년과

[표-10] 골프장 유형별 홀당 내장객 및 증감률

(단위: 명 / %)

연도	전체		회원제		대중제	
	홀당 내장객	홀당 내장객 증감률	홀당 내장객	홀당 내장객 증감률	홀당 내장객	홀당 내장객 증감률
2012년	3,522	▽ 1.0	3,341	▽ 0.4	3,831	▽ 3.2
2011년	3,559	▽ 2.7	3,354	▽ 3.5	3,959	▽ 2.1
2010년	3,658	▽ 10.5	3,474	▽ 10.5	4,046	▽ 11.0
2009년	4,089	▽ 1.0	3,881	▲ 1.7	4,548	▽ 7.1
2008년	4,131	▽ 2.7	3,814	▲ 0.9	4,896	▽12.9
2007년	4,244	–	3,780	–	5,621	–

자료: 문화체육관광부, 전국 골프장 내장객 현황, 2012년 12월 31일 기준

[표-11] 골프장 유형별, 지역별 홀당 내장객 수

(단위: 명 / %)

시도	전체			회원제			대중제		
	2012년	2011년	증감률	2012년	2011년	증감률	2012년	2011년	증감률
강원	2,719	2,648	▲ 2.7	2,452	2,132	▲ 15.0	3,138	3,575	▲ 2.7
경기	3,666	3,766	▽ 2.7	3,384	3,474	▽ 2.6	4,294	4,501	▽ 4.6
경북	4,543	4,193	▲ 8.3	4,402	4,084	▲ 7.8	4,721	4,352	▲ 8.5
경남	4,391	4,170	▲ 5.3	4,218	4,034	▲ 4.6	5,142	4,802	▲ 7.1
충북	3,149	3,113	▲ 1.1	3,072	3,163	▽ 2.9	3,253	3,035	▲ 7.2
충남	3,579	3,781	▽ 5.4	3,593	3,563	▲ 0.8	3,562	4,101	▽ 13.1
전북	3,344	3,855	▽ 13.3	2,789	3,442	▽ 19.0	3,520	3,985	▽ 11.7
전남	3,406	3,797	▽ 10.3	3,139	4,032	▽ 22.1	3,630	3,600	▲ 0.8
제주	2,473	2,474	▽ 0.1	2,546	2,516	▲ 1.2	2,248	2,313	▽ 2.8
합계	3,522	3,559	▽ 1.0	3,341	3,354	▽ 0.4	3,831	3,959	▽ 3.2

자료: 문화체육관광부, 전국 골프장 내장객 현황, 2012년 12월 31일 기준

2010년에 전년 대비 내장객 수 감소가 상대적으로 크게 나타났는데, 이는 해당 시기에 대중제 골프장의 공급이 활발하게 이루어졌기 때문이다.

골프장 유형별 · 지역별 홀당 내장객 수를 살펴보면, 강원과 전북 지역의 회원제 골프장과 제주지역의 대중제 골프장에서 2010년 대비 2011년 홀당 내장객 수의 감소 폭이 크게 나타났다. 강원지역은 2011년에 7개의 골프장이 개장하면서 총 홀 수가 늘어난 것이 그 원인으로 판단되며 전북지역은 2개의 대중제 골프장이 개장함으로써 영향을 미친 것으로 보인다.

한편 제주지역은 골프장 수에는 변화가 없었으나 전체 홀당 내장객 수가 소폭 하락했는데, 이는 대중제 골프장의 내장객 수가 크게 감소한 것이 원인으로 판단된다.

(5) 인터넷 부킹

과거에 국내 골퍼들이 골프를 즐기기 위해서 가장 어려움을 겪은 것 중 하나가 골프장 예약, 즉 부킹의 어려움이었다. 골프장의 숫자가 증가하고 있는 추세이기는 하나 회원권이 없는 골퍼들에게는 골프장 부킹에 한계가 있었다.

또한 대중제 골프장의 특성상, 선착순으로 부킹을 모집하는 관계로 원하는 일정에 가까운 골프장, 좋은 시간대에 부킹하는 것은 그야말로 하늘에 별을 따는 것만큼이나 어려웠다.

물론 대중제 골프장보다 높은 비용을 지불하면, 회원제 골프장도 이용이 가능하지만 이마저도 원하는 일정에, 황금 시간대에 부킹을 하기 위해서는 여러 가지 어려움이 있었다. 회원이 아니면 부킹이 불가능한 골프장들도 많고, 반드시 회원과 동행해야 하거나, 골프장마다 직접 전화 등으로 연락을 해서 일정을 확인하고 부킹을 해야 했으니 여간 번거로운 일이 아닐 수 없었다.

이러한 골퍼들의 부킹에 대한 불편을 해소하기 위해 인터넷을 이용한 부킹 서비스를 도입하였으나, 초기 온라인 부킹 서비스는 특정 사이트의 게시판/메일 등에 원하는 골프장, 시간대와 인원 등을 기입하면 온라인 회사에서 해당 골프장의 슬롯을 확인한 후 부킹을 대행해주는 형태에 그쳤었다.

그러나 이러한 서비스 형태만으로는 실시간으로 부킹을 원하는 골퍼들의 니즈(Needs)를 충족시키기에 부족함이 있었으며, 부킹 과정의 투명성에 대해서도 문제 제기가 지속되었다. 또한 당시 골프장들은 모객 활동에 신경 쓰지 않아도 골퍼들이 알아서 찾아오는 상황이었기 때문에 인터넷 부킹 서비스를 '귀찮은 일' 정도로 치부했다.

하지만 시간이 지나면서 골프장의 수가 증가하고 골프장 간 경쟁이 심화되자 지방의 일부 골프장에서는 빈 슬롯이 발생하고 내장객 수가 줄어드는 현상이 발생했다. 결국 골프장은 골퍼를, 골퍼는 골프장을 찾지 못하는 불일치를 감소시키기 위해 인터넷을 이용해서 실시간으로 부킹할 수 있는 서비스가 등장하였다. 온라인 부킹 업체는 1999년 'SBS골프'를 시작으로 '엑스골프, 에이스회원권 거래소' 등 골프 전문 기업들이 뛰어들면서 시장이 형성되었다.

[표-12] 국내 대표 온라인 부킹 사이트(가나다 순)

업체명	회원 수	제휴 골프장 수	비고
골프라운지		엑스골프 제휴 골프장 공유	BC카드 계열
골프존	약 120만 명	에이스골프 제휴 골프장 공유	스크린골프 업체
골프큐브		약 100개	SK M&C 계열
매경골프		에이스골프 제휴 골프장 공유	매일경제신문 계열
에이스골프		115개	회원권 거래 업체
엑스골프	약 33만 명	120개	-
J골프닷컴	약 30만 명	에이스골프 제휴 골프장 공유	중앙일보 계열
SBS골프닷컴	약 30만 명	130개	SBS 계열

주: 회원 수 및 제휴 골프장 수는 회사별 홈페이지 참고

이후 은행, 신용카드 회사들이 프리미엄 고객을 위한 서비스로 온라인 부킹 서비스를 제공하면서 골프장들의 참여도 보다 활발해졌다.

현재 온라인 부킹 서비스의 선두 업체는 'SBS골프'로 전국 130여 개의 골프장과 제휴를 맺고 실시간 부킹 서비스 및 그린피 할인 등의 서비스를 제공하고 있다.

2. 골프 회원권

(1) 골프 회원권의 구분

골프 회원권은 회원제 골프장 회원으로서 갖는 권리/의무를 총칭한다.

회원권은 골프장에서 골프장 조성 기금 및 운영 자금 마련을 위한 목적으로 발행한다. 골퍼들은 회원권 구입을 통해 '골프장 우선 이용에 대한 권리'나 '요금 할인, 기타 서비스 제공을 청구할 수 있는 권리'를 가지게 된다. 또한 법적으로 재산의 의미를 지닌 채권(債券)으로 인정하며, 거래를 통해 취득/양도/증여를 할 수 있다.

회원권의 가치는 여러 기준에 의해 결정되나, 대표적으로 거리와 홀당 회원 수가 중요한 지표가 된다. 거리는 서울을 기준으로 근거리에 위치한 골프장들이 이용 편리성 측면에서 선호도가 좋아 시세가 높게 형성된다. 홀당 회원 수는 골프장 이용 권리에 대한 보장을 의미하며, 이 수치가 작을수록 고가의 시세를 형성한다.

회원권은 크게 골프장 운영 형태에 따라 구분한다.

예탁금회원제 고객이 일정 금액을 골프장에 예탁하고, 그 대가로 각종 편의를 제공받는 방식이다. 회원은 골프장 운영 및 경영에 대한 권한이 없으며 골프장 시설에 대한 소유 및 경영은 골프장 측에 있고, 그 외 '시설 우선 이용권', '비회원 대비 할인된 가격으로 시설을 이용할 수 있는 권리', 일정 기간 이후 예탁금을 반환 청구할 수 있는 '입회금 반환 청구권' 등을 갖는다.

주주회원제 골프장 법인 주식에 대해 시설 이용권을 부여하는 방식이다. 일반적으로 법인 주식 전체를 1/n로 나누어 회원 전체가 보유하며, 회원은 주주로서 권리를 갖는다. 또한 주주로서 골프장 운영 등에 대한 의사결정권과 시설에 대한 소유권도 가지게 된다.

사단법인제 주주회원제와 유사한 제도이나 골프장 소유권을 가진 별도의 법인 또는 개인이 존재하지 않고, 회원들이 자체적으로 골프장을 운영하는 제도이다.

연회원제 1년에 1회씩 납부하는 회비로 골프장을 운영하는 제도이다. 연 1회 납부하는 회비는 소멸성이기 때문에 양도, 양수 등 재산권적인 의미는 없다.
그 밖에 골프장 운영과 마케팅 측면에서 주중/주말 회원권, 개인/법인 회원권, 여성 우대 회원권 등 세분화된 상품을 구성하기도 한다.

(2) 국내 골프 회원권의 역사

"국내 골프 회원권 거래의 시초는 1953년 설립한 '서울 컨트리 구락부'와 함께 한다. 그러나 당시에는 회원권 거래에 대한 개념은 존재하지 않았을 것으로 생각한다. 대한민국 광복 이후, 6·25를 지나 골프장이 확대되면서 회원권에 대한 개념이 정립되었을 것으로 보이고, 회원권 거래의 역사는 크게 태동기 ⇨ 도입기 ⇨ 성숙기 ⇨ 경쟁기의 4단계로 구분할 수 있다."(에이스회원권 거래소: 송용권 이사 인터뷰)

태동기: ~1985년 초기에는 태동기라고 명하기에도 미미한 수준의 거래가 소규모로 이루어졌다. 회원권 시세에 대한 개념 자체가 존재하지 않았고, 골프 용품을 수입/판매하던 프로숍을 중심으로 거래가 이루어진 시기였다. 당시 프로숍은 골프 용품 판매 외에도 레슨과 골퍼들 간의 정보 공유 및 친목을 도모하는 장소로 이용되었다. 때문에 이곳은 골프장에 대한 정보를 공유할 수 있었던 유일한 장소이기도 했다.
1세대 프로숍을 대표하는 명동골프, 을지골프, 낙원골프 등의 사장들이 골프 회원권을 거래하고자 하는 골퍼들 사이에서 거간꾼 역할을 하면서 거래를 주도했었다. 당시 골프 회원권 소유 여부는 사회적/경제적 지위를 나타내는 중요한 지표였기 때문에 회원권을 판매하고자 하는 골퍼들은 매도 사실 자체를 숨기고 싶어했다. 프로숍의 사장들은 이러한 점을 이용하여 매도자와 매수자 사이에서 거래를 중개하며 '중개 수수료'를 수입원으로 했다. 이후 1982년 국세청에서 골프 회원권을 과세 대상에 포함시키면서 1982년 7월에 골프 회원권 기준 시가가 최초로 고시되었다.

도입기: 1985~1990년 5~6공 이후, 골프장 설립에 대한 규제가 다소 완화되면서 수도권을 중심으로 많은 골프장이 설립되었다. 골프 인구도 함께 늘어나면서 골프 회원권에 대한 시장 수요가 증가하였고, 이를 계기로 회원권 거래를 통한 수익성과 사업성이 보이기 시작하자 골프 회원권을 전문적으로 거래하는 '거래소'가 생겨나기 시작했다.
1986년 '명성회원권 거래소'가 최초로 설립되었으나 기존에 회원권을 취급하던 프로숍에 비해

거래량이 적어서 '회원권 전문 거래소'라는 의미는 다소 희미했던 시기였다.

성숙기: 1990~1995년 전문 거래소가 부각되기 시작한 것은 1990년 이후 프로숍에 비해 거래량이 증가하면서부터이다. 도입기에 축적된 정보 및 자료를 활용한 마케팅 활동과 기존의 프로숍과는 차별화한 A/S 활동이 전문 거래소의 신뢰성을 향상시키면서 이곳을 통해 회원권을 거래하려는 고객들이 증가했기 때문이다.

1990년에 설립된 '에이스회원권거래소'는 DM 발송 및 골프장 안내도 등을 업계 최초로 시도하면서 전문 거래소에 대한 인식 변화 및 인지도를 높여갔다. 특히 이 시기에는 골프장의 증가와 함께 신규 분양 회원권 물량이 늘어나면서 시장이 급격하게 성장했다.

경쟁기: 1996년~현재 1996년 이후, 골프 회원권 전문 거래소가 기하급수적으로 증가하면서 경쟁이 심화되는 시기를 맞았다. 성숙기에 회원권 거래소에서 근무했던 중개인들이 새로운 거래소를 창업하면서 회원권 거래소 간의 경쟁이 치열해졌고, 새로운 영업 · 마케팅 기법 등을 도입하며 고객의 욕구를 충족시키기 위해 노력하고 있다.

(3) 국내 골프 회원권 현황

전국 회원권 현황 2012년 1월 기준, 전국 골프장 정회원 모집 승인 수는 196,235구좌로, 전체의 86%가 분양된 것으로 파악되었다. 지역별로는 영남지역의 승인 회원 수가 46,932명으로 가장 많고, 그 다음으로 경기남부, 경기동부 순으로 나타났다.

지역별 회원권 분양률은 경기동부 97%, 경기남부 94%, 북부지역 91% 등으로 서울을 중심으로 한 수도권 지방의 분양률이 높게 나타났다. 영남지역(86%), 충청지역(84%)도 비교적 높은 분양률을 보이는데, 그 이유로 충청지역은 서울과의 접근성이 비교적 좋고, 영남지역은 부산, 대구, 울산 등 광역시의 수요가 풍부하기 때문인 것으로 판단하고 있다.

연도별 회원권 거래 현황 골프 회원권 거래량은 지속적으로 감소하는 추세이다. 특히 2008년에 거래량이 대폭 감소하였으며, 2011년에도 거래량이 줄어든 것으로 나타났다. 이는 골프회원권 시세가 하락하면서 매수/매도 심리가 얼어붙은 것으로 판단하고 있다.

신규 분양 회원권의 경우, 2007년 이후 지속적으로 감소하는 추세이다. 골프장에 대한 금융권의 PF 중지 및 회원제 골프장 분양의 어려움 등으로 사업 인허가 및 승인 이후, 분양 일정을 미루는 회원제 골프장들이 늘어나면서 신규 거래량이 감소한 것으로 보인다.

골프 회원권 시세 분석 1997년 외환 위기 이후 꾸준히 상승하던 회원권 시세가 2008년 이후에는 투자가치가 떨어지면서 하락하는 추세를 보였다.

1998년 박세리 선수의 우승 이후 골프에 대한 국민적 관심 고조 및 외환 위기 극복을 통해 회원

[그림-6] 지역별 승인 정회원 수와 분양률 (단위: 천 명 / %)

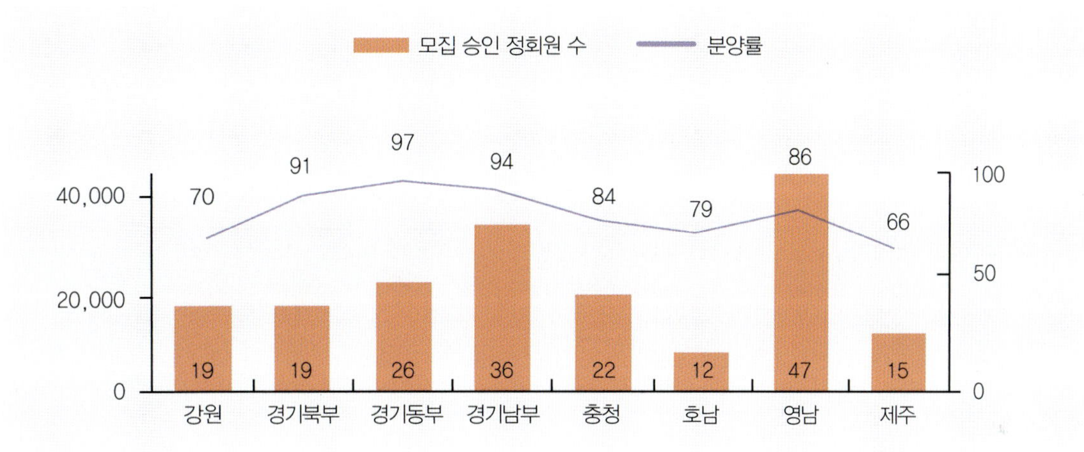

자료: 한국골프장경영협회

[그림-7] 지역별 승인 주중 회원 수와 분양률 (단위: 천 명 / %)

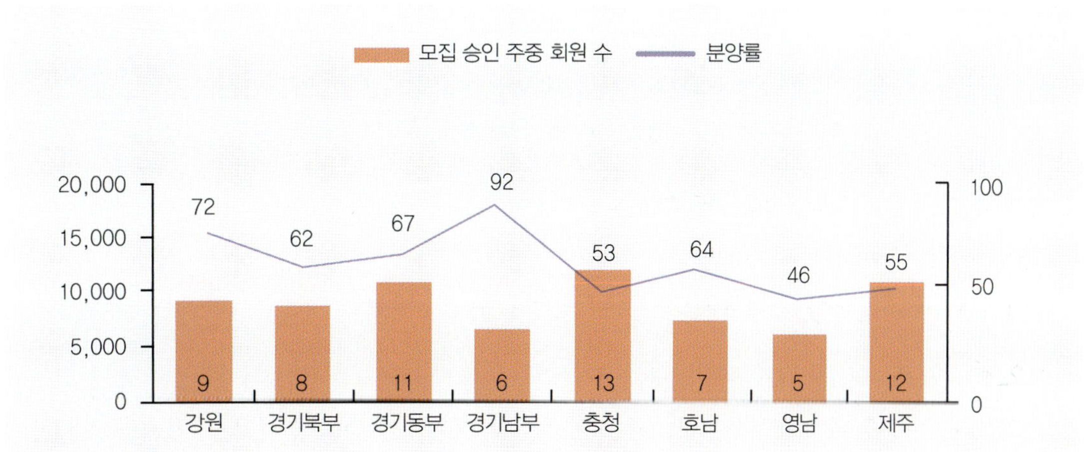

자료: 한국골프장경영협회

[표-13] 연도별 회원권 거래 현황

(단위: 구좌 / %)

연도	전체				정회원				주중회원			
	신규 분양	기존 회원권 거래	계	거래량 증감	신규 분양	기존 회원권 거래	계	거래량 증감	신규 분양	기존 회원권 거래	계	거래량 증감
2011년	8,388	20,284	28,672	▽10.1	4,972	16,271	21,243	▽ 10.8	3,416	4,013	7,429	▽ 8.2
2010년	10,008	18,789	31,908	▽ 1.4	6,004	14,700	23,815	▲ 9.9	4,004	4,089	8,093	▽24.3
2009년	10,920	23,943	32,357	▲ 1.7	5,141	18,580	21,669	▽ 11.8	5,779	5,363	10,688	▲47.9
2008년	10,620	21,185	31,805	▽ 18.1	7,002	17,578	24,580	▽ 13.0	3,618	3,607	7,225	▽31.6
2007년	13,970	25,139	38,815	▲ 4.6	7,527	21,023	28,256	▲ 3.9	6,443	4,116	10,559	▲ 6.5
2006년	11,396	25,725	37,121	-	5,377	21,827	27,204	-	6,019	3,898	9,917	-

자료: 골프장경영협회, 2011년 12월 기준

[그림-8] 연도별 골프 회원권 시세 변화

(단위: 천 원)

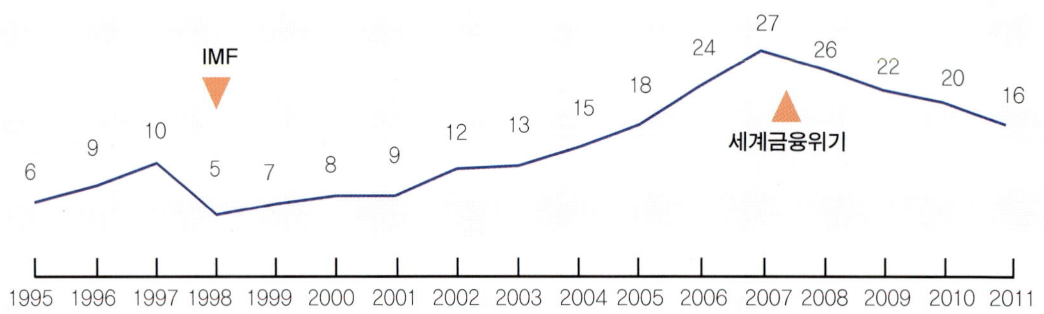

자료: 동아회원권 거래소

권 시세가 다시 보합/소폭 상승하는 추세를 보이기도 했으며, 한편 2000년 이후에는 벤처 및 부동산 시장의 활황으로 회원권 시세의 급격한 상승이 2008년까지 지속되었다. 이는 당시 법인 회원권에 대한 기업들의 니즈(Needs)와 회원권의 높은 투자가치가 회원권 시세의 상승 요인이 되었던 것으로 판단된다.

그러나 2008년 세계 금융 시장 위기가 국내 금융 및 부동산 시장에 부정적인 영향을 미치면서 본격적으로 회원권 하락 추세를 보이기 시작했다. 또한 골프장 공급의 가속화, 대중제 골프장의 확산, 인터넷을 이용한 부킹 등으로 비회원들도 골프장 이용에 어려움이 없어지자, 회원권 보유에 대한 필요성은 점점 약해졌다.

회원권 거래 방법

(1) 회원권 매수 방법

① 구입하고자 하는 골프 회원권에 대한 정보 탐색
- 회원권 구입 고려 시 주의사항
  ⅰ) 명의 개서 여부: 명의 개서가 안 될 경우, 회원권 시세 하락에 영향
  ⅱ) 골프장의 거리 및 교통: 신규 도로 개통 가능성에 따라 시세 변동
  ⅲ) 골프장의 홀 규모 및 코스 상태: 홀 증설 가능성에 따라 시세 변동 가능
  ⅳ) 최근 1~2년 동안의 회원권 가격 시세: 최근 시세에 따라 매수 타이밍 예측

② 회원권 거래소 선택
- 고가의 회원권을 중개하는 업체이므로 신뢰도 높은 업체를 선택

③ 계약금 및 관련 서류 준비
- 거래하고자 하는 회원권 결정 및 거래소 확정 후, 총 매매 대금의 5~10%를 계약금으로 지급
- 회원권 매수 관련 준비 서류
  ⅰ) 명의 변경 신청서
  ⅱ) 인감 증명서
  ⅲ) 주민등록등본
  ⅳ) 회원 가입 신청서(골프장에 따라 기존 회원의 추천이 필요한 경우도 있음)

④ 매매 잔금 및 대행 수수료, 명의 개서료 지급

⑤ 취득 고지서 및 회원증 수령
- 거래소를 통한 취득 신고 및 신고 이후 1개월 이내 관련 세금 납부 완료
- 명의 개서 완료 후, 골프장으로부터 회원증 수령

(2) 회원권 매도 방법

① 시세 확인 및 매도 금액 결정
- 거래량이 많은 거래소를 통해야 신속한 매도 가능

② 계약금 수령 및 관련 서류 준비
- 회원권 매도 관련 준비 서류
  ⅰ) 회원증
  ⅱ) 인감 증명서 및 인감도장
  ⅲ) 명의 변경 신청서

③ 매매 잔금 수령 및 대행 수수료 지급
- 거래소를 통해 명의 개서 신청 후, 잔금 및 대행 수수료 지급

④ 양도세 및 주민세 납부
- 양도 후 2개월 이내에 관할 세무서에 양도 소득 신고 및 세금 납부

3. 국내 골프장 산업 전망

현재 골프장들의 문제점에 대해 짚어보고, 앞으로의 골프장 산업에 대해 전망해보고자 한다.

① 회원권의 지속적인 가치 하락으로 2005년 이후 개장한 회원제 골프장의 입회금 반환 예상

국내 회원제 골프장의 경우, 대부분 회원권 분양 시점으로부터 5년이 지나면 회원들이 입회금 반환 청구권을 가지게 된다. 현재 골프장 회원권의 시세가 지속적으로 하락하면서 투자 목적으로 회원권을 보유했던 사람들이 회원권을 시장에 내놓을 가능성이 높아지고 있다. 이들 회원권이 시장에 나오게 될 경우, 수요보다 공급이 많아지면서 회원권 시세는 점점 더 하락할 것으로 예상된다. 특히 대부분의 회원제 골프장들이 입회금을 골프장 건설 비용으로 사용(한 것으로 파악되어)하여 입회금 반환 러시가 시작되면 도산 위험까지 있을 것으로 예상하고 있다.

② 인허가 골프장 개장으로 인한 경쟁 심화 및 홀당 이용객 수 하락 예상

현재 건설 중이거나 인허가 절차에 있는 골프장은 2011년 12월 기준으로 121개소에 이른다. 이들 골프장이 영업을 시작하면 골퍼들의 선택권은 보다 다양해지는 반면에 골프장 입장에서는 경쟁이 더욱 치열해질 것이다.

특히 대중제 골프장 대기 수요가 회원제 골프장을 상회하면서 골퍼들의 입장에서는 회원권을 굳이 보유하지 않아도 골프를 즐길 수 있는 기회가 확대되어 골프 회원권의 '시설 우선 이용권' 가치가 점차 하락하였다. 회원권 시세는 더욱 하락할 것으로 보여 골프장 경영난은 더욱 가중될 것으로 예상된다.

③ 지방 회원제 골프장에 대한 개별소비세 부활로 가격 경쟁력 하락

2010년까지 한시적으로 폐지되었던 지방 회원제 골프장에 대한 개별소비세가 부활하면서 지방 회원제 골프장들은 가격 경쟁력을 잃게 되었다. 이전까지는 수도권 대중제 골프장의 부킹 어려움 및 회원제 골프장의 높은 이용료 때문에 지방으로 원정 골프를 가는 수도권 골퍼들이 많았으나, 개별소비세 부활로 지방 회원제 골프장의 내장객 수가 점차 줄어들 것으로 예상된다.

실제로 2011년 이후 강원, 충북, 전북 지역 회원제 골프장들의 내장객 수가 눈에 띄게 감소하였으며, 향후 경기 13개소, 인천 2개소, 강원 8개소의 대중제 골프장이 건설 또는 인허가 중에 있어 이러한 경향은 더욱 심화될 것으로 예상된다.

03

골프 연습장

1. 국내 골프 연습장의 역사

골프 연습장은 초보자나 그 이상의 수준을 가진 골퍼가 기술 습득 및 향상과 건강 증진을 위한 목적으로 이용하는 스포츠 시설업으로, 골프 산업과 관련한 참여 스포츠 분야의 초석이 되는 곳이라고 할 수 있다.

우리나라 최초의 골프 연습장은 1950년대 중반 김건영 씨가 1년 반가량 운영하면서 '서울 인도어'로 개명했고, 1957년 국악인 안비취 씨가 인수 운영했다. 골프 실력이 수준급이었던 안비취

최초 실외 골프 연습장 : 자유센터 골프 연습장

자료: 대한골프협회, 사진으로 보는 한국 골프사

초기 실외 골프 연습장 모습 : 뚝섬 골프 연습장(상), 태능 골프 연습장(하)

자료: 대한골프협회, 사진으로 보는 한국 골프사

씨는 당시 정치와 재계 쪽 인사들과 자주 라운드를 했던 것으로 알려져 있다.

최초의 실내 골프 연습장은 4타석 규모로 서울시 중구 명동(당시 대연각 호텔 뒤)에 위치했던 '무학성 골프 연습장'을 들 수 있다. 또한 최초의 실외 골프 연습장은 1967년에 개장한 '남산 자유센터 골프 연습장'이었다. 이 연습장은 60타석, 비거리 약 230~240야드 정도로 당시로는 제법 큰 규모였다. 한 달 레슨비는 약 5,000원이었고, 1박스(30개) 이용료는 50원이었다. 이용자의 대부분은 정·관계, 재계 인사들이었으며, 최근 골프 연습장처럼 안전망을 치거나 철탑을 세우지 않은 상태로 연습했다. 특히 골퍼들의 연습 장소로 각광받기도 했다.

최근 골프 연습장과 같은 형태의 철제탑을 세운 골프 연습장이 등장한 것은 1967년 창덕궁 앞에 김복만과 한장상 등이 개장한 '비원 골프 연습장'이 개장하면서부터다. 이 연습장의 비거리는 100m에 15타석 규모로 서울 골프장 안에 골프 연습장이 있어 라운딩 전에 일반인들과 프로 골퍼들의 연습 장소로 각광받았다.

넓은 땅을 필요로 하는 골프 종목의 특성상 경제가 발전하기 시작한 1970년대 말부터는 골프 연습장이 점차 도심 외곽 지역으로 밀려나기 시작했다. 또한 회사가 밀집되거나 유동 인구가 많은 명동 중심에서 강남 쪽으로 이전하기 시작했다. 1980년대 이후 반포 골프 연습장의 경우 많은 프로 골퍼들이 근무했기 때문에 프로 골퍼로 입문하기 위한 양성소로 이름이 알려지기도 했다.

지방의 골프 연습장에 대한 정확한 자료는 없지만, 지방에서는 처음으로 부산에서 골프 연습장

이 개장됐던 것으로 알려지고 있다.

한국 골프 연습장의 역사는 약 40년 정도로 짧지만, 그 역사에 비해 많은 프로 골프 선수들이 해외 무대에서 선전하고 있으며, 해마다 아마추어 골프 동호인의 수가 지속적으로 증가하고 있는 추세이다. 또한 골프 연습장은 주중, 주말 할 것 없이 항상 인산인해를 이뤄 바야흐로 골프 연습장 이용의 대중화 시대를 맞이하고 있다.

2. 국내 골프 연습장의 분류

국내 골프 연습장은 크게 실외 골프 연습장과 실내 골프 연습장 두 가지로 분류된다.

① 실외 골프 연습장

실외 골프 연습장은 야외 골프 연습장과 옥탑형 실외 골프 연습장으로 분류할 수 있으며, 최근에는 수상 골프 연습장도 개장하고 있다.

옥탑형 실외 골프 연습장

수상 실외 골프 연습장

흔히 '드라이빙레인지'라 불리며, 골프 타석에서 그물을 보고 샷을 하는 인도어 골프 연습장을 말한다. 실외 골프 연습장은 외부에 노출되어 있기 때문에 겨울에는 춥고, 여름에는 덥다는 단점이 있지만 탁 트인 공간에서 자신이 친 타구의 구질과 방향을 직접 확인할 수 있다는 것이 장점이다.

실외 골프 연습장의 기본적인 건축 설비로는 충분한 부지와 그물망, 철탑, 건물이 포함되며, 특히 볼의 방향과 비거리를 확인할 수 있는 부지 면적을 가장 먼저 확보해야 한다. 그물망은 연습 중 안전사고를 대비해 설치해야 하며, 부지 면적은 타석 면적과 보호망을 설치한 토지 면적을 합한 면적의 2배를 초과할 수 없음을 법률(문화체육부령, 1996년 개정)로 정하고 있다.

건축물 내부 시설로는 연습이나 레슨에 필요한 기기를 설치할 수 있으며, 이용자의 안전을 위해 타석 사이의 거리가 2.5m 이상을 유지해야 한다(문화체육부령, 1996년). 타석의 시설물은 자동 볼 공급기, 타석 매트, 브러시, 고무티, 볼, 채걸이, 냉·난방 기기, 조명, 연습채, 간이의자 등을 확보해야 한다.

레슨을 위해서는 항상 레슨 프로가 상주해야 하고, 벙커 연습장과 퍼팅 연습장 시설을 갖출 수

[표-1] 골프 연습장 시설의 설치 이용에 관한 법률 시행 규칙

구분		시설 기준
필수 시설	운동 시설	실내 또는 실외 연습에 필요한 타석을 갖추어야 한다. 다만, 타구의 원리를 응용할 연습 또는 교습이 아닌 별도의 오락, 게임 등을 할 수 있는 타석을 설치하여서는 안 된다. 타석 간의 간격이 2.5m 이상이어야 하며, 타석의 주변에는 이용자가 연습을 위해 휘두르는 골프채에 벽면, 천장, 기타 다른 설비 등이 부딪치지 않도록 충분한 공간이 있어야 한다.
	안전 시설	연습 중 타구에 의해 안전사고가 발생하지 않도록 그물 보호망 등을 설치하여야 한다. 또한 실외 연습장으로서 위치 및 지형상 안전사고의 위험이 없는 때에는 그렇게 하지 않는다.
임의 시설	운동 시설	연습 또는 교습에 필요한 기기를 설치할 수 있다. 3홀 미만의 퍼팅 연습용 그린을 설치할 수 있다. 다만, 퍼팅의 원리를 응용하여 골프 연습이 아닌 별도의 오락, 게임 등을 할 수 있는 그린을 설치하여서는 안된다. 실외 연습장에서는 3홀 미만의 골프 코스 또는 18홀 이하의 피칭 연습용 코스(각 피칭 연습용 코스의 폭 길이는 100m 이하여야 한다)를 설치할 수 있다.

있다. 또한 VTR과 컴퓨터 시뮬레이션을 통한 스윙 자세 교정 등의 레슨을 위해 영상 시설을 갖추고 있는 곳도 상당하다.

그 외 시설로는 이용자들이 대기실과 로비 등 곳곳에서 시청할 수 있는 텔레비전, 비디오, 케이블 등의 방송 시설이 필요하며, 골프 잡지, 물수건, 골프채를 닦을 수 있는 수건, 식수 등을 갖추고 있다. 이 밖에 월례회 등 다양한 행사도 준비되어야 한다.

② 실내 골프 연습장

실내 골프 연습장은 타석이 건축물 내부에 설치되어 있는 형태로 철탑 시설이 필요 없지만, 연습 중 타구에 의한 사고가 발생하지 않도록 그물 보호망 등 안전 시설을 설치해야 함은 실외 골프 연습장과 동일하다(문화체육부령, 1996년 개정).

실내 골프 연습장은 도심 주택가나 상가, 사무실 밀집 지역 등 비교적 유동 인구가 많고 접근성이 좋은 위치에 자리 잡고 있다. 또한 실외 골프 연습장보다 비교적 시설 투자비가 적고, 좁은 면적의 공간에서도 영업이 가능한 장점이 있다. 특히 이용료가 저렴한 편이기 때문에 골프를 처음 접하거나 스윙 자세 교정을 원하는 회원들이 많이 이용하고 있다.

일반적인 실내 골프 연습장(상)과 스윙 분석기를 설치한 연습장(하)

하지만 타석까지의 거리가 평균 5m 정도밖에 되지 않기 때문에 이용자가 볼의 방향과 비거리를 확인하기 어렵다는 단점이 있다.

실외 골프 연습장 대비 단점을 극복하고, 매장의 경쟁력을 강화하기 위해 연습장 내에 비거리, 볼의 방향성, 자세 분석, 프로의 자세와 비교해주는 기계, 스윙 분석기 등을 설치하는 매장이 늘어나고 있다.

이러한 트렌드를 이끄는 대표적인 곳이 '골프존 아카데미(Golfzon Academy)'다. 골프존의 최첨단 IT 기술과 맞춤형 레슨 서비스를 결합시킨 신개념 골프 연습장으로 2011년 6월 삼성동에 첫 선을 보였으며, 현재 수도권을 중심으로 15개의 매장을 운영 중에 있다.

실제 구질과 동일하게 골프공의 속도와 방향을 감

골프존 아카데미 매장 전경(좌), 드라이빙 레인지 인게임(중), 골프존 아카데미 레슨 프로그램(우)

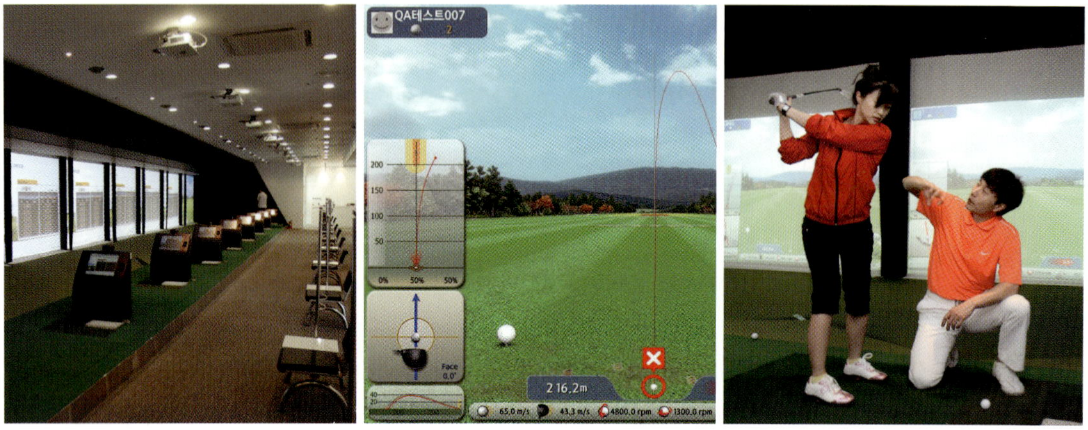

지하는 'T-Sensor', 타석에 들어서는 순간 자동으로 사용 클럽을 인식하는 '클럽 인식 시스템(RFID)'을 비롯해 회원 카드 인식, 촬영용 카메라, 터치 스크린이 부착된 '일체형 키오스크', 필드 위에 선 느낌 그대로를 재현 가능케 하는 '스윙 플레트와 3종 잔디 매트' 등이 연습과 동시에 재미를 느낄 수 있도록 하고 있다.

또한 드라이버, 우드, 아이언을 연습할 수 있는 '드라이빙 레인지', 어프로치를 연습할 수 있는 '숏게임 장', 티샷과 어프로치 연습에 중점을 두고 미션을 성공시키는 '챌린지 모드', 연습한 실력을 검증해 볼 수 있는 실전 '미니 라운드' 등 4개 소프트웨어 프로그램이 체계적인 맞춤형 서비스를 제공하고 있다.

비거리, 방향성, 구질, 탄도 등의 데이터를 정확하고 과학적으로 분석하여 제공함으로써, 실외 골프 연습장 대비 단점을 극복한 연습 환경을 제공하는 것이 신개념 골프 연습장인 '골프존 아카데미(Golfzon Academy)'의 인기 비결이다. 특히 겨울철에는 골퍼들에게 동계훈련 장소로 각광받고 있으며, 태릉선수촌에서 골프 국가대표 훈련 시스템으로도 사용하고 있다.

3. 국내 골프 연습장 현황

골프 인구 수 확대 및 골프 대중화로 골프 연습장 시설도 크게 늘어나고 있다. 골프 연습장 이용객은 향후 골프 필드에 나가 골프를 칠 가능성이 높은 잠재 골퍼들이다. 따라서 골프 연습장의 이용객 수는 골프장의 이용객 수를 추정하는 하나의 선행지표로 활용할 수 있다. 즉, 골프 연습

[그림-1] 골프 연습장 수

(단위: 개소)

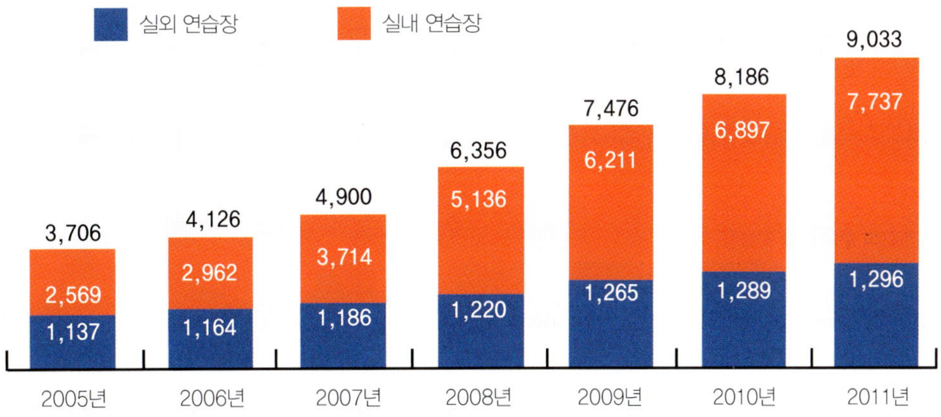

자료: 문화체육관광부, 전국 등록 신고 체육시설업 현황(실내 연습장은 스크린골프장 포함)

장의 수가 늘어난다는 것은 골퍼가 증가함을 의미하는 것이다.

2005년 3,700여 개에 불과했던 골프 연습장은 해마다 증가하여 2011년 12월 기준 문화체육관광부에서 발간한 전국 등록 신고 체육시설업 현황에 따르면, 실외 연습장은 1,296개, 실내 연습

[표-2] 2011년도 시도별 골프 연습장 수

(단위: 개소)

		실외		실내	
전국		연습장 수	타석 수	연습장 수	타석 수
		1,296	45,714	7,737	60,242
수도권	서울	116	3,917	1,815	15,440
	경기	308	14,161	2,058	14,804
	인천	41	2,107	327	2,714
충청권	대전	20	1,031	220	1,735
	충북	52	1,738	224	1,657
	충남	86	2,582	218	1,712
호남권	광주	22	1,090	180	1,706
	전북	64	2,091	217	1,531
	전남	75	1,999	201	1,286
영남권	부산	87	2,967	416	3,596
	대구	46	1,340	387	3,267
	울산	34	1,140	306	2,439
	경북	125	2,999	369	2,442
	경남	99	3,402	428	3,253
강원		77	2,208	250	1,052
제주		44	942	115	808

자료: 문화체육관광부 체육백서, 2011

장은 7,737개 등 총 9,033개가 있는 것으로 나타났으며, 서울 · 경기 지역에 집중되어 있었다. 2011년 데이터 기준으로 시도별 골프 연습장 수는 표-2와 같으며, 서울 · 경기 지역에 집중되어 있음을 알 수 있다. 타석 수별로 실외 연습장 수를 구분하면, 11개 이상 30개 이하 타석을 보유한 실외 연습장의 수가 많은 것을 알 수 있다.

[표-3] 2011년 타석 수별 실외 연습장 수

(단위: 개소)

		타석 규모											
		1–5	6–10	11–20	21–30	31–40	41–50	51–60	61–70	71–80	81–90	91–100	101–
전국		54	139	274	204	194	134	94	63	64	38	15	23
수도권	서울	11	7	22	22	24	6	8	6	7	1		2
	경기	12	22	35	33	38	44	33	23	30	18	9	11
	인천	1		3	10	8	6	4	3	1	1		4
충청권	대전			3	3	4	1	1	2	3	1	1	1
	충북	3	5	10	6	9	6	10	2	1			
	충남	4	21	18	8	16	4	1	6	3	3	1	1
호남권	광주		1	1	4	4	2	5		3	1		1
	전북	1	1	16	18	10	9	5	2	2			
	전남	3	11	25	12	11	5	3	1	1	2		1
영남권	부산	2	11	16	19	14	6	5	5	4	4	1	
	대구	1	4	10	15	6	5	2	2	1			
	울산	1	4	7	5	8	3	3	1		1	1	
	경북	8	22	36	23	17	12	2	1	2	1	1	
	경남	2	13	29	10	8	11	8	7	6	3	1	1
강원		1	9	26	12	11	11	3	1		2		1
제주		4	8	17	4	6	3	1	1				

자료: 문화체육관광부, 전국 등록 신고 체육시설업

04 스크린골프

1. 스크린골프의 정의

스크린골프는 가상의 골프 코스가 스크린 화면에 비치는 환경에서 실제 골프 클럽과 골프 볼을 이용해 라운딩을 즐길 수 있는 시스템으로, '스크린골프(Screen Golf)', '골프 시뮬레이션(Golf

스크린골프 시스템의 구성

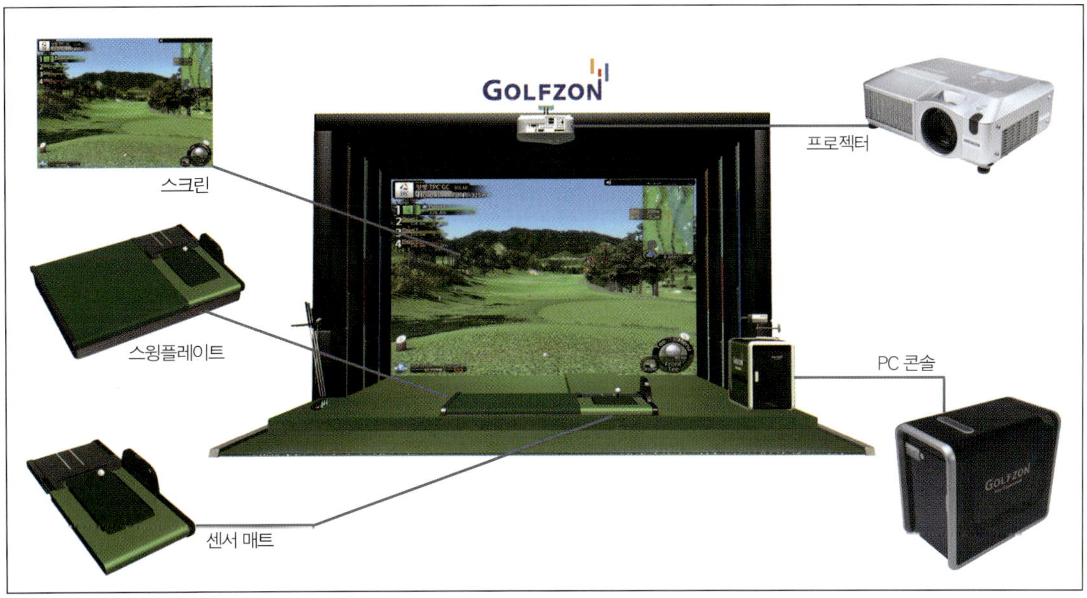

자료: 골프존

Simulation)', '버추얼 골프(Virtual Golf)'라고도 한다.

스크린골프는 다음과 같은 시스템으로 구성되어 있다. 화면을 보면서 공을 직접 칠 수 있는 스크린, 스윙할 수 있는 타석, 영상을 보내주는 프로젝터, 제어부인 PC, 스윙 분석을 도와주는 카메라, 그리고 가장 중요한 센서로 이루어져 있다.

특히 스크린골프 시스템을 만들기 위해서는 초고속 센싱 기술, 물리 엔진 기술, 3차원 골프 코스 제작 기술, 컴퓨터 그래픽스 기술, 정밀 기계 및 기구 제작 기술, 게임 기술, 그리고 골프라는 스포츠 콘텐츠 등 다양한 기술들이 사용된다.

2. 스크린골프의 역사와 발전 과정

① 스크린골프의 시초

우리나라에선 '스크린골프'라는 용어로 널리 사용되고 있지만, 정식 명칭은 '골프 시뮬레이션 시스템(Golf Simulation System)' 또는 '골프 시뮬레이터(Golf Simulator)'라고 한다.

1990년대 초 미국, 독일, 일본 등에서 시뮬레이션 기술을 골프에 적용한 것이 그 시초였다. 초창기 골프 시뮬레이션 시스템들은 골프 클럽 제조사 등에서 자사 제품을 사용했을 때, 비거리 및 탄도를 분석하기 위한 연구용으로 개발한 것이다.

초기의 탄도 분석 시스템은 골프 클럽의 스윙 궤도, 타격 시 클럽의 헤드 속도, 골프 볼의 비행 각도 등을 측정하여 모니터에 그래프나 텍스트 형태로 출력해 주는 정도였다. 그러나 이용자의 직관성을 높이기 위해 볼의 움직임이나 궤적, 비거리 표시 등 그래픽적인 요소를 보강하여 프로젝터 등을 이용해 대형 화면으로 영상을 출력해 보여줌으로써 기존의 골프 라운딩을 즐길 수 있는 가상 골프 시스템(Virtual Golf)의 가능성을 발견하였다. 이렇게 골프 시뮬레이터는 연구 · 분석용 외에 라운딩 기능으로서 효용 가치가 알려지면서 골프 클럽을 판매하는 매장에서 많이 도입하였고, 일반인들을 위한 가상 골프 시스템으로 진화하게 되었다. 이후 라운딩용 가상 골프 시스템은 파티 문화가 정착되어 있는 미주 지역의 몇몇 가정과 사교 클럽 등에도 설치되기 시작했다.

② 스크린골프의 원리(센서의 종류)

스크린골프에서 라운딩을 즐기기 위해서는 골프 볼의 궤도와 탄도 정보 등을 화상으로 구현할 수 있어야 한다. 이를 위해서는 볼의 속도, 발사 각도(상하 탄도각 및 좌우 방위각), 공의 회

탄도 분석 시스템

QA테스트007
2
00:59
200
150
100
50
0%
50%
50%
Face
0.0°
2 16.2m
38.0m
65.0 m/s
43.3 m/s
4800.0 rpm
1300.0 rpm
15.0°
207.3 m
나스모
45mm
메뉴

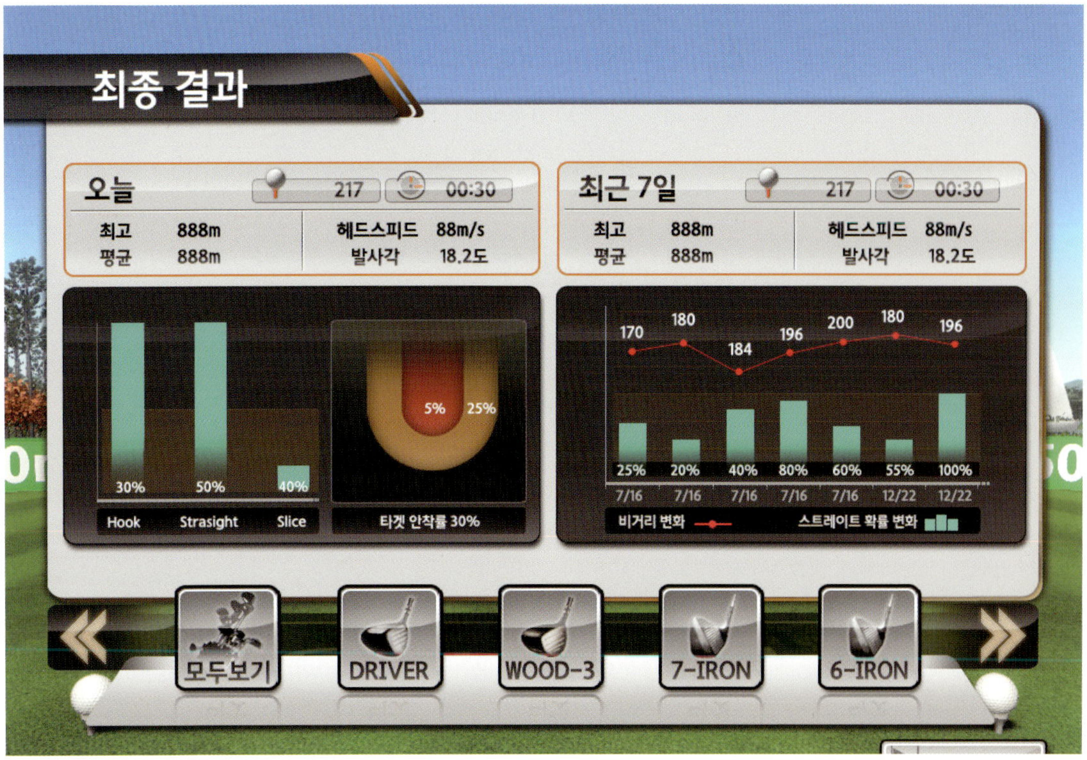
최종 결과
오늘
217
00:30
최고 888m
평균 888m
헤드스피드 88m/s
발사각 18.2도
최근 7일
217
00:30
최고 888m
평균 888m
헤드스피드 88m/s
발사각 18.2도
30%
50%
40%
Hook
Strasight
Slice
5%
25%
타겟 안착률 30%
170
180
184
196
200
180
196
25%
20%
40%
80%
60%
55%
100%
7/16
7/16
7/16
7/16
7/16
12/22
12/22
비거리 변화
스트레이트 확률 변화
모두보기
DRIVER
WOOD-3
7-IRON
6-IRON

전 방향과 회전량을 각종 센서를 이용해서 얻은 후 계산하게 되는데, 볼의 정보를 수집하기 위한 센서로는 크게 적외선(Infrared Rays) 센서, 광(Photo) 센서, 초고속 카메라, 극초단파 레이더(Microwave Radar) 등이 있다.

적외선 센서(Infrared Rays Sensor) 제1세대에 해당하는 적외선 센서는 일반적으로 센서가 바닥에 부착돼 있고 광원이 눈에 보이지 않는다. 적외선 센서를 이용한 시스템의 경우 송신부에서 발사된 적외선이 물체(골프 볼)에 반사되어 수신부에 돌아오는 시간을 체크하여 볼의 속도 및 발사각도, 비행 각도를 계산한다.

감지 거리는 10~60㎝ 정도로 짧고 부정확하며, 센서의 응답 속도가 비교적 느린 편이다. 또한 발광부와 수신부 사이에 적외선이 오고 가는 곳으로 통과한 물체만 인식할 수 있어서 골프 볼을 인식하는 공간에 한계가 있으며, 좌우 방위각은 어느 정도 정확한 측정이 가능하지만, 정밀하게 상하 탄도각을 측정하는 데는 한계를 갖고 있다.

국내 대부분의 스크린골프 제조 업체들은 최근까지 적외선 센서만을 이용하거나, 적외선 센서와 광 센서를 혼합 사용한 제품을 생산하였다.

광 센서(Photo Sensor) 광 센서는 제2세대에 해당하며 현재 가장 보편적으로 사용하고 있는 방식이다. 포토 센서라고도 하는 이 방식은 직진성이 강한 광원(레이저 등)을 이용하여 광원이 물체에 의해 가려진 부분에 발생하는 그림자의 위치와 크기로 탄도 정보를 측정한다. 또한 그림자의 위치로 탄도를 계산하기 때문에 0~200㎝로 감지 범위가 넓으며, 응답 속도가 1/200,000 Sec으로 적외선 센서에 비해 수십 배 이상 빠른 것이 특징이다.

초고속 카메라 센서(High-Speed Camera Sensor) 적외선 센서와 광 센서는 볼이 지나가는 위치를 추적해서 시뮬레이션 하기 때문에 볼 자체의 스핀(회전) 측정이 불가능하다는 단점이 있다. 이러한 단점을 개선하기 위해 클럽이 볼을 타격하는 시점과 전·후 시점의 클럽 궤적 정보를 이용하여 탄도를 보완하는 방법을 사용하고 있으나, 실제 볼의 스핀량에 따른 볼의 움직임 변화를 구현하는 데 여전히 한계가 있었다. 그래서 개발된 것이 바로 초고속 카메라 방식이다.

초고속 카메라 방식은 클럽과 볼의 움직임을 초고속으로 촬영하여 이미지로 변환한 뒤, 이미지 프로세싱을 통해 탄도를 분석하는 것이다. 이때 정밀한 스핀 분석을 위하여 특정 패턴의 무늬가 표시된 볼을 사용해야 하는데, 최근에는 무늬가 없는 볼의 탄도를 측정할 수 있는 시스템도 개발되었다.
과거에도 초고속 카메라를 이용한 제품이 있었지만 당시에는 카메라 성능이 떨어졌고 가격이 비싸서 대중화되지 못했다. 하지만 최근에는 낮은 가격으로 고사양 카메라를 이용한 시스템 개발이 가능해져 골프존, 알바트로스 등의 업체에서 초고속 카메라를 이용한 시스템을 출시하고 있다.

극초단파 레이더 센서(Microwave Radar Sensor) 극초단파 레이더 센서는 군사 목적으로 이용하던 '극초단파 레이더 기술'을 적용하여 볼의 속도 및 궤적 등을 추적하는 원리로 작동한다. 극초단파 레이더 센서는 적외선 센서나 광 센서, 초고속 카메라 센서처럼 타구 시점의 제한된 정보를 가지고 볼의 움직임을 추정하는 방식이 아니라, 타격부터 볼이 지면에 닿을 때까지 극초단파가 볼을 실제로 추적해서 데이터들을 읽어내는 원리이다.
즉, 볼의 출발 각도, 스핀량, 스핀의 축, 최고 높이, 탄도, 비거리 등 다양한 정보를 제공하며, 400야드 이상의 드라이버샷을 측정해도 오차 범위 30㎝ 이내의 정확성을 자랑한다.
현재 존재하는 센서 중에서 가장 정확한 것으로 알려져 있으나, 가격이 비싸기 때문에 일반화되지는 않았다. 국내에서는 스크린골프와 같은 엔터테인먼트 시스템에 활용하기보다는 골프 클럽 제조사들의 클럽 성능 측정이나 프로 선수들을 위한 연습용으로 활용하고 있다.

3. 국내 스크린골프의 발전

① 국내 스크린골프의 도입

국내에 처음으로 스크린골프가 도입된 것은 1990년대 초반이다. 당시에는 스크린골프 장비를 생산하는 업체가 없었기 때문에 외국에서 제품을 수입해야 했다. 이러한 외국산 장비는 가격이 비싸고, 기술적으로 시스템이 안정화되어 있지 못했다. 또한 수입 제품이다 보니 고장 시 부품 수급 문제나 사후 관리와 같은 A/S 등의 문제가 끊임없이 발생하여 국내에 도입된 지 2년이 채 되지 않아 시장의 외면을 받았다.
하지만 1990년대 후반 국내 IT기술의 발달로 골프 시뮬레이션 시스템이 한국에서 중흥기를 맞이하게 되었다. 전기, 전자, 3차원 그래픽 구현 기술 등 골프 시뮬레이션 시스템에 필요한 요소의 개발을 위한 기술들이 고루 갖춰지면서 2000년부터 일반인들이 필드 라운딩을 대신할 수 있는 첨단 골프 시뮬레이션 시스템이 뿌리를 내리기 시작하였다.

당시 박세리 선수의 LPGA US 오픈 우승으로 골프에 대한 관심이 급속도로 높아지고 상류층의 전유물로 여겨졌던 골프의 저변이 폭발적으로 늘어남과 동시에, 골프장의 높은 비용, 시공간적 제약, 늘어나는 골프 인구를 도저히 감당할 수 없는 턱없이 부족한 골프장 수 등의 환경적인 요인들이 맞물리면서 필드 라운딩에 대한 욕구를 어느 정도 해소해 줄 수 있는 골프 시뮬레이션 시스템이 골프 연습장 등을 통하여 빠른 속도로 대중에게 다가가게 되었다.

2000년대 초반 골프에 대한 인식이 바뀌기 시작하면서 골프 인구가 급속도로 증가하여 전국 각지에 실내 · 외 골프 연습장이 우후죽순으로 생겨났다. 시설이 좋은 일부 실외 골프 연습장들은 타석이 부족해 1~2시간씩 대기해야 할 정도로 인산인해를 이루었다. 이때 빈 타석이 날 때까지 대기하는 동안 고객들이 지루하지 않게 시간을 보낼 수 있도록 배려 차원에서 설치한 것이 초기 스크린골프의 시작이었다.

직장인들의 스크린골프방 이용 모습

그러다 부산의 한 실외 연습장에서 스크린골프 이용이 붐을 일으키게 되었고, 이 연습장 인근에 스크린골프 시스템만 설치한 스크린골프방이 처음으로 문을 열게 되었다.

② 국내 스크린골프 시장의 활성화

스크린골프 시장이 활성화된 계기는 새로운 비즈니스 모델인 스크린골프방이 등장하면서부터이다. 사람들은 연습하기 위해서뿐만 아니라 실제와 동일한 라운딩을 즐기기 위해 스크린골프방을 찾게 된 것이다.

기존에는 라운딩을 즐기려면 교외에 있는 필드까지 나가야 했다. 그러나 한 번 필드로 나가기 위해서는 시간적, 비용적 제약 등이 많아 일반인들은 좀처럼 접하기 어려운 스포츠였다. 그러나 스크린골프가 등장하면서 골프에 대한 접근이 보다 쉬워지자 수요층이 폭발적으로 증가하게 되었다.

스크린골프방을 가장 많이 이용하는 연령층은 30~40대 직장인들로 퇴근 후 여가 생활, 친목 모임, 동호회 활동 등의 목적으로 스크린골프방을 찾았다.

스크린골프방의 인기로 직장인들의 회식 문화에도 새로운 변화가 일어났다. 음주가 기본이었던 기존의 회식 문화에서 스크린골프라는 운동을 통해 단합하려는 문화로 변화하게 된 것이다. 직장인의 회식에서 시작된 스크린골프방 이용은 학교 동창 모임, 명절 가족 모임, 이웃들과의 친교 모임 등으로 확대되어 성인들의 건전한 놀이 문화로 정착하게 되었고, 결과적으로 골프 대중화

[표-1] 연도별 스크린골프 업체 창업 현황

연도	스크린골프 업체 영업 및 창업 현황
2000년 이전	풀스윙 골프
2000년	골프존, 알바트로스, 하나로골프 창업
2001년	훼밀리골프 창업
2005년	엑스골프, 골프19 창업
2007년	디온골프, 골프마스터즈 창업, KT VR(KT+골프19) 진입
2008년	파온골프 창업
2010년	파온 + SK M&C MOU 체결, 엑스골프 + SBS골프 MOU 체결
2011년	티업골프 창업
2012년	캘러웨이 스크린골프, 골프타임 창업

자료: 각사 홈페이지

에 크게 이바지하였다.

한편 스크린골프 산업이 성장하면서 스크린골프 시뮬레이터를 개발·판매하는 많은 업체들이 등장하기 시작했다. 2000년대 이전에는 풀스윙을 비롯한 몇 개 해외 업체가 연습장 및 골프 용품 판매점을 중심으로 영업했으나, 2000년대 이후에는 국내 업체인 골프존, 알바트로스, 훼밀리골프 등이 등장하면서 본격적인 시장을 형성하였다. 국내 업체는 해외 업체에 비해 저렴한 가격과 A/S망을 장점으로 내세우며 빠르게 성장해 나갔다.

초기 스크린골프 시장은 기술력을 가진 중소기업들이 경쟁했으나, 시장이 점점 커지면서 대기업에서도 다양한 형태로 스크린골프 시장에 뛰어들거나 마케팅 도구로 활용하게 되었다. KT는 골프19과 손잡고 2007년 KT VR이라는 회사를 창업하였고, SK는 자회사인 SK M&C를 통해서 2010년 디온골프와 MOU를 체결하여 시장에 뛰어들었으며, SBS골프도 엑스골프와 손을 잡고 공동 마케팅 등을 하기도 하였다.

4. 국내 스크린골프 산업 현황

국내에 소개된 지 20년이 지난 스크린골프는 필드 골프를 대체하는 수단이 아니라 하나의 문화 산업으로 발전했다. 실제로 2007년 말 1,684개에 불과했던 스크린골프방이 2012년 6월을 기준

으로 7,836개에 이르는 것으로 확인되었으며, 2011년 한 해 동안 스크린골프를 이용한 골퍼도 168만 명으로 필드 골퍼 128만 명을 넘어섰다.

① 스크린골프방 매장 수

스크린골프방은 매년 폭발적인 성장을 거듭해왔다. 그 원인으로 스크린골프가 필드 골프에 비

[그림-1] 국내 스크린골프방 매장 수 추이

(단위: 개소)

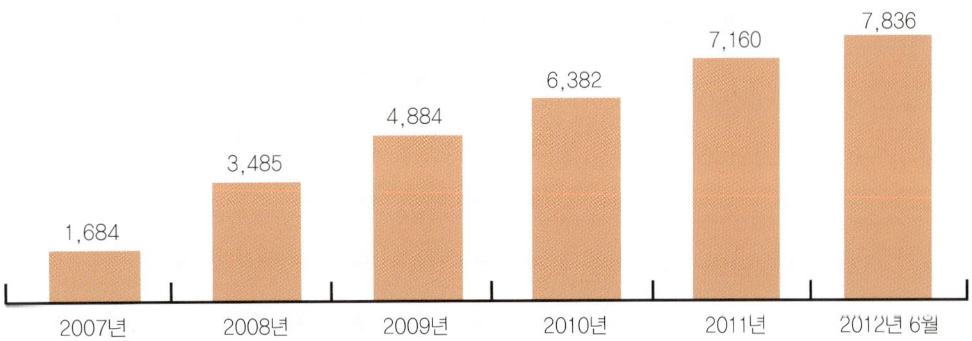

자료: 스크린골프 주요 업체 홈페이지 자료를 이용한 추정(골프존, 골프19, 알바트로스, 훼밀리골프 매장 수만 포함. 기타 업체 제외)

[표-2] 연도별 · 지역별 스크린골프방 수

(단위: 개소)

지역		2007년	2008년	2009년	2010년	2012년 6월
전체		1,684	3,485	4,884	6,382	7,836
서울/수도권	서울	333	820	1,161	1,452	1,675
	인천	93	223	289	343	425
	경기	625	928	1,252	1,644	2,061
충청권	대전	7	47	69	110	155
	충북	15	65	94	118	169
	충남	26	84	115	164	231
호남권	광주	23	62	91	123	163
	전북	19	88	111	137	182
	전남	24	73	114	144	190
영남권	대구	107	213	287	358	427
	경북	70	166	235	344	440
	부산	127	238	359	484	589
	울산	51	164	226	307	348
	경남	109	209	323	438	531
강원	강원	51	91	133	179	197
제주	제주	4	14	25	37	53

자료: 스크린골프 주요 업체 홈페이지 자료를 이용한 추정(골프존, 골프19, 알바트로스, 훼밀리골프 매장 수만 포함. 기타 업체 제외)

해서 계절적 영향이나 거리의 제한을 덜 받고, 저렴한 비용으로 누구나 쉽게 즐길 수 있는 특징 때문인 것으로 보인다.

또한 최근 몇 년간 지속된 경제 불황 속에서 2007~2008년 스크린골프방이 새로운 창업 아이템으로 각광받으면서 스크린골프 매장의 증가세가 눈에 띄게 두드러졌다.

초기 스크린골프방의 증가는 인구 및 골퍼가 많은 서울 및 광역시를 중심으로 이루어졌으나, 점차 광역시 및 지방의 중소도시까지 스크린골프방 창업이 활성화되었다. 2012년 6월 현재 전국의 스크린골프방 중 53.1%가 서울/수도권에 분포되어 있고, 영남권 29.8%, 충청권 7.1%, 호남권 6.8%의 분포를 보이고 있다.

② 스크린골프 브랜드별 현황

현재 국내 스크린골프 시장은 약 10여 개의 스크린골프 업체들이 경쟁하고 있는 것으로 알려져 있다. 골프존을 비롯한 알바트로스, 훼밀리골프, 엑스골프, 골프19와 같은 선발 업체가 스크린골프방의 95% 이상을 차지하고 있으며, 파온골프, 디온골프와 같은 후발 업체들이 각 100여 개의 매장을 운영하고 있는 것으로 나타났다.

2012년 6월 현재 스크린골프 점유율을 살펴보면, 전국의 7,836개 스크린골프 매장 중, 골프존이

4,784개(61.1%)의 매장을 운영하고 있어 압도적인 1위로 나타났고, 그 다음으로 훼밀리골프 1,245개(15.9%), 알바트로스 882개(11.3%) 순으로 나타났다.

시기별로 보면, 2007년까지는 골프존, 훼밀리골프, 알바트로스 등 각 매장 수에는 큰 차이가 없었지만, 2008년부터 골프존이 다른 회사들보다 큰 폭의 성장을 보이며 시장을 선도하기 시작했다.

업계 관계자에 따르면 당시 골프존을 제외한 다른 업체들은 스크린골프방 창업에 관심이 많은 점주 등을 대상으로 마케팅을 펼친 반면, 골프존은 스크린골프를 이용하는 골퍼들을 대상으로 스크린골프의 재미에 맞춰 홍보함으로써, '스크린골프=골프존'이라는 공식을 만들어냈다고 한다. 이러한 커뮤니케이션 전략을 통해 스크린골퍼들은 '골프존'을 찾게 되었고, 이는 결국 스크린골프 기계 판매 및 매장 확대 등에 큰 영향을 주어 빠르게 점유율을 높여갈 수 있었다는 분석이다.

[그림-2] 매장 수를 기준으로 한 스크린골프 업체 시장 점유율

(단위: %)

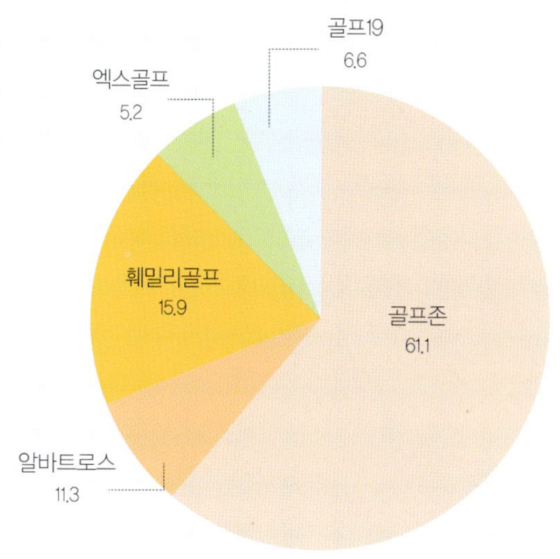

자료: 스크린골프 주요 업체 홈페이지 자료를 이용한 추정

[그림-3] 연도별 · 브랜드별 매장 수

(단위: 개소)

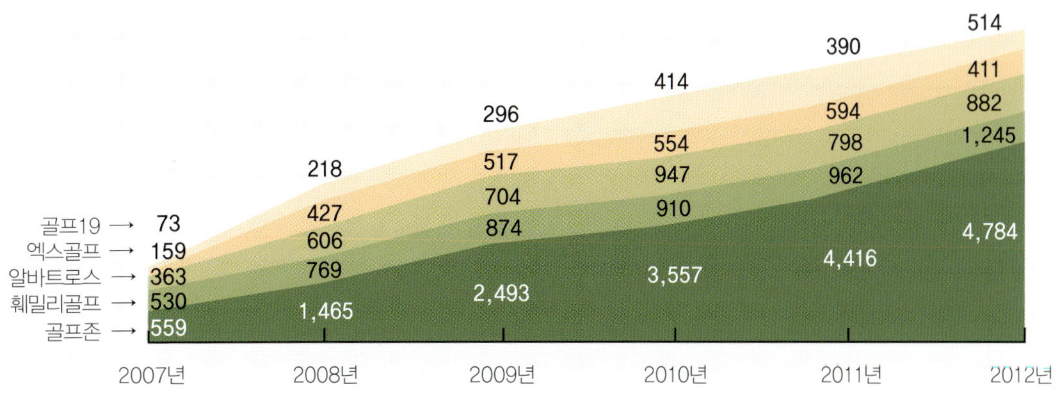

자료: 스크린골프 주요 업체 홈페이지 자료를 이용한 추정(골프존, 골프19, 알바트로스, 훼밀리골프 매장 수만 포함. 기타 업체 제외)

[표-3] 브랜드 · 지역별 스크린골프방 수

(단위: 개소 / %)

지역		합계	골프존	알바트로스	훼밀리골프	엑스골프	골프19	지역별 골프존 점유율
전체		7,836	4,784	882	1,245	411	514	61.1
서울/수도권	서울	1,675	1,006	149	314	85	121	60.1
	인천	425	226	51	94	33	21	53.2
	경기	2,061	1,055	286	383	150	187	51.2
충청권	대전	155	85	16	16	27	11	54.8
	충북	169	120	6	17	6	20	71.0
	충남	231	147	18	27	12	27	63.6
호남권	광주	163	102	17	30	11	3	62.6
	전북	182	106	25	23	14	14	58.2
	전남	190	131	15	8	23	13	68.9
영남권	대구	427	304	59	44	12	8	71.2
	경북	440	306	43	52	15	24	69.5
	부산	589	404	72	91	3	19	68.6
	울산	348	248	24	65	3	8	71.3
	경남	531	356	83	56	9	27	67.0
강원	강원	197	162	10	16	3	6	82.2
제주	제주	53	26	8	9	5	5	49.1

자료: 스크린골프 주요 업체 홈페이지 자료를 이용한 추정(2012년 6월 기준/골프존, 골프19, 알바트로스, 훼밀리골프 매장 수만 포함. 기타 업체 제외)

특히 골프존의 점유율이 높아지면서 기존에 다른 브랜드로 창업했던 점주들도 골프존으로 시스템을 전환하면서 골프존의 점유율은 더욱 높아졌다.

브랜드 · 지역별 매장 분포 현황을 보면, 골프존은 전국의 모든 지역에서 높은 점유율을 보이고 있으나, 타 브랜드들은 지역별로 차이를 보이고 있다. 엑스골프, 골프19는 서울/수도권을 제외한 충청 · 호남 · 영남권에서 매우 낮은 점유율을 보이고 있고, 알바트로스, 훼밀리골프는 영남권이 강세인 반면 충청권에서 점유율이 낮게 나타났다.

③ 국내 스크린골프 산업 규모

국내 스크린골프 시장은 스크린골프 시스템 판매에 따른 각 업체별 매출액, 매장 오픈을 위한 시설 인테리어 비용, 매장 운영을 위한 운영 비품 비용, 스크린골프를 이용하기 위한 이용료와 부가서비스(식음료 등) 등으로 구분할 수 있다.

업계 관계자에 따르면 스크린골프 시장의 산업 규모는 2009년 1조 원을 돌파한 후, 2010년 1.4조 원, 2011년 1.7조 원 규모의 산업으로 성장하였으며, 2012년에는 2조 원 규모로 성장한 것으로 판단되어 스포츠 산업 분야에서 가장 큰 시장으로 자리매김했다고 볼 수 있다.

[표-4] 국내 스크린골프 산업 성장 추이

(단위: 억 원)

구분	2009년	2010년	2011년
스크린골프 시스템	1,700	2,100	1,900
매장 시설 및 운영	1,350	1,400	1,450
- 인테리어	1,000	1,000	1,000
- 운영 비품	350	400	450
스크린골프 이용	7,100	10,300	13,800
- 이용료	6,200	9,000	12,000
- 부가서비스(식음료 등)	900	1,300	1,800
합계	10,150	13,800	17,150

자료: 골프존 자체 추정

또한 스크린골프 창업 및 이용에 따른 비용 외에도 매장 운영을 위한 인력 채용 등으로 신규 고용 창출 효과도 큰 것으로 알려져 있다. 실제로 1매장당 2명의 점원만 고용해도 7,800여 매장에서 점주를 포함해 약 2만 3,000명의 직접적인 고용 효과가 있다.

게다가 스크린골프 창업 시 필요한 골프 클럽 및 골프 볼과 같은 골프 용품 시장의 성장, 스크린골프로 골프에 입문한 유저들을 통한 필드 골프 시장의 성장, 골프 의류 시장의 성장 등 국내 골프 산업의 지속적인 동반 성장을 이끌어내고 있다.

5. 기업의 사례 분석 : 골프존을 중심으로

골프존은 2000년 11월 대전 대덕단지 카이스트의 창업보육센터에서 'IT와 골프를 접목한다'는 아이디어로 창업 보육 과정을 시작했으며, 12년이 지난 현재 골프존은 대덕의 1조 원 클럽에 가입한 대표적인 성공 기업 모델이 되었다.

초기에는 다른 스크린골프 업체와 비슷하게 경쟁하던 중에 스윙플레이트가 달린 초창기 P형 모델이 그나마 주목받는 정도였고, 실제와 같은 샷 구현력 측면에서는 오히려 경쟁사 제품의 기술력이 더 뛰어나다는 평가를 받기도 했다. 이후 골프존은 제품을 꾸준히 업그레이드하면서 S형, N형, 비전 센서로 센서의 정확성을 높여왔다.

비약적인 발전을 이룬 계기는 2007년 IT와 골프에 '문화'라는 콘텐츠를 기술력으로 융합하기 시작한 '골프존 라이브'를 선보이면서부터이다. 또한 골프존은 각종 커뮤니티를 활용해 전국 단위의 온라인 골프 대회를 매달 개최하였고, 30~40대 직장인들과 동호회 사이에서는 골프존의 스크린골프방을 찾아 서로의 기량을 겨루는 것이 유행처럼 퍼지기도 했다.

이후 골프존은 리얼, 비전, G TOUR 등 신규 제품과 서비스를 지속적으로 업그레이드하면서 기술력에서도 타사 제품을 앞지르기 시작했고, 명실공히 스크린골프 시장의 대표적인 성공 기업으로 평가받고 있다.

① 골프존의 센서 발전사

지난 12년간 골프존 센서는 지속적으로 진화해 왔으며, 크게 보면 적외선 센서에서 카메라 센서로 변화했다.

P형 센서

2002년에 출시한 P형 센서는 적외선 측정 센서가 한 줄이고, 출발점 센서가 바닥에 깔려 있었다. 샷이 이루어지면 출발점부터 측정 센서까지의 시간과 위치를 측정해 볼의 궤도와 특징을 산출하는 방식으로, 2차원 평면 좌표로 표시하는 수준이었다.

그 당시 외국산 제품에 비해서 기능적으로 많이 떨어졌기 때문에, 일차원적으로 좌우각과 속도는 측정하였으나 클럽에 의해 뜬 공의 높이(각)는 측정하지 못하는 단점이 있었다. 또한 P형 센서에서 공의 높이를 측정하기 위해서는 클럽의 로프트 각을 이용해야 했고, 라운딩 시 클럽을 필히 선택해야 하는 번거로움이 있었다. 그 외에도 공이 날아가는 순간을 체크하는 센서인 트리거가 바닥 매트와 클럽이 스치면서 발생하는 정전기에 의해 파손되는 단점을 갖고 있었다.

S형 센서

2004년 출시된 S형은 센서가 두 줄로 늘어나면서 측정치가 보다 세밀하고 정확해졌다. S형 센서부터 2차원 평면이 아닌 3차원 좌표로 표시하게 되었으며, 출발점 바닥에 깔려 있던 센서는 정전기 및 충격으로부터 보호하기 위해 옆으로 이동하였고, 측정되는 양 끝 거리가 넓어지면서 정확성이 높아졌다.

N형 센서

카이스트 산학 연구에 의해 개발된 적외선 센서를 통해서 수직으로 올라가는 공의 궤적(높이)은 측정할 수 있게 되었지만, 옆에서 공이 날아가는 순간(트리거)을 체크하다 보니 흰색인 골프화와 골프공을 구분하지 못하는 단점이 있었다.

2007년 출시된 N형은 센서가 옆에도 생겨, 수평 센서로 체크할 뿐만 아니라 수직 체크도 가능해졌다. 이전 센서의 결정적인 아킬레스건이었던 숏 어프로치 샷이 획기적으로 개선된 제품으로, 볼의 탄도를 측정할 수 있어 클럽과 공이 동시에 뜨는 상황이나 클럽이 먼저 나가는 상황을 잡아내 숏 어프로치 샷을 정확하게 읽어낼 수 있었다. 그러나 공의 위치를 지정된 지점에 맞춰서 놓아야 한다는 불편함과 타출각 70도 이상의 플롭 샷은 측정할 수 없는 단점이 여전히 존재했다.

Vision형 센서

2012년 출시한 비전(Vision)형 센서는 적외선 센서로 볼의 움직임을 측정하던 기존 방식에서 벗어나 천장에 달린 2대의 초고속 카메라(1초에 30프레임 촬영)로 클럽이 볼에 어떻게 맞는지를 측정하는 방식을 선택했다.

이를 통해 볼의 사이드 스핀을 측정할 수 있게 되어 페이드, 드로우 샷을 현실과 동일하게 구현하게 되었다. 또한 카메라로 촬영하기 때문에 볼 타출각 70도 이상의 플롭 샷도 측정할 수 있게 됐다.

② 골프존의 소프트웨어 발전사

스크린골프 초창기에는 국내 업체인 알바트로스의 센서가 골프존의 P형 센서보다 가격 대비 경쟁력 있다는 평가를 받았다. 그러나 골프존이 이러한 한계를 극복하고 시장 점유율을 확대해 나갈 수 있었던 것은 소프트웨어적인 재미 요소 때문이라 할 수 있다.

골프존의 소프트웨어는 골프존 라이브1, 골프존 라이브2, 리얼의 3단계로 진화하였다.

초기 골프존의 소프트웨어는 홀컵의 크기를 실제 필드보다 대폭 확대한 24㎝로 필드 대비 스코

골프존 라이브1(좌), 골프존 라이브2(우)

골프존 리얼(좌), 골프존 비전(우)

어가 훨씬 좋게 나왔다. 스크린골퍼들은 실제 필드보다 스코어가 좋게 나오는 것에 재미를 느꼈으며, 골프 입문자들의 진입 장벽을 낮추어 대중화로 가는 계기가 되었다고 할 수 있다.

골프존 라이브1 소프트웨어는 자체 개발한 3D그래픽 엔진과 낮은 사양의 물리 엔진을 사용하였다. 그래픽의 현실감보다는 큰 사이즈의 홀컵이 스크린골퍼들에게 많은 사랑을 받았다.

골프존 라이브2 그래픽은 현지에 직접 가서 360도 사진 촬영 후에 3DS max프로그램에서 vertex 수작업 형태로 진행하는 방식으로 제작되었다. 이때부터 그린 미니맵이 구현되고, 나스모 스윙 모션, 홀인원 이벤트, 풍선 이벤트 등의 Feature도 개발되었다. 골프존 라이브2에서도 홀컵의 크기가 공 크기 하나만큼 더 크게 구현되어 유저에게 재미를 주었다.

리얼 소프트웨어는 게임 제작 엔진 중 현실감이 가장 뛰어나다는 평가를 받는 CryEngine을 사

[표-5] 연도별 골프존 시스템 발전 내용

시기	내용
2002년 1월	Golfzon P, P+센서 및 스윙플레이트, 모션 리플레이 기능 출시
2004년 10월	Golfzon S형 센서 출시
2005년 6월	Golfzon S+ 센서 출시
2008년 1월	Golfzon N, NS, NB, NBS
2011년 1월	Golfzon Real 소프트웨어 출시
2012년 1월	Golfzon Vision 출시

자료: 골프존

용하여 실제와 같은 영상미를 제공하였다. 국내 300여 개 골프장을 전용 항공기로 촬영하고, 레이저 장비를 이용해서 실제 지형을 스캔하는 방식으로 제작함으로써 실제 CC를 그대로 재현하여 코스 현실감을 극대화했다.

기존의 골프존 라이브2 대비 페어웨이나 그린, 벙커, 해저드 등의 골프 코스 디테일이 살아 있는 그래픽으로 스크린골퍼들에게 사랑받고 있다.

③ 골프존의 마케팅 발전사

2012년 현재 골프존 시장 점유율은 매장 수 기준으로 60%를 넘었다. 초창기 국내 업체들과 비슷한 시장 점유율에서 비약적으로 점유율을 확장할 수 있었던 결정적인 계기는 무엇일까?

초창기에는 유저를 대상으로 소프트웨어의 적극적인 홍보나 광고를 진행하지는 않았으나, 매장 점주를 중심으로 마케팅을 펼쳤던 것이 주효했다. 관리자 페이지 개발을 통해서 매장 점주들이 각 시뮬레이터의 설정 값을 변경할 수 있도록 권한을 주었고, 매장 점주들과의 활발한 커뮤니케이션으로 많은 아이디어를 얻고, 그 의견들을 스크린에 반영하였다. 실제로 유저가 직접 대회를 만들 수 있는 오픈GLF 모드는 골프 동호회 시샵을 맡고 있던 매장 점주의 제안으로 기획이 이루어졌다고 한다.

그러다가 유저층이 확대되고 제품력이 강화되면서 골프 대중화 전략으로 타깃을 옮겨 온라인 네트워크 서비스를 개발하고, 유저를 대상으로 한 대회 및 이벤트 등의 마케팅 활동을 전개하였다.

골프가 커뮤니티 중심의 스포츠라는 것을 제대로 파악한 것과 때마침 온라인 네트워크 서비스가 발달함에 따라 골프존의 시장 점유율은 자연스럽게 확장될 수 있었던 것이다.

골프존이 시장 점유율을 확장할 수 있었던 결정적인 이유는 골프존 창업자인 김영찬 회장의 인터뷰 내용을 인용하면 아래와 같다.

"스크린골프 시장이 포화되었다는 전망이 있던 시점(2007년)에 다른 스크린골프 기업들은 쇠퇴기라는 판단 아래 제품 가격을 낮추고 시장에서 정리하는 준비를 하기 시작했습니다. 하지만 골프존은 다른 서비스를 만드는 데 집중했고, 그중 대표적인 것이 '네트워크 서비스'와 '스윙플레이트' 개발입니다."

[표-6] 연도별 골프존 주요 활동

연도	주요 활동
2000 ~ 2003년	2000년대 초 국내에서 스크린골프에 대한 인식이 부재 초기에는 해외 업체와 알바트로스만 골프 시뮬레이터를 판매하고 있었으며, 전국적인 유통 경로는 미비 스크린 업체들은 골프 연습장 시공업체와 연계하여 판촉 활동 벌임 실내외 골프 연습장 중 일부가 골프 시뮬레이터를 1대씩 설치 운영 시작 부산의 실외 연습장에서 대기 시간 동안 고객을 배려하는 차원에서 설치한 스크린골프가 인기를 끌게 되었고, 최초로 부산에서 스크린 골프방 오픈 골프존은 2002년 1월 Golfzon P, P+ 모델 출시
2004년	경기도 일부 지역(안산, 시흥 등)에서 실내 골프 연습장 내 스크린골프가 내기 골프용으로 이용되면서 인기를 끌게 됨 당시 스크린골프 형태는 지금과 같은 방 형태로 구성되지 않았으며, 골프 연습장에서 많이 이용 골프존은 10월 Golfzon S형 출시 / 골프존 전국 지사망 구축 및 가격 정책 수립
2005년	실내 연습장 시장이 무너지면서(수익 악화 등) 실외 연습장 중심으로 스크린골프가 판매되기 시작 실외 연습장은 실내에 비해 고객 집객 및 자금력을 보유하여 1대 이상의 스크린골프를 설치해서 운영하기 시작하였고, 안산, 시흥에서 발생한 스크린골프 붐이 인근 도시(부천 등)로 확산 골프방 형태의 창업이 본격적으로 발생하기 시작하였으며, 강원도 강릉 골프방이 크게 성공하면서 스크린골프 창업 열풍이 일어남 골프존은 10월 Golfzon S+형 출시 / 골프존은 가격 정책에 대한 일관성 확보 후 지사망을 통한 판매 활성
2006년	스크린골프 산업이 성장하면서 New Player(ex 훼밀리골프) 진입 시작 스크린골프방이 수익사업으로 인식되면서 돈 많은 개인사업자들이 본격적으로 유입되기 시작함 골프존은 전국 지사를 안정적으로 세팅하고, 골프존 닷컴 서비스 개시 및 9월 GLT를 론칭하는 등 본격적인 유저 중심의 정책을 수립하기 시작 12월 대치동에 골프존 Park를 오픈하며 SO들에게 새로운 수익 모델을 제시하였고, 전국 골프방 예비 창업자들이 Benchmarking 대상으로 인식하게 됨
2007년	전 세계 경제 고성장에 힘입어 국내 수출 및 내수 경기가 회복되어 스크린골프방 산업이 급성장하기 시작하였으며, 도심 스크린골프방은 경험자들이 회식 후 동료들을 리드해서 스크린골프를 같이 즐기는 경향을 보임 해외 업체들도 정확성을 무기로 시장에 본격 진출하였으나 국내 코스 부재 및 소프트웨어에 대한 업데이트 마비로 큰 반향을 일으키진 못함 골프존은 상반기에 홀인원 이벤트 서비스 제공, 10월 골프존 라이브 서비스 및 나스모 서비스 론칭
2008년	리먼사태로 인하여 국내 수출 및 내수 경기가 침체되는 시기였으나 퇴직자들의 창업 아이템으로 스크린골프방이 본격적으로 인기를 끌게 되면서, 시스템 판매 대수는 기하급수적으로 증가 골프존은 1월에 N형 센서를 출시, 8월에는 여성을 위한 LGLT 대회가 개최되는 등 SO가 아닌 유저층을 대상으로 하는 마케팅 활동이 본격적으로 진행
2009년	금융위기로 인해 스크린골프 산업은 기업 간 양극화가 극대화되기 시작함 타 스크린 업체에서 골프존의 온라인 서비스, 창업 설명회 등을 모방하기 시작 골프존은 매경 창업 설명회, KT 명퇴자 등을 통해 예비 창업자 확보(리스 조건 완화 및 창업 금액 지원 등) 골프19 및 골프 마스터즈는 아바타 열풍으로 3D 구현 가능한 골프 시뮬레이터를 출시하기 시작함
2010년	온라인 네트워크 서비스와 유저 중심 정책의 성공으로 골프존이 국내 스크린골프 시장을 점유(80%)하기 시작하였고, 경쟁사들의 경우 국내 M/S를 골프존에 잠식당하면서 해외 시장 활로 개척에 더욱 집중함 훼밀리골프는 풀스윙 골프와 제휴를 맺고 풀스윙 골프 센서를 적용한 신제품 출시 알디텍은 SBS골프와 협약한 후 창업 설명회 개최를 통한 예비 창업주를 확보하는 데 역량을 집중함
2011년	1월에 골프존 리얼이 론칭되고, 대규모 마케팅을 진행하여 시장의 큰 반향을 일으켰으며, 골프존 라이브 수익이 골프존의 안정적인 Cashcow로 자리 잡게 됨 골프존은 스크린을 통한 1대1 맞춤식 서비스가 가능한 골프 연습장 시장 진출 스크린골프방에서 동영상 레슨을 받을 수 있는 MyT 출시
2012년	골프존은 초고속 카메라를 사용한 센서를 탑재한 상급자를 위한 비전을 출시 세계 최초 스크린 프로 골프 투어인 G TOUR 출범(총 상금 10억 원 규모) 골프존은 대만, 캐나다 법인 설립 등을 통해 해외 시장 개척에 박차

자료: 골프존

3장

골프 용품 및 웨어, 기타 골프 산업

01

골프 용품 및 골프웨어

1. 골프 용품의 역사

(1) 골프 클럽(Golf Club)

골프 클럽의 기원도 골프 역사와 마찬가지로 정확한 시기에 대해서는 의견이 분분하다. 초기 골프 클럽은 자연에서 얻은 나뭇가지나 양치기 소년들이 휘두르던 막대기, 지팡이로 시작되었다. 골프 클럽에 대한 첫 기록은 1502년 스코틀랜드의 제임스 4세가 활 제조업자에게 클럽 제작을 의뢰했다는 내용이다. 이로부터 100여 년이 지난 1603년 제임스 6세(영국 국왕으로서는 제임스

1904년 클럽 제작 작업대(좌), 1909년 아이언 헤드 제작 모습(우)

자료: 골프백과사전

1세)가 윌리엄 메인을 왕실 클럽 제조업자로 지정했다는 기록도 있다.

현존하는 가장 오래된 골프 클럽은 로열트룬클럽에서 보유하고 있는 '트룬클럽'이다. 이 클럽은 스코틀랜드의 한 선박에서 발견된 것으로 1741년에 발행된 신문도 함께 발견되어, 골프 역사가들은 이 클럽이 적어도 1500년대 후반이나 1600년대 초반에 만들어진 것으로 파악하고 있다.

1850년대 골프 클럽 형태

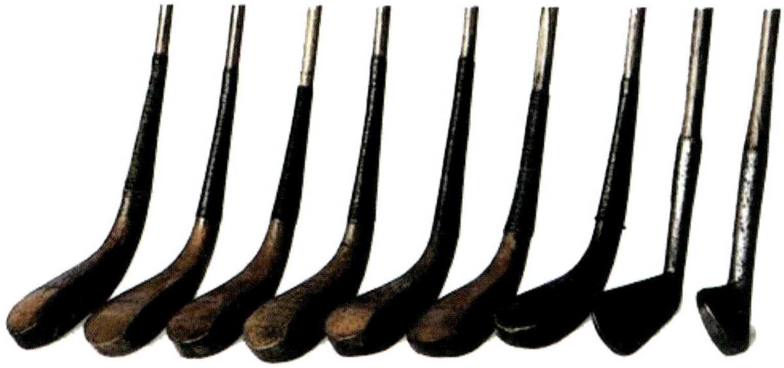

자료: 골프백과사전

맨 위는 1750년대 아이언, 두 번째, 세 번째는 1850년대 아이언

자료: 골프백과사전

골프가 인기를 끌자 활을 제작하던 사람들이 부업으로 클럽을 만들기 시작하였다. 전쟁 때는 무기를 만들고, 평화로운 시기에는 클럽을 만들어 판 것이다. 무기를 만들어 팔던 대장장이들이 제2차 세계대전이 끝난 후 골프 클럽을 만들기 시작하면서 클럽은 발전을 거듭하기 시작했다.

초기 골프 클럽의 소재로 사용한 목재는 사과나무, 오얏나무, 감나무, 살구나무 등 주로 과수 목재였다. 이 시기 골프 클럽의 가장 큰 특징은 헤드와 타면이 얇고 길다는 것이었는데, 나무의 특성상 탄력성이 떨어졌다. 따라서 공을 최대한 멀리 보내기 위해서는 스윙 궤적을 크게 해야 했기 때문에 샤프트를 길게 만들었다. 이것이 롱노즈(long nosed) 클럽이다.

당시 골프 클럽은 신체 조건에 맞춰 제작된 것이 아니라 길이에 차이를 두어 길거나 짧게 만들었다. 샤프트는 접착 부분에 송진을 먹인 실이나 노끈을 단단히 동여매 완벽함을 유지하려 했다. 이렇듯 무겁고 긴 클럽으로는 공을 정확하게 타격하기가 힘들었기 때문에 페이스의 면적을 넓히기 위해서 헤드 부분의 길이가 길어졌을 것으로 짐작할 수 있다.

19세기 중반부터는 과수목을 재료로 제작되었던 골프 클럽들을 대체하는 히코리나무 클럽이 등장하게 된다. 과수목 대비 강도도 뛰어나고 세로 나뭇결로 되어 있어 광범위하게 사용되었다.

1890년 후반과 1900년대 초 클럽

자료: 골프백과사전

1950년대 골프 클럽

자료: 골프백과사전

1848년 페더리 볼(Feathery Ball)에 비해 상대적으로 무거운 구타페르카(Gutta Percha) 볼이 등장하면서, 기존 클럽들이 타격 시 충격을 버티지 못하고 헤드가 쪼개지는 문제가 발생했다. 이에 대한 해결책으로 클럽의 헤드를 더 두껍게 만들었다. 클럽이 전체적으로 무거워지면서 클럽 제작자들은 샤프트의 탄성과 강도는 높이면서 무게는 가벼운 재료를 찾게 되었고 히코리나무가 이 조건에 잘 맞았던 것이다.

또한 난단해진 볼과의 충돌로부터 페이스를 보호하기 위해 클럽에 다양한 이물질을 삽입하게 되었다. 삽입물로는 유리, 고무, 상아, 가죽에 이르기까지 다양했다. 또한 클럽 페이스에 금속제 코일 스프링이나 볼 베어링을 부착시킨 클럽도 등장했다.

목재 클럽의 계보는 미국골프협회(USGA)에서 강도가 높은 스틸 샤프트를 정식으로 허용하는 1924년까지 이어졌다. 하지만 스틸 샤프트가 기량이 좋은 선수에게 불리하다고 판단한 영국왕립골프협회(R&A)는 1929년까지 스틸 소재의 사용을 허가하지 않았다. 때문에 스틸 샤프트 대신 다른 소재의 샤프트 연구가 이어지게 되었고, 그 결과로 티타늄 소재, 카본 샤프트, 그라파이트가 등장하게 되었다.

현재도 골프 용품 업체들은 성능 좋은 클럽을 만들기 위해 지속적으로 노력하고 있다.

14세기 나무로 만든 골프 볼

자료: 골프백과사전

(2) 골프 볼(Golf Ball)

골프 볼의 특성과 활용성은 골프 발전의 큰 원동력이 되었다. 또한 골프 클럽의 디자인 · 재질 및 골프장 디자인, 골프 규칙에도 큰 영향을 주었다.

골프 볼의 발전 과정을 살펴보면, 골프 클럽과 마찬가지로 재료의 특성에 따라서 시기를 구분할 수 있다. 초기의 골프 볼은 나무를 이용해서 만든 우든 볼(Wooden Ball)로 14~17세기에 걸쳐서 사용했다. 나무로 만든 볼의 특성상 반발력이나 탄성이 없었기 때문에 공을 멀리 보내기 위해서는 스윙 궤적이 큰 무거운 나무 클럽이 필요했다.

이후 골프 볼은 크게 페더볼→구타페르카볼→러버코어볼의 순으로 다양한 소재의 골프 볼이 등장하면서 발전을 거듭해왔다.

페더볼(Feather Ball, 깃털공) 15세기 영국에서 소나 말의 가죽으로 만든 작은 주머니 속에 거위털을 가득 채워 봉합한 공이 제작되었다. 이것을 깃털공(Feather Ball), 또는 페더리(Featherie)라고 하는데 골프 볼의 원조이기도 하다.

깃털공은 1848년까지 400여 년간 사용했다. 구체적으로 깃털공 제작 과정을 살펴보면, 우선 가죽을 여러 조각으로 자르고 명주실로 꿰매 볼 모양을 만든 후, 가죽의 작은 틈새로 적신 거위의 털을 최대한 단단히 채워 말린다. 이렇게 말린 가죽 볼은 가죽의 수축과 깃털의 팽창으로 아주 단단해지는데, 여기에 약간의 기름을 바른 다음, 표면에 흰색을 도색하면 모든 공정은 끝난다.

이러한 모든 공정은 수작업으로 이루어지기 때문에 기술자라고 해도 하루에 4~5개를 만드는 데

페더볼의 외부 가죽(좌), 내부 깃털(우)

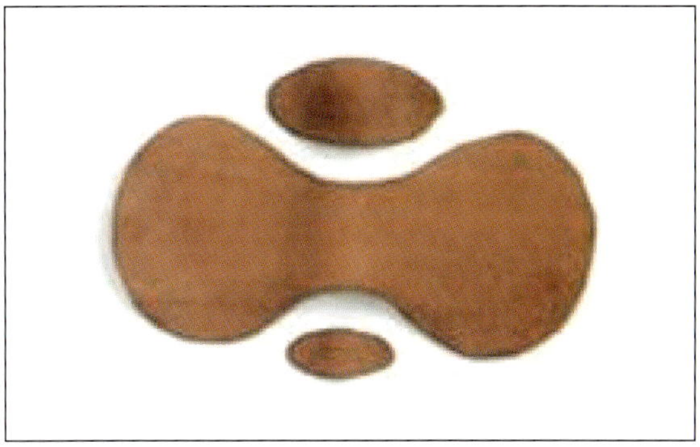

자료: 골프백과사전

불과했으며 그로 인해 매우 비싸게 팔렸다.

이 볼은 드라이버 비거리가 약 180~220야드 정도 된다는 기록이 전해지고 있지만, 물에 젖으면 사용할 수 없고 모양이 일그러지며, 아무리 견고하게 제작해도 두 라운드를 넘기기가 힘들었던 것이 단점이었다. 이러한 단점에도 불구하고 1845년 구타페르카볼이 등장하기 전까지 유일한 골프 공이었다. 직경은 43~46㎜, 무게는 43g 정도였다.

구타페르카볼(Gutta Percha Ball) 1845년 로버트 아담즈 피터슨이 발명한 구타페르카(Gutta Percha)볼이 등장하면서 골프는 획기적인 전환점을 맞이하게 되었다.

구타페르카볼(일명 구티, Guttie)은 열대 지방의 페르카나무 진액을 말린 것으로 실온에서는 단단하나 열을 가하면 말랑말랑해져 손으로 동그랗게 굴려서 볼 모양을 만들 수 있었다. 또한 고온에서 공정 후 냉각시켰을 때 다시 단단해져 쉽게 찢어지거나 깨지지 않았고, 무엇보다 물에 젖어도 구질에 변화가 없었으며, 가격 또한 저렴해 더 많은 사람들이 이 볼을 이용해 골프를 즐길 수 있었다.

그러나 구타페르카볼은 비거리가 떨어지는 단점이 있었으며, 20세기에 접어들면서 코어를 고무로 만든 하스켈볼이 등장하면서 전성시대의 막을 내렸다.

이후 구타페르카볼은 금속 물질, 가죽, 코르크 등을 액체 접착제와 함께 넣어 만든 구티(Guttie)볼로 발전했다. 이는 볼 역사에서 대전환기를 가져오는 계기를 마련했는데, 바로 몰드(거푸집)와 딤플의 발견이다.

구타페르카볼의 원재료인 건조시킨 페르카 진액(좌), 다양한 구타페르카볼(우)

자료: 골프백과사전

몰드를 이용한 제조 방법(좌), 홈이 파진 구타페르카볼(우)

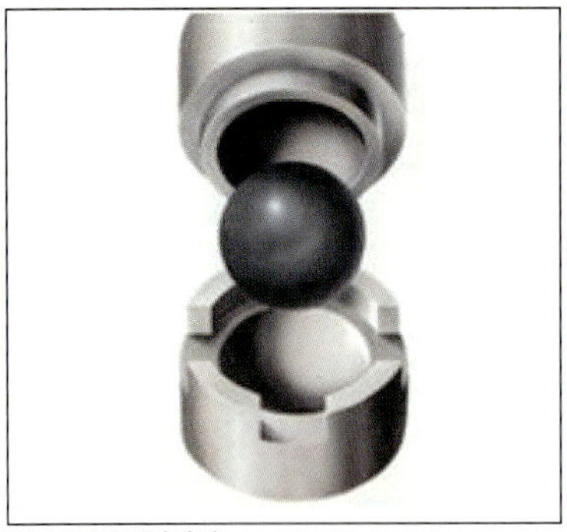

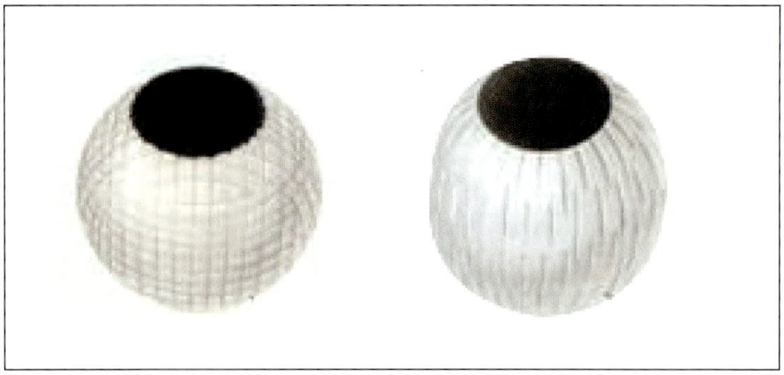

자료: 골프백과사전

다양한 초기 러버코어볼

자료: 골프백과사전

몰드를 사용해 볼을 제작하면서 일정한 규격과 정교한 표면처리로 대량 생산이 가능해졌다. 또 이 제조 과정에서 표면이 약간 거칠게 되었는데 골퍼들은 이 볼을 사용하면서 오히려 흠이 생길수록 비거리가 향상되는 것을 발견하였고, 1860년경부터 홈 모양으로 가공하기 시작했는데, 이것이 딤플의 원조가 됐다.

러버코어볼(Rubber Core Ball) 현재 사용하고 있는 볼처럼 실을 감아 만든 러버코어볼은 1898년에 코번 하스켈(Coburn Haskell)에 의해 발명되었고, 1901년에 본격적으로 생산됐다. 이는 고무심에 고무실을 감고 표면은 구타페르카로 씌운 골프 공으로, 이전의 다른 공과 비교할 수 없는 탄력으로 비거리는 물론 런 또한 증가하게 되었다.

1901년 월터 J. 트래비스가 미국 아마추어 선수권에서 하스켈볼을 사용하여 우승했으며, 1902년에도 샌디 허드가 역시 하스켈볼을 사용하여 우승했다.

하스켈볼의 발명은 골프 역사에 커다란 획을 그은 사건이며, 골프를 현대화시키는 데 결정적인 역할을 했다고 평가받고 있다. 많은 사람들이 코르크, 납, 수은 등 다양한 코어의 재료를 사용하여 하스켈볼을 능가하는 볼을 만들려고 애썼다.

또한 거리를 더 길게 내기 위해 딤플의 모양도 브램블(둥근 혹들이 돌출되어 있는 모양), 초승달 모양의 홈, 삼각형, 정사각형에 이르기까지 다양하게 고안되었다.

현재의 골프 볼 현재 골퍼들이 사용하는 골프 볼은 1987년 영국왕립골프협회(R&A)와 미국골프협회(USGA)가 공동으로 정한 내용을 바탕으로 생산하도록 규제하고 있다. 물론 규격에 맞지 않는 볼들도 생산이 가능하지만 투어 프로 선수들이 참여하는 공식 대회에서는 사용이 불가능하다. 이는 골프 볼의 규격에 따라 샷의 비거리나 스핀량 등이 큰 차이를 보이기 때문에 정해진 규격 내에서 생산된 볼을 사용함으로써 공정하게 실력을 겨룰 수 있도록 하기 위함이다.

현재 골프 볼에 적용되는 규정은 크기는 1.68인치(42.67㎜), 무게는 1.620온스(45.93g), 속도는 초속 76.2m 이하로 정해져 있으며, 그 외 딤플의 개수와 모양 등은 제한하지 않았다.

이전까지는 영국의 R&A와 미국의 USGA가 각각 다른 기준을 적용해 유럽 투어와 PGA 투어에서 사용하는 볼이 달라 선수들이 두 대륙의 시합 때마다 적응하는 데 문제가 되기도 했었다. 유럽 투어의 경우, R&A에서 지정한 직경 41.15㎜, 무게 45.93g의 스몰 볼을 사용한 반면, PGA 투어는 직경 42.67㎜, 무게 45.93g의 라지 사이즈(아메리칸 사이즈)의 볼을 사용했었다.

이와 같은 차이는 골프 볼의 비거리와 연관이 있다. 골프 볼은 크기가 작고 무거울수록 바람의 저항을 적게 받기 때문에 멀리 날아가는 경향이 있다. 골프 볼의 소재와 기술이 발전하면서 영국 R&A 규격의 볼은 비거리가 너무 많이 나오는 경향이 있어서 기존의 골프 코스 전장을 늘리고 디자인을 바꿔야 하는 상황이 야기되었다. 그러자 미국 USGA와 영국 R&A는 합의하에 지금의 규격으로 통일하게 된 것이다.

실제로 골프 볼의 규격은 사이즈와 무게 외에도, 표준 환경(온도 23.9℃, 습도 50%)에서 USGA가 승인한 테스트 기구와 방식으로 실험했을 때 캐리와 런 거리의 합이 317야드보다 짧아야 한다고 규정되어 있다.

골프 볼을 구분하는 또 다른 기준으로 피스(Piece: 골프 볼을 구성하는 층)가 있다. 몇 피스 볼이냐에 따라 비거리와 스핀량에 차이가 있기 때문에 골퍼들이 자신에게 맞는 볼을 선택하는 데 중요한 고려 요인으로 작용한다.

1968년 이전까지 골프 볼은 원피스와 발라타(Balata) 커버의 스리피스볼로 구성되어 있었으나, 1968년 Top-Flite社에서 세계 최초로 투피스볼을 출시하여 큰 반향을 불러일으켰다. 이후 약 30년간 투피스볼과 발라타 커버의 스리피스볼을 혼용했으나, 2001년에는 포피스볼이 등장하였으며, 2009년에는 파이브피스볼까지 등장하였다.

원피스볼

원피스볼은 골프 볼 전체가 하나의 단단한 설린(Surlyn)을 재료로 만들어진다. 내구성이 뛰어나고 제작 단가가 저렴하기 때문에 주로 골프 연습장에서 연습 볼로 사용한다. 압축도가 낮아 비거리가 짧은 편이다.

투피스볼은 핵(Core)과 껍데기(Cover)로 구성되어 있다. 핵은 고에너지의 아크릴레이트, 수지 및 단단하면서도 내구성이 뛰어난 설린으로 만들어진다. 일반적으로 투피스볼은 스핀보다 거리에 중점을 두고 제작되는 특성 때문에 비거리를 늘리고 싶어하는 일반 골퍼들이 많이 사용한다.

투피스볼

스리피스볼은 투피스볼의 핵과 껍데기 사이에 또 다른 층을 구성하는 형식이다. 핵과 껍데기 재

질에 따라 설린 커버와 발라타 커버로 구분한다.
설린 커버의 스리피스볼은 투피스볼의 핵을 실로 감은 뒤 껍데기를 씌우거나, 핵을 껍데기로 싸되 성분이 다른 재질로 두 차례 감싸는 제작 과정을 거친다. 발라타 커버는 핵의 재질이 투피스볼과 같은 고체 형태가 아니라 액체를 담은 얇은 막과 그 위를 실로 감싸는 제작 과정을 거친다.

설린 커버의 스리피스볼

일반적으로 스리피스볼은 투피스볼에 비해 회전율이 좋아서 스핀량의 조정이 용이하며 정확한 샷을 구사하는 프로 선수들이 주로 이용한다.

포피스볼

포피스볼은 '멀티 레이어 볼(Multi-Layer Ball)'이라고도 하며, 일반 골퍼를 위한 볼이라기보다 투어 시합에 출전하는 선수를 위한 볼이다.
기존의 볼들이 핵을 감싸는 층의 구조에 의해서 구분되었다면, 포피스볼은 핵이 2단계로 되어 있어 그 위에 껍데기를 씌운 형태이다. 부드러운 재질로 만들어진 Inner-Core가 스핀을 좌우하고, 텅스텐 등의 첨가물을 넣은 Out-Core가 비거리를 향상시키는 역할을 한다.
포피스볼은 투피스의 장점인 비거리 향상과 스리피스의 장점인 정교한 컨트롤이 가능하도록 제작했으며, 제조사의 기술력을 보여주는 제품이라서 많은 메이커들이 출시하고 있다.

피스와 더불어 골프 볼의 성능을 결정짓는 중요한 요소가 바로 딤플(Dimple)이다. 딤플은 wake zone을 감소시키고 압력을 증가시키는 역할을 하기 때문에, 공을 뒤로 당기는 작용을 감소시킴으로써 비거리를 증가시킨다. 골프 볼이 날아가면서 역회전을 하기 때문에 볼 아래쪽에서 공기와의 마찰로 압력이 증가되어 볼을 위로 올리는 현상을 나타내는데, 이때 볼에 있는 딤플이 마찰을 증가시킴으로써 볼이 보다 오랫동안 떠 있을 수 있게 하는 역할을 한다.
딤플의 모양이나 숫자, 사이즈 또한 비거리에 영향을 미친다. 딤플의 모양은 처음에는 둥근 형태를 띠었으나, 골프 볼의 제한된 표면적에 많은 딤플을 배치시키기 위해서 벌집 모양의 육각형이

딤플의 역할

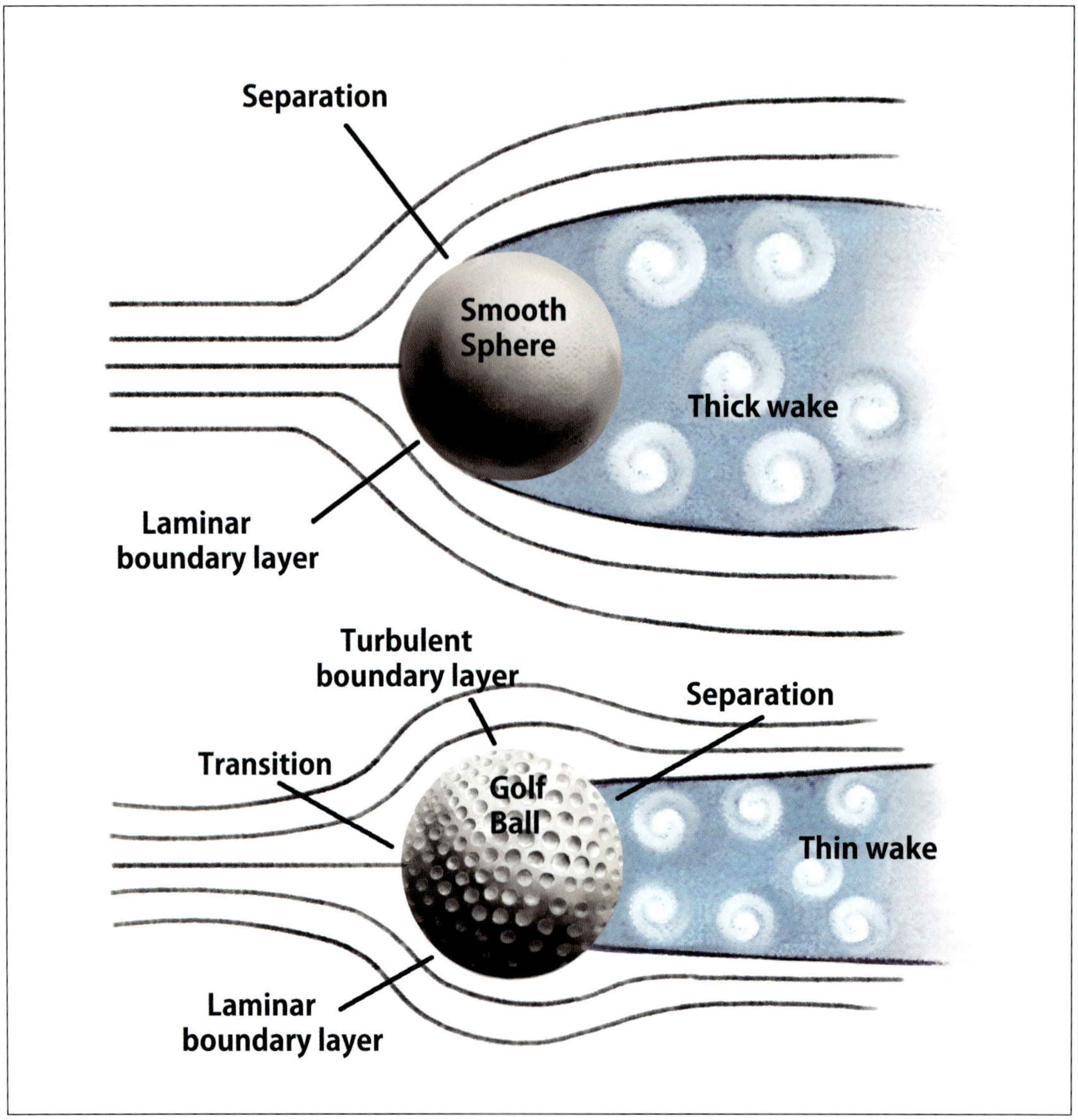

효과적이라고 판단했다. 때문에 '육각형' 딤플을 채택한 골프 볼도 있다. 딤플 사이즈 역시 처음에는 일정한 크기였으나, 최근에는 골프 볼의 경도나 코어 상태에 맞추어 딤플 사이즈를 달리 설계하기도 한다.

이처럼 제조사들은 딤플에 대한 다양한 연구를 통해서 비거리나 스핀과 같은 볼의 성능을 향상시키기 위해 많은 노력을 하고 있다.

(3) 기타 용품

티(Tee) 골프 역사학자들에 따르면 18세기를 거치면서 그린을 다음 홀에서 시작하는 티그라운드로 사용하던 관행이 사라졌다고 한다. 그 대신 한 홀이 끝나면 그린에서 조금 떨어진 곳에 설치된 작은 잔디로 이동하여 티업을 하게 되었다.

특히 티그라운드가 설정되자 샌드 박스가 출현했다. 이 상자에는 모래가 가득 들어 있어, 캐디나 골퍼들은 이 상자 안의 모래와 물을 이용하여 볼을 올려놓을 마운드를 만들었다. 또한 이 상자는 드라이빙 오프 구역을 표시해주는 역할도 했다. 오늘날의 티박스 용어는 티를 만들기 위해 흙을 담아두는 상자에서 유래했다.

티그라운드에서 골프 치는 모습(왼쪽에 모래를 담은 박스가 있다)

자료: 골프백과사전

샌드 박스의 형태는 해를 거듭하면서 다양해졌다. 초기에는 박스에 각종 이동 장치를 부착해 잔디 관리인이 무거운 컨테이너를 다음 티그라운드까지 쉽게 옮길 수 있도록 하였다. 그 후에는 박스를 허리 높이까지 들어올릴 수 있도록 다리를 부착하기도 했다.

초기 티

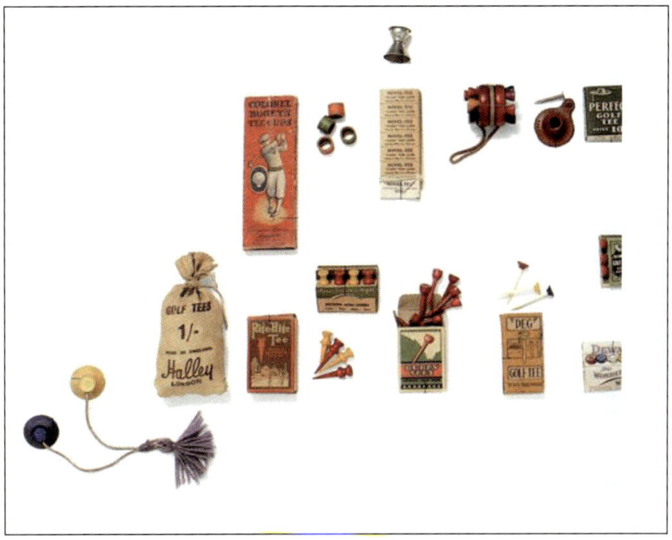

자료: 골프백과사전

1900년대 초에는 셀룰로이드 티가, 그 이후에는 판지, 나무, 고무 등으로 제작된 티들이 등장했다. 이외에도 샌드 티를 더 쉽게 만들기 위한 각종 주형과 장치들이 고안되었다. 티 스탬프들은 주로 황동으로 제작되었으며, 축소된 종을 뒤집어 놓은 모양을 하고 있었다.

저렴한 기성품 티가 보편화되면서 샌드 박스는 망가진 티를 비롯해 그 밖의 잡동사니들을 담는 용기로 사용했다.

골프 운반 장비 19세기 후반 골프 클럽과 골프 볼이 진화하는 동안 보조 장비들도 진화를 거듭했다. 그중에서도 두드러지게 발전한 것이 바로 '클럽 캐리어', '골프 캐디백'이었다. 당시에는 골퍼나 캐디들이 클럽을 겨드랑이에 끼고 운반했던 만큼 캐디백의 등장은 매우 반가운 일이었다.

골프 캐디백은 1885년과 1895년 사이에 판매되기 시작한 것으로 알려져 있다. 당시 골프 캐디백은 부드럽고 잘 휘는 나뭇가지로 엮어 만든 가늘고 긴 바구니 형태이거나, 천으로 만든 캔버스 포켓에 3개의 나무 다리가 달려 있고, 이를 손잡이 하나로 운반하게 되어 있는 형태였다. 삼각대는 백의 아랫부분이 땅 위에 놓이면 자동으로 펼쳐지도록 제작되었다.

1885년 골프 운반 장비

19세기 말로 접어들면서 골프 캐디백은 골퍼의 필수적인 장비로 정착되었다. 샌드 티를 만드는 티틀을 비롯하여 자루 모양의 볼 클리너, 물집 치료를 위한 반창고 그리고 각종 응급 처치에 사용하는 다용도 테이프 등 부대 용품을 운반하는 데 이용했다.

골프 캐디백을 싣는 트롤리는 1920년대 미국에서 처음 등장했다. 바퀴가 달린 트롤리는 좁은 공간에서도 보관이 가능하도록 접을 수 있었으며, 골프 클럽 및 잡다한 물건으로 가득 찬 무거운 캐디백을 들고 다녀야 하는 수고도 덜어주었다.

최근에는 트롤리를 이용해서 골퍼가 직접 캐디백을 끌고 다니는 것에서 발전해 전동카트를 이용해 캐디백을 이동시키고 있다.

현대의 골프 이동 장비 : 트롤리(상), 전동카트(하)

(4) IT를 활용한 골프 용품

이번 장에서는 연습 및 레슨을 위한 신기술이 접목된 제품뿐만 아니라 필드에서 편리함을 제공하는 Golfer-base에 입각한 IT 제품들을 소개하고자 한다.

먼저, 스윙 분석 장비에 대해 알아보자. '스윙바이트'라고 하는 이 장비는 골퍼의 스윙을 측정, 분석해 주는 것으로, 우크라이나의 로봇기술 과학자가 러시아 상트페테르부르크 대학의 우주항공공학 장비 전문가들과 함께 개발했다. 설치와 사용 방법이 간단하고 무게가 28g 정도로 가볍다. 이 장비를 골프 클럽 샤프트에 부착한 뒤 스윙을 하면 골퍼의 스윙을 자동으로 측정, 분석하여 그 결과를 무선(블루투스)으로 핸드폰이나 PC로 전송해준다. 또한 골퍼의 스윙 플레인과 궤적을 3차원 그래픽으로 보여주며, 클럽 헤드 스피드, 라이 각도 등 스윙의 문제점 분석과 해결에 필요한 다양한 정보도 함께 제공된다.

가격은 장비가 149달러, 약 16만 5,000원 수준이며 관련 앱이나 프로그램은 인터넷에서 무료로 다운받을 수 있다. 연간 유료 서비스에 가입할 경우 보다 많은 정보와 분석 서비스는 물론, 티칭 프로 등 다른 사람과 자신의 정보를 온라인으로 공유하는 기능도 제공된다.

다음은 '골프센스'라고 불리는 제품으로, 무게는 17g 정도이며, 골프 장갑에 장착하여 사용한다. 이 제품은 북경대 우주항공공학 박사 출신이자 전 마이크로소프트 연구소 직원이었던 엔지니어가 개발한 것으로, 스윙을 하면 아이폰이나 아이패드를 통해 즉시 자신의 스윙을 3차원으로 분석해준다.

특히 4개의 동작 센서가 클럽 헤드 스피드, 예상 비거리, 스윙 궤도, 스윙 플레인, 스윙 템포 등의 스윙 관련 데이터를 생성한 뒤 내장 블루투스를 통해 무선으로 아이폰이나 아이패드 앱으로 스윙 관련 자료를 전송하면, 이를 분석해 문제점을 찾아내고 해결 방법까지 알려준다. 가격은 '스윙바이트' 제품보다 20만 원 정도 저렴하다.

다음은 거리 측정기에 대해 살펴보자.

먼저 설치가 간편하고 조작이 쉬운 휴대용 론치 모니터 'GC2'이다. 이 모니터는 가로 14㎝, 세로 25.4㎝ 크기로 접으면 책 한 권 크기보다 조금 더 크며, 무게가 1.7㎏ 정도로 가벼워 골프백에 넣고 다녀도 될 만큼 휴대하기 간편하다. 사용 방법도 쉬워 전원을 연결한 뒤 30초 정도면 곧바로 사용이 가능하다. 자체 모니터가 달려 있어 별도의 컴퓨터가 없어도 실시간으로 샷에 대한 정보와 분석이 가능하다.

또한 자체 모니터로 볼 스피드, 사이드 스핀량, 좌우 방위각, 백 스핀량, 출발 탄도, 총 스핀량 등의 정보를 확인할 수 있고, 이 정보를 통해 자체 연산 프로그램으로 산출한 비거리와 총 거리도 알 수 있다.

샷의 정보를 확인할 수 있는 휴대용 론치 모니터

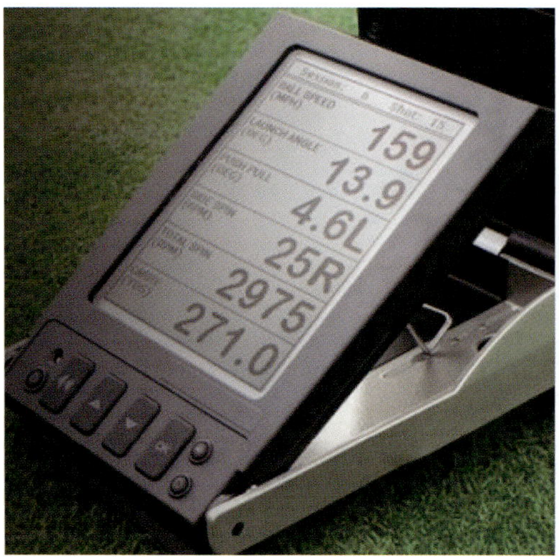

가격은 약 8,000달러로 개인이 구입하기에는 부담스럽지만 기존 제품과 비교하면 상대적으로 저렴한 편이라고 한다.

다음은 레이저 방식에 GPS 기능을 통합한 신제품 '하이브리드'라는 거리 측정기이다. 기존의 레이저 방식은 실제 목표물을 보고 레이저를 쏘는 것으로 오차가 거의 없었지만, 거리가 200야드 이상 될 경우 손의 흔들림 때문에 거리 측정이 용이하지 않았다. 반면 GPS 방식은 별다른 조작 없이 다양한 부가 정보 제공이 가능하지만, 상업용 GPS 신호의 오차가 5~10m 정도 되어 100% 정확한 거리를 측정하기 어렵다는 단점이 있다.

본 제품의 가격은 500달러 수준으로 미국과 캐나다 소재 1만 6,000개 골프장의 정보가 입력되어 있다.

다음은 GPS 방식을 기본으로 하되, 골프장의 실제 항공 사진 정보를 추가로 제공하는 '캘러웨이 유프로' 골프 거리 측정기이다. 이 제품은 거리만 알 수 있는 일반 GPS 방식의 거리 측정기와 달리, 마치 골프 중계 방송에서 소개되는 것처럼 항공 촬영 사진을 기반으로 매 홀의 소개 동영상과 그래픽을 제작하고, 이를 통해 전체 홀의 실제 모양, 벙커, 해저드의 앞 뒤 거리 등 정보를 제공한다.

가장 최근에 선보인 거리 측정기로는 'ES12 디지털 골프 어시스턴트'라는 제품이 있다. 1,000만 원이 넘는 고가의 일반 론치 모니터와 똑같은 도플러 레이더 기술을 적용하여 공의 정확한 속도와 탄도를 측정하고 이를 바탕으로 샷의 거리를 계산해준다.

사용 방법도 간단하다. 전원을 켜고 론치 모니터를 공 옆과 앞쪽으로 각각 10인치 정도 띄운 위치에 놓고 샷을 하면, 장치에서 발생한 레이더 파장이 공의 움직임과 위치를 추적해 속도를 계산한다. 측정된 공의 속도와 거리는 무선 네트워크인 블루투스를 통해 실시간으로 스마트폰에 전송되어 자체 앱 화면으로 보여주거나, 음성으로 골퍼에게 직접 알려준다. 선택한 클럽별로 측정 결과를 저장한 뒤 임팩트 순간의 헤드 스피드와 가장 긴 샷, 가장 짧은 샷, 그리고 이 클럽의 평균 거리를 알려주는 방식이다.

미국과 일본의 골프 거리 측정기 및 GPS 장비 전문 업체에서는 손목에 찰 수 있는 '시계형 골프 거리 측정기'를 잇달아 출시했다.

ES12 디지털 골프 어시스턴트

ESN WR62

iPING

MASA 그린온

부쉬넬 네오 플러스

'부쉬넬 네오 플러스'는 2만 5,000개 골프장 정보가 입력되어 있으며, 자동으로 골퍼의 위치를 인식해 그린 앞, 중간, 끝 등 각기 다른 세 가지 거리를 알려준다. 시계 기능과 주행 기록계 기능이 포함되어 있으며 배터리는 14시간 이상 지속된다.

'ESN WR62' 제품은 GPS 전문 업체의 제품으로 62개 채널 위성 수신기를 채택하여 뛰어난 수신 능력을 자랑한다. 그린은 물론 해저드 등 코스 내 다양한 지형, 지물에 대한 위치 정보를 제공하고, 12시간 이상 배터리가 유지되며, 주행 기록계, 스톱워치, 알람 등의 시계 기능, 30m 생활 방수 기능도 갖추고 있다.

다음은 퍼팅과 관련된 IT접목 골프 용품에 대해 살펴보자.

'퍼팅 샤크'란 제품은 비교적 간단한 장치로 임팩트 전후 페이스 앵글, 스윙 궤적, 퍼터 헤드 스피드, 접근 각도, 공이 스윗 스팟에서 얼마나 벗어나 맞았는지 등 눈으로 파악하기 힘든 퍼팅 스트로크에 대한 다양한 정보를 론치 모니터처럼 화면으로 제공한다.

스마트폰 시대에 맞게 퍼팅 실력을 효과적으로 향상시킬 수 있는 퍼팅 연습용 앱인 'iPING'에 대해서도 살펴보자.

본 제품은 아이폰4와 아이팟터치(4G) 전용으로 애플의 앱스토어에서 무료로 다운받을 수 있다. 단, 퍼터에 부착해야 하기 때문에 크래들이란 부착용 보조기구를 별도로 구매해야 한다.

사용법은 간단하다. 퍼터 손잡이 바로 아래에 있는 크래들을 이용해 아이폰이나 아이팟을 부착하고 앱을 실행시킨 후, 5차례의 퍼팅을 하면 골퍼의 퍼팅에 관한 정보를 분석해서 알려준다. 아이폰이나 아이팟에 내장된 액셀러로미터나

자이로스코프 센서의 기능을 이용하여 iPING으로 점검할 수 있는 퍼팅 관련 정보는 퍼팅에서 가장 중요한 골퍼의 퍼팅 스트로크 타입, 임팩트 시 페이스 앵글 그리고 퍼팅 템포 등 세 가지이다. 이 정보를 바탕으로 골퍼가 매번 얼마나 일관성 있게 퍼팅하는지를 점수로 환산한 퍼팅 핸디캡을 체계적으로 저장하고 관리해준다. 이를 통해 골퍼는 자신의 문제를 점검하고 또 지속적으로 퍼팅 실력 향상을 꾀할 수 있다.

그뿐만 아니라 자신에게 맞는 퍼터를 선택하는 데도 도움을 받을 수 있다. 예를 들어 골퍼의 퍼팅 스트로크를 '직선, 약곡선, 곡선'의 세 가지 스트로크 유형으로 나누는데, iPING은 페이스 궤도를 분석해 직선 스트로크를 가진 골퍼에게는 페이스 밸런스드 퍼터가 더 잘 맞고, 곡선 스트로크를 가진 골퍼에게는 토 다운 퍼터가 더 적합하다는 가이드를 제시하기도 한다.

2. 국내 골프 용품

국내 골프 용품 시장은 미국, 일본에 이어 세계 3대 규모로 국내 골프 인구의 증가와 함께 골프 용품의 규모도 꾸준히 증가해왔다. 특히 미국이나 일본 시장이 위축될 때, 그들의 덤핑 시장으로 활용할 정도로 수요의 규모가 크다. 이번 장에서는 국내 골프 용품에 대해 상세히 알아보도록 하겠다.

(1) 국내 골프 용품의 규모

현재 국내 골프 용품 시장은 수입 제품들이 주도하고 있다. 그중에서도 골프 클럽은 국산 제품의 브랜드 점유율이 10% 내외의 낮은 수준이며, 나머지 시장을 미국과 일본 브랜드가 5:5 정도의 비율로 양분하는 것으로 파악되고 있다(한국골프장협회 발표 자료).

골프 용품은 골프 클럽, 골프 볼, 골프 장갑, 골프웨어, 골프화, 골프

[그림-1] 품목별 국내 골프 용품 시장 규모 (단위: 억 원)

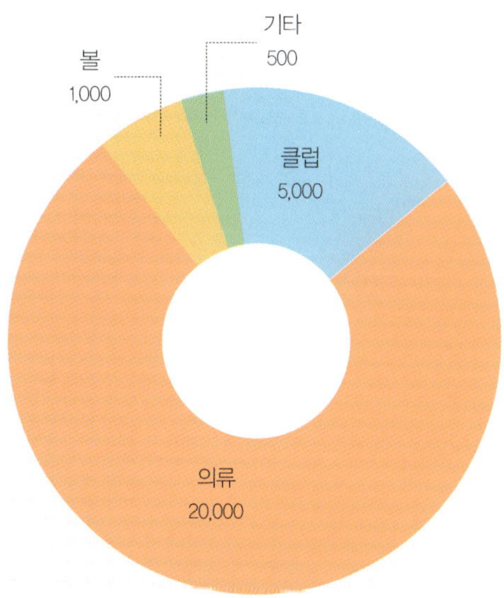

[표-1] 연도별 국내 골프 용품 수출입 금액

(단위: 천 달러)

		2003	2004	2005	2006	2007	2008	2009	2010	2011	2012
골프 클럽	수출	3,009	2,228	5,324	4,429	2,315	3,614	4,231	2,891	2,322	2,261
	수입	141,112	160,698	188,537	219,068	269,566	273,057	225,503	265,272	270,841	234,143
	무역 수지	−138,103	−158,470	−183,213	−214,639	−267,251	−269,443	−221,272	−262,381	−268,519	−231,882
골프 볼	수출	9,452	11,172	12,038	13,527	7,172	6,992	7,449	20,234	20,895	24,874
	수입	14,383	19,962	25,934	38,486	53,105	53,621	49,022	53,060	57,407	53,937
	무역 수지	−4,931	−8,790	−13,896	−24,959	−45,933	−46,629	−41,573	−32,826	−36,512	−29,063
기타 골프 용품	수출	19,732	24,238	26,286	15,852	6,542	9,365	12,495	15,566	23,044	11,295
	수입	10,588	14,640	24,284	23,278	18,606	20,722	21,369	26,600	31,819	38,009
	무역 수지	9,144	9,598	2,002	−7,426	−12,064	−11,357	−8,874	−11,034	−8,775	−26,715
골프 용품 무역 수지		−133,890	−157,662	−195,107	−247,024	−325,248	−327,429	−271,719	−306,241	−313,806	−287,660

자료: 관세청 품목별 수출입 금액

가방 및 기타 용품으로 구분할 수 있다. 국내 골프 용품 시장은 2조 7,000억 원 규모로 추정되며, 이 중 골프 의류와 클럽의 시장 규모가 가장 크다.

골프 클럽의 경우, 매출액 기준으로 5,000억 원 수준으로 추정하고 있다. 이는 공식적으로 판매된 금액만을 집계한 것으로 병행 수입이나 중고 거래, 밀반입 등 세금을 내지 않고 거래되는 규모는 연간 1,000~1,500억 원 수준으로 추정하고 있다.

특히 국내 시장의 대부분을 해외 브랜드가 차지하고 있어서 골프 클럽의 국내 수입 실적이 국내 골프 클럽 시장을 대변한다고 해도 과언이 아니다.

골프 볼을 비롯한 가방(캐디백+보스턴백), 장갑, 신발, 모자 등의 시장도 1,500억 원 수준으로 추정하고 있다.

관세청의 골프 용품별 수출입 실적을 살펴보면, 2012년 골프 클럽 수입 규모는 2억 3,000만 달러 수준으로 원화로 환산하면 약 2,400억 원 규모이다(2012년 12월 31일 환율 기준). 연도별로는 2008년까지 꾸준한 성장세를 보이다가 2009년 수입량이 급감한 후 2011년까지 성장세를 보이고 다시 감소세로 돌아섰다.

한편 골프 볼은 2011년 5,700만 달러 수준으로 원화로 약 570억 원 정도가 수입된 것으로 나타났다.

(2) 국내 골프 용품 유통 현황

국내에 유통되고 있는 골프 클럽은 해외 브랜드가 90% 이상의 점유율을 보이고 있어서 수입 통계 및 해외 브랜드의 매출액이 시장의 전반적인 상황을 대변하고 있다. 2008년에 발생한 세계 경제 위기로 2009년의 수입액이 다소 감소하였으나, 이후 다시 회복세를 보이고 있으며 테일러메이드, 캘러웨이, 미즈노 등의 브랜드가 시장의 주도권을 형성하고 있다.

국내에 수입하고 있는 골프 클럽은 크게 '정품 수입'과 '병행 수입'으로 구분할 수 있다.

정품 수입은 클럽 제작사와 국내 총판 계약을 체결하여 정식 수입하거나, 국내에 지사를 설립해서 들어오는 경우다. 이렇게 수입된 정품 수입 골프 클럽은 대리점, 일반 로드숍, 백화점, 인터넷 쇼핑몰에서 구매할 수 있다.

병행 수입은 보따리로 소량을 들여오거나 미국, 일본의 메이저급 대리점에서 다량으로 수입하는 방법이다. 이러한 병행 수입 골프 클럽은 광고 등의 마케팅 비용이 일단 줄어들기 때문에 정품 수입 골프 클럽보다 훨씬 저렴한 가격에 공급이 가능하다. 따라서 소비자 선택의 폭이 넓어지고 독점 폐단을 방지할 수 있다는 장점이 있으나, 병행 수입업자들이 이익을 극대화하기 위해 진품과 가짜 상품을 섞어 들여와 가격 혼란과 소비자 불신 등의 부작용을 초래하는 경우가 많다. 실제로 병행 수입품 구매 시 테일러메이드, 던롭, S야드, 다이와, 핑의 경우 A/S를 전혀 해주지 않고 있으며, 캘러웨이, 브리지스톤, PRGR, 나이키 등은 유상으로 A/S를 해준다. 또한 최근 들어 인터넷 쇼핑몰의 가격이 소비자들의 클럽 선택에 혼란을 주고 있는데, 이 중에서도 골프 클럽 가격 하락을 주도하는 제품이 바로 병행 수입 제품들이다.

병행 수입 제품 외에 가격 질서를 무너뜨리는 또 한 가지 요소가 있다면, 바로 판매상 간의 과다한 가격 경쟁이다. 국내에 정식 수입된 골프 클럽은 대리점을 통하거나 일반 로드숍, 백화점, 인터넷 쇼핑몰에서 구매할 수 있다. 일반 업체의 직영 대리점의 경우 가격을 혼란스럽게 할 일도 대리점 간 과다하게 경쟁할 일도 없지만 로드숍의 경우에는 단골이나 대량 구매 시 할인 혜택 등 상거래상 이루어지는 불가피한 선에서 가격 조정이 가능하다. 시장의 흐름을 방해할 정도로 무리한 가격 출혈 경쟁은 가뜩이나 어려운 업계에 무의미한 경쟁을 부추길 수 있다.

업계 전문가에 의하면, 2010년 국내 골프 클럽 및 골프 볼 소매 시장 규모는 약 6,900억 원으로 추산하고 있다(판매액 기준으로 관세청의 수입 금액과는 차이가 있음). 해외 제조 업체로부터 정품 수입 및 병행 수입한 규모가 3,900억 원으로 집계되었으며, 소매 유통 시장을 6,900억 원으로 추정할 때, 이 중 17%인 1,200억 원이 온라인을 통해 유통되고, 83%인 5,700억 원은 오프라인 소매점을 통해 유통되는

WOODS

OPEN
세상에 없던 골프쇼핑
GOLFZON
MARKET

GOLFZON MARKET

것으로 나타났다.

또한, 전국에는 약 960개 골프 클럽 소매점이 존재하며, 이 중 5대 지역(서울, 경기, 인천, 경남, 경북)에 828개가 분포하는 것으로 나타났다. 소매점의 형태를 살펴보면, 54%는 로드숍(가두점) 형태이고, 24%는 백화점/대형마트, 22%는 골프 연습장 형태로 조사됐다. 기존에는 골프 용품을 골프 용품 브랜드 대리점이나 소규모의 골프 전문 용품점에서 주로 취급했는데, 몇 년 전부터는 신세계그룹의 '이마트'나 롯데그룹의 '롯데마트' 등 대형 할인점들이 골프 용품 시장에 진출하고 있는 상황이다.

이마트는 2010년부터 스포츠 용품 판매 코너를 통해서 일부 제품을 1만 원 미만의 가격으로 판매하는 골프 용품 기획전으로 큰 인기를 모았다. 이에 유통 맞수인 롯데마트도 골프 용품 판매에 뛰어들어 같은 해 3월부터 전국 30개 점포에서 유명 골프 용품을 할인 판매하는 '골프대전'이라는 기획전을 진행했다. 이 기획전에 테일러메이드, 캘러웨이 등의 소비자 선호도가 높은 브랜드들이 대거 참여함으로써 골프 용품 유통에 큰 파장을 불러오기도 했다.

이마트, 롯데마트와 같은 유통회사들은 고급 스포츠로 분류하던 골프 용품을 판매하면서 기존의 '할인점' 이미지에서 한 단계 업그레이드된 고급화를 꾀함은 물론, 수익성 높은 제품 라인을 확보하게 되었다. 이와 더불어 테일러메이드, 캘러웨이와 같은 브랜드들도 골프 용품 전문숍 위주에서 다양한 유통 채널을 확보함으로써, 골퍼/비골퍼를 대상으로 브랜드 인지도 제고 및 부가적인 수익을 올릴 수 있는 Win-Win 전략을 이룰 수 있었다. 소비자 입장에서도 그동안 비싸다고 인식해서 쉽게 접근하지 못했던 골프 용품을 친숙한 할인마트에서 저렴한 가격으로 구매할 수 있게 되면서 골프에 대한 진입 장벽을 낮출 수 있게 되었다.

대형마트의 골프 용품 판매 진입과 더불어 소매점들도 점점 대형화되는 추세이다.

대표적인 예로, 스크린골프 업계의 1위 업체인 골프존은 오프라인 유통 전문 브랜드 '골프존 마켓'을 2012년 7월 론칭한 데 이어, 2013년 1월 현재 서울/수도권 지역을 중심으로 15개 지점을 오픈했으며, 점차 전국으로 확산해 나갈 계획이다. 또한 골프 시뮬레이터를 이용한 시타를 통해 골퍼들의 과거 데이터 등 스윙 습관을 분석하고 고객에게 가장 적합한 클럽을 추천하는 한편 보다 정확한 피팅 서비스를 제공하고 있는데, 이는 기존 로드숍과는 차별화된 서비스다.

대부분 규모가 크지 않았던 기존의 소매점들이 제품의 다양성 부족과 병행 수입 제품의 혼용 판매 등으로 판매 제품에 대한 신뢰성 및 A/S 부분에서 약점을 보여왔다면, 골프존 마켓과 같은 대형 매장의 확대로 등장한 이른바 '골프 백화점'이라는 카테고리 킬러 매장들은 제품의 다양성 및 철저한 A/S로 골퍼들의 관심과 신뢰를 얻고 있다.

그러나 대형마트와 온라인 쇼핑몰, 홈쇼핑에서의 골프 용품 판매량 증가는 기존의 골프 용품 전문점에 큰 타격을 입혔다. 골프 용품 전문점 외의 유통에서 골프 클럽 판매가 활성화되면서 기존 전문점들은 점차 매출이 떨어지게 되었다.

실제로 ENG골프, 나우골프, 골프스카이와 같은 골프 용품 전문 도매 업체들은 사업을 접었고, 최근 몇 년간 엔고의 영향으로 일본 측 수입 업체는 이와 같은 가격 파괴 현상을 쫓을 수 없게 되자 수입량을 대폭 줄이기도 했다.

(3) 골프 용품 브랜드 선호도

골프 용품 업계의 전문가에 의하면 소매점에서 취급하는 주요 골프 용품별 Top 5 취급률을 분석한 결과, 골프 클럽은 캘러웨이, 미즈노, 테일러메이드 순으로 나타났으며, 골프 볼은 타이틀리스트, 캘러웨이, 던롭의 순으로 나타났다.

골프 클럽의 경우, 해외 브랜드에 비해 국산 브랜드의 취급률이 현저히 낮기 때문에 5위 이내에 1개의 브랜드도 없는 반면, 볼이나 신발, 장갑 등에서는 볼빅이나 잔디로 등의 국산 브랜드가 포함되어 있다.

국내 수입량이 높은 해외 브랜드의 IR자료를 살펴보면, 국내 골프 시장 규모는 2010년 5,500억 원 이상

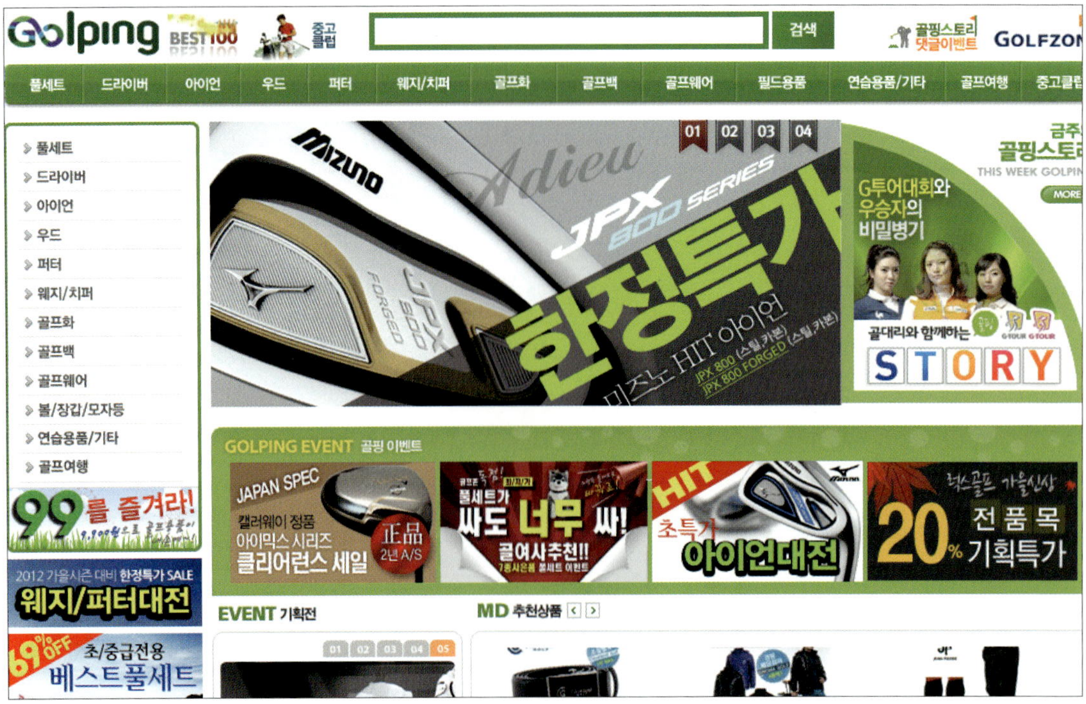

[표-2] 주요 골프 용품 업체의 2010년 한국 법인 매출액 및 시장 점유율 (단위: 백만 원 / %)

	Adidas	Acushnet (Titleist)	Callaway	Brigestone	Dunlop	Mizuno	기타	전체
골프 클럽	65,250	21,100	53,000	34,000	42,000	39,000	137,048	391,398
MS(%)	17	5	14	9	11	10	34	100
골프 볼	3,000	42,000	11,668	6,000	5,500		13,832	82,000
MS(%)	4	51	14	7	7		17	100
골프화	9,000	7,800	800	100		1,800	16,500	36,000
MS(%)	25	22	2	0		5	46	100
기타 용품	9,000	5,000	10,000	1,450		3,000	14,907	43,357
MS(%)	21	12	23	3		7	34	100
전체	86,250	75,900	75,468	41,550	47,500	43,800	182,287	**552,755**
MS(%)	16	14	14	8	9	8	31	**100**

자료: 각사 IR 자료

으로 추정하고 있다.

브랜드별 시장 점유율을 살펴보면, 골프 클럽은 테일러메이드가 650억 원의 매출에 17%의 점유율을 보이며 1위를 차지했고, 그 뒤로 젝시오, 스릭슨 등의 브랜드를 보유한 던롭, 미즈노 순으로 나타났다. 골프 볼은 타이틀리스트가 51%의 압도적인 점유율을 보이며 1위를 차지했고, 그 다음으로 캘러웨이, 브리지스톤, 던롭 순으로 나타났다.

3. 골프웨어

(1) 골프웨어의 역사

골프웨어 생성 단계 골프의 역사는 15세기경부터 시작됐지만, 골프웨어의 출현은 그로부터 몇 백 년 후의 일이었다.

18세기 골프웨어는 골프가 일부 부유층만이 즐기는 스포츠란 인식이 강했던 시기였던 만큼 복장도 매우 화려하면서 거추장스러울 정도로 복잡한 경향을 띠었다. 1754년 최초로 창설된 골프 클럽 세인트앤드루스 멤버들은 높은 실크모자에 긴 연미복, 꽉 끼는 실크바지 등을 입고 클럽을 드나들었다. 18세기에 이르러 군복 스타일 골프웨어가 유행하면서 목에서 허리까지 많은 단추가 달린 옷을 입었다.

초기의 골프웨어(상), 18세기 골프웨어 : 1754년 세인트앤드루스에서 열린 경기 장면(하)

자료: 대한골프협회, 사진으로 보는 한국 골프사

1850년경 골프웨어

자료: 골프백과사전

상의에 보석으로 된 단추를 달기도 하고, 가문의 문장이나 클럽의 엠블렘(emblem)을 새긴 단추도 있었다.

초기의 골프웨어를 살펴보면, 골프가 대중적인 스포츠로서 귀족이나 부르주아 계급뿐만 아니라 일반 시민들에게도 널리 보급되었기 때문에 골프웨어라고 특별히 정해진 것은 없었다. 단지, 당시 복장은 스포츠 종류에 의해서가 아니라 사회적 계급에 의해서 결정되었을 뿐이다.

19세기에 이르러 골퍼들의 복장이 일반적인 골프웨어의 형태를 갖추게 되었다. 노포크 재킷(Norfolk jacket: 허리와 등에 다른 천으로 마름질하여 허리까지 주름을 잡고 벨트를 매는 수트 스타일로 스포티한 서구식 상의)이나 모닝코트(Morning Coat: 남자가 주간에 입는 서양식 예복의 한 종류, 상의는 검은색으로 앞단이 비스듬하고 뒤가 길며 바지는 줄무늬가 있다)에 니커보커스(Knickerbockers: 무릎까지 오는 품이 넉넉한 서양식 바지) 혹은 플란넬(Flannel: 얇은 모직물)로 만든 넓은 바지를 입고 스타킹을 신은 것이 일반적인 골퍼의 모습이었다.

골프웨어의 성립 단계(1900~1910년) 1900년 초기의 여성 골퍼들은 바닥에 닿을 정도의 긴치마와 디자인이 단순한 셔츠에 앵클부츠, 격자 디자인의 큰 흑두건 모자 혹은 트위드 케이프와 어울리는 테가 좁은 모자를 썼다.

1909년경부터는 무거운 트위드 니트로 된 느슨하고 다소 긴 카디건을 입었고, 허리에 벨트를 했는데, 니트가 스포츠웨어로 처음 등장한 시기이기도 하다.

골프웨어의 정착 단계(1911~1930년) 제1차 세계대전 이후 사회 전반에 큰 변화가 일어나면서 골프웨어에도 기능적이

18세기 골프웨어 스타일

자료: 대한골프협회, 사진으로 보는 한국 골프사

19세기의 대표적인 골프웨어

자료: 골프백과사전

1895년 여성 골퍼 복장(상), 1902년대 골프웨어(하)

자료: 대한골프협회, 사진으로 보는 한국 골프사

고 활동적인 요소가 강하게 요구되었다. 의복의 형태가 단순화됨과 동시에 스커트의 길이도 짧아졌고, 치맛단에 가죽을 달기도 하였다. 특히 이러한 변화가 이루어지면서 비로소 여행용, 스포츠용의 복장을 별도로 생각하게 되었다.

이 시기는 골프가 세계적으로 대중적인 스포츠로 자리매김한 때로서, 특히 미국의 골프계는 진보된 사업가들에 의해 인기를 얻으면서 급속도로 발전하였다. 패션에 관심이 많던 돈 많은 미국의 골퍼들은 스코틀랜드식 복장을 즐겨, 니커보커스에 트위드 재킷을 입거나 셔츠에 넥타이를 매고 긴 스타킹을 신은 후 트위드 캡이나 울펠트 모자 등을 썼다.

1920년대부터 골프웨어는 무엇보다 기능성을 강조하여 개발되고 패션에 큰 영향을 주기도 했다. 1923년에는 니커보커스에 무릎 아래로 4인치의 여유분을 주어 활동하기에 편리하게 된 '플러스 포어즈'라는 골퍼를 위한 새로운 형태의 '니커보커스'가 개발되었는데, 1928년에 슬랙스(Slacks: 오늘날의 바지에 해당하는 서양식 바지로, 1930년대에 본격적으로 입기 시작한 여유 있는 헐렁한 바지)가 등장

1910년대 골프웨어

자료: 골프백과사전

할 때까지 대표적인 골프웨어로 유명했다.

한편 당시 여름 골프 패션은 버튼다운 셔츠(Botton-down Shirt: 칼라가 바람에 펄럭이지 않도록 단추로 여민 셔츠)에 밝은 색깔의 긴 양말과 화이트 리넨 니커보커스를 입는 것이 일반적이었다.

이 시기의 골퍼들은 골프웨어에 대한 관심이 매우 높았다. 옷 잘 입기로 유명한 월터하겐(Walter Hagen)이라는 골퍼가 일반 골퍼들의 패션에 미치는 영향을 우려하는 보고서까지 나올 정도였다. 당시 저명한 스포츠 라이터였던 그랜트랜드 라이스(Grantland Rice)는 골퍼들에게 심리적으로 긍정적인 반응을 주는 골프웨어는 기록에도 영향을 미친다고 역설한 바 있다.

이 무렵 바비 존스(Bobby Jones)라는 선수는 브이넥 스웨터를 입기 시작했고, 1925년에는 팔을 더욱 자유롭게 움직일 수 있는 소매 없는 브이넥 조끼가 등장하여 인기를 끌었다. 그해에 미국 LA 컨트리클럽의 골퍼들은 영국 장교들이 인도에 주둔할 때 입었던 무릎 길이의 카키색 반바지를 입기 시작했으며, 많은 사람들이 소매 없는 스웨터와 반바지를 입었다.

또한 슬랙스의 등장으로 니커보커스가 쇠퇴하기 시작했으나, 여전히 2/3 이상의 골퍼들이 슬랙스와 니커보커스를 같이 입었다.

1920년대 골프웨어

자료: 골프백과사전

골프웨어의 초기 발전 단계(1931~1940년) 1928년 가장 중요했던 뉴스는 슬랙스의 등장으로 오랫동안 골퍼들의 대표적 패션이었던 니커보커스가 급격히 쇠퇴하기 시작한 것이다. 이후 1930년대에 진보적인 여성들은 골프웨어로 테니스복에서 허용된 소매 없는 상의를 입고, 당시에 불가능했던 맨 다리를 내보이며 모자 없이 경기에 참가하기도 했다. 그러나 대부분의 여성 골퍼들은 1920년대 복장을 그대로 착용했고, 단정한 정장은 골퍼들의 필수 요건이었다.

1936년부터 여성 골퍼들에게 큐롯은 매우 대중적인 아이템이었고, 기능성과 편리성 때문에 슬랙스, 큐롯, 숏팬츠 등을 착용했다. 당시 슬랙스는 플란넬을 가장 많이 사용하였고, 어깨 끈이 달려 있었다. 바지의 통은 19~20인치 정도였는데, 많은 골퍼들이 바지의 밑단을 걷어 입었다. 이는 밑단이 펄럭이는 양을 줄이고 스탠스를 정확하게 하기 위한 것이라는 게 그 당시 프로 선수들의 설명이다. 특히 짧아진 스커트는 다리의 활동성을 위해서 더 편안하고 풍성해졌다. 일부 골퍼들은 슬랙스, 셔츠, 카디건, 스웨터 등의 캐주얼한 옷을 입기도 했으나 일반적으로 골프웨어는 포멀한 스타일로 남아 있었다.

특기할 만한 사항은 비옷의 등장이다. 골프는 기후의 영향을 많이 받는 게임으로서 비옷이 필수였다. 1938년의 에스콰이어 잡지는 가벼운 방수 재킷과 통이 넓은 바지를 소개하였다.

골프웨어의 중기 단계(1941~1960년) 제2차 세계대전은 골프웨어에도 영향을 주었다. 아이젠하워 재킷(Eisenhower jacket: 미 육군의 제복으로 제2차 세계대전 때부터 입은 웨이스트 길이가 짧은 상

1930년대 골프웨어(상), 1940년대 골프웨어(하)

자료: 골프백과사전

의)이라고 알려진 면으로 된 재킷의 출현이 그것이다. 당시에는 아이젠하워 재킷에 체크무늬 슬랙스를 입고 핀치 크라운 햇(Pinch crown Hat)을 쓴 사람이 가장 맵시 있는 것이었다.

1940년대는 골프웨어에 패드를 넣어 어깨를 더욱 강조하였다. 여성들은 면에 단조로운 줄무늬 또는 체크무늬를 넣은 클래식한 골프웨어를 선호했으며, 바람 부는 날에는 플란넬 플레어스커트에 테일러드한 남자 셔츠를 입거나 스웨터에 벨트를 해서 입었다.

1950년대 슬랙스는 통이 밑으로 갈수록 좁아지는 '테이퍼드 슬랙스' 형태였고, 밑단은 접지 않는 것이 일반적이었다. 반바지의 색상은 다채로워졌으며, 줄무늬, 체크무늬 등 다양한 무늬의 바지들이 나타나게 되었다.

1950년대 골프웨어

자료: 골프백과사전

골프웨어의 성숙 단계(1961~2000년) 1960년대 초반의 골프웨어는 색상이 더욱 풍부해졌다. 1967년에는 체크무늬 바지가 유행하기도 했다. 또한 공이나 티 등을 보관하기 위한 포켓이 고안되는 등 골프웨어의 기능적인 면에 관심을 갖게 되었다. 이러한 경향은 기후적 제약에서 벗어나기 위해 비 오는 날을 위한 다양한 옷들이 등장하는 데에도 영향을 미쳤다. 후드가 감추어진 나일론 재킷과 테이크론 포플린 재킷, 골프모자 등이 그것이었다.

1960년대 골프웨어

자료: 골프백과사전

1970년대 골프웨어(상), 1980년대 골프웨어(하)

자료: 골프백과사전

한편 골프웨어가 너무 패션에만 치중하여 지나치게 화려해지고 있다는 의견도 있었다. 실제로 1970년대 패션 경향은 실루엣이 두드러졌으며, 비구조적이고 편안함을 추구하는 경향을 보였다. 1980년대는 지성과 감성을 겸비한 생동감 있는 현대 여성을 중심으로 발전하였고, 건강을 중요한 개념으로 받아들이면서 활동적이고 건강한 분위기의 스포츠웨어를 선보이기도 했다.

이 시기의 골프웨어는 특별히 정해진 것은 없었다. 다만, 골프의 발상지인 영국에서는 얼마 동안 니커보커스를 입기도 하였으나 유행성과 기능성을 중시한 티셔츠와 큐롯 스커트를 일반적으로 착용하였다. 1990년대는 골프의 급격한 붐을 타고, 그 어느 때보다도 전문화되고 다양해진 골프웨어가 등장한 시기였다.

골프웨어의 패션화 단계(2001~현재) 2000년대 초반의 경우 골프웨어 시장에 기능성 바람이 불면서 액티브군에 대한 기대가 높았다. 골프라는 운동에 적합한 제품을 가장 골프웨어답게 만들 수 있을 것이라는 기대 때문이었다. 하지만 액티브 골프웨어는 이 같은 수요를 충족시키지 못했다.

사실 액티브 골프웨어는 국내 정서와는 다소 거리가 있었던 것이 사실이다. 기능을 앞세운 나머지 실루엣이나 디자인에 다소 소홀했던 것이다. 국내 소비자들은 기능보다 디자인을 우선 고려했기 때문에 이 같은 현상이 나타난 것으로 분석된다.

2000년대 후반에 들어서면서부터는 중장년층 위주의 골프웨어도 젊은 패션으로 바뀌어 가고 있다.

2000년대 초반 골프웨어

자료: 골프백과사전

2000년대 후반 골프웨어

골프가 대중화되면서 골프 연령층이 30대 이하로 젊어졌고, 점잖기만 하던 골프웨어도 대담한 배색의 파격적인 디자인이 수용되고 있는 것이다.

(2) 국내 골프웨어의 역사

우리나라 골프웨어의 역사는 비교적 짧은 편으로 1980년대 중반부터 활발해지기 시작했다. 이 시기의 국내 기업 브랜드로는 아놀드파마, 슈페리어 등이 있었으며, 초기에는 골프웨어가 아니라 니트웨어로 시작했다.

1990년대 초반기에는 이동수골프, 엘로드, 팬텀 등의 브랜드들이 등장하였으며, 중반에는 닥스골프, 레노마골프 등의 라이선스 브랜드들과 수입 골프웨어에 대한 관심이 증대되었다. 대기업의 라이선스 브랜드인 라코스테, 아스트라, 잭니클라우스 등의 골프웨어가 등장하였으며, 먼싱웨어, 블랙앤화이트 등의 일본 수입 브랜드들도 가세하면서 골프웨어 존이 형성되기 시작했다.

IMF를 맞아 골프웨어 시장에 위기가 있었지만, 1998년 박세리 선수의 우승을 시점으로 메이저(Major)

[그림-2] 2000년대 골프 마켓의 흐름

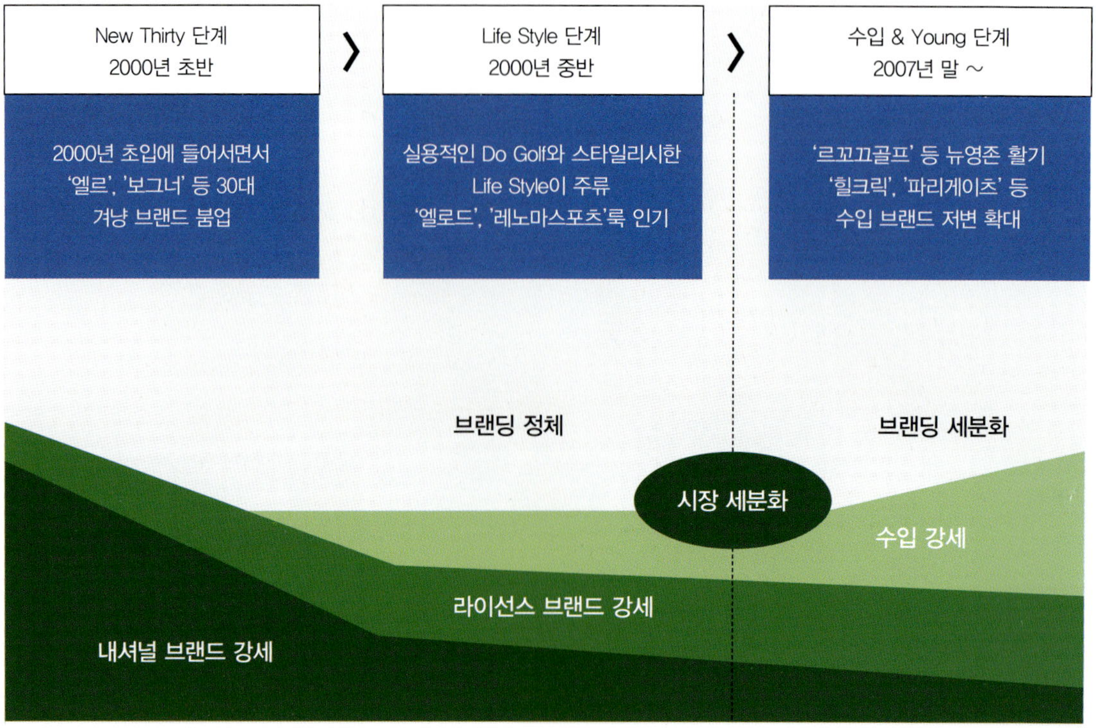

자료: 패션비즈, 2008.11

브랜드들이 1990년대 후반 골프웨어 시장에 본격적으로 진출하면서 브랜드가 다양해지기 시작하였다. 2000년대로 들어오면서 내셔널 브랜드가 세분화되는 경향을 보였으며, 중반부터는 라이선스 브랜드와 수입 브랜드가 강세를 보이면서 다양화, 세분화, 전문화, 고급화의 경향이 복합적으로 나타났다.

(3) 국내 골프웨어의 규모

2005년부터 2011년까지의 골프웨어 규모 추이를 살펴보면, 2005년 1조 784억 원에서 2006년 1조 2,759억 원, 2007년 1조 2,934억 원, 2008년 1조 4,565억 원, 2009년 1조 6,293억 원, 2010년 1조 8,720억 원, 2011년 2조 882억 원으로 성장했다. 2011년 처음으로 2조 원을 돌파했으나, 성장률은 전년 대비 3.4%p 하락했다.

2012년 골프웨어 브랜드들의 매출 목표를 합한 시장 추정치는 2조 5,423억 원에 달한다. 성장률을 감안하면 실제 시장 규모는 2조 2,000억 원대에 머문 것으로 추정된다.

[그림-3] 골프웨어 규모 추이

(단위: 억 원)

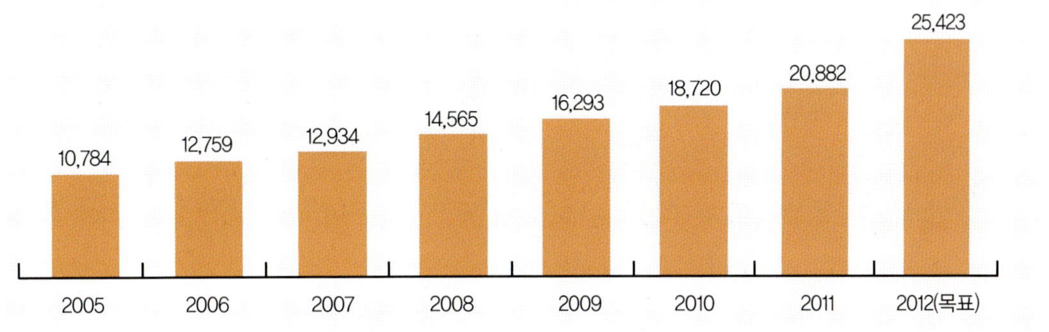

자료: 패션채널, 2012.4

[그림-4] 골프웨어 제품군별 점유율, 2011년 기준

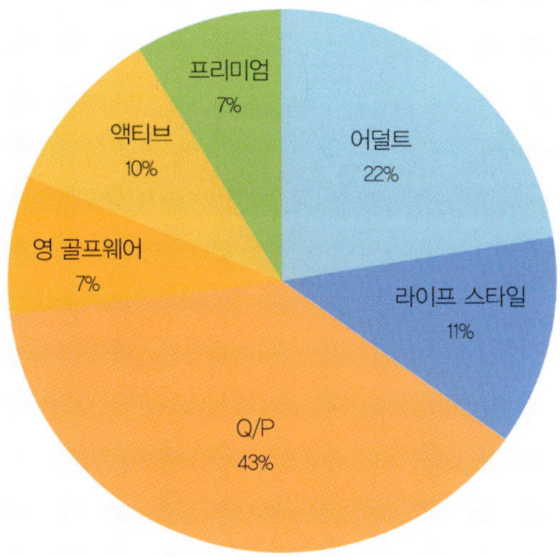

자료: 패션채널, 2012.4

2012년 기준으로 주요 브랜드 전개 현황과 매출 추이, 유통망 추이를 살펴보면 [표-3]과 같다.

2011년 기준으로 제품군별 점유율을 살펴보면, Q/P 브랜드군이 43%로 가장 높은 점유율을 보이고 있으며, 다음으로 어덜트군(22%), 라이프 스타일군(11%)의 순으로 나타났다.

골프웨어군별로 살펴보면, '어덜트(Adult)군'이란 50~60대를 타깃으로 한 골프웨어를 말한다. 대부분의 어덜트 브랜드들은 브랜드 인지도 및 볼륨화에는 성공했지만, 백화점을 중심으로 한 한정된 유통망으로 추가 성장이 어려운 상황이다. 그 원인은 갈수록 젊어지는 웨어 시장의 트렌드, 남성 정장 브랜드들의 캐주얼 및 스포츠 라인 론칭, 아웃도어의 성장 등으로 고객 이탈이 심화되면서 매출 정체 현상이 나타나고 있기 때문이다.

이런 한계를 벗어나기 위해서는 라인 다각화 및 다운에이징을 통한 타깃 확장이 우선돼야 할 것이다.

최근 어덜트군의 시장 점유율은 갈수록 축소되고 있다. 2008년 4,050억 원, 2009년 4,071억 원, 2010년 4,303억 원, 2011년 4,609억 원에서 2012년 5,258억 원 규모로 외형적인 성장은 꾸준히 이루어지고 있지만, 시장 점유율은 2008년 27.8%에서 2009년 25%, 2010년 22.7%, 2011년 22%로 낮아졌고, 2012년에도 점유율이 크게 낮아진 것으로 추정하고 있다.

반면, '라이프 스타일(Life Style)'군 시장은 꾸준히 확대되고 있다. 라이프 스타일군이란 골프를 기반으로 다양한 라이프 스타일을 담아내는 데 포커스를 맞춘 의류를 말한다. 골프를 비롯해 고급 스포츠웨어로서 일상복으로도 입을 수 있는 캐주얼웨어의 기능을 담당하는 의류다.

최근 골프웨어 시장 트렌드를 이끌고 있는 트레디셔널 골프웨어가 라이프 스타일을 대변할 정도로 활기를 띠고 있다. 이는 신규 브랜드의 등장 및 볼륨을 확장하면서 규모가 확대된 것으로 분석하고 있다. 그러나 기존 브랜드는 어덜트 브랜드와 같이 정체 상태에 머물러 있는 경우가 많다.

라이프 스타일 브랜드의 경우, 백화점을 메인 유통으로 하고 있기 때문에 백화점 유통이 축소됨에 따라 영향을 많이 받고 있으며, 결국 어덜트, 프리미엄 제품과 경쟁해야 하는 상황에 있다.

라이프 스타일의 시장 규모는 지난 2009년 1,852억 원에서 2010년 2,095억 원, 2011년 2,291억 원, 2012년에는 2,635억 원으로 추정된다. 점유율은 2010년 11.2%에서 2011년 11%로, 11%대를 유지하고 있으며, 브랜드별로 보면 2012년 기준 '빈폴골프'가 545억 원, '먼싱웨어' 530억 원, '엘로드' 450억 원, '헤지스골프' 450억 원, '휠라골프' 560억 원 등 대부분 비슷한 매출을 올리고 있다.

'퀄리티 프라이스(Q/P)'군은 최근까지 꾸준히 성장해왔다. 기존 브랜드들의 볼륨화와 신생 브랜드들의 가세로 시장이 활성화됐지만, 지난해 가두점 시장의 경쟁이 심화되면서 성장세가 주춤한 모습을 보이고 있다. 이러한 성장세에도 불구하고 Q/P군이 골프웨어 시장을 이끌고 있는 것은 분명하다. 백화점들이 골프웨어 매장을 축소하면서, 기존 브랜드들이 어려움을 겪는 데 반해 Q/P는 이런 부담에서 상대적으로 자유롭다.

그러나 문제는 상품이다. 유통 확장 면에서는 문제가 없지만 타깃 및 아이템의 확장이 필요한 실정이다. 최근 Q/P 시장의 흐름을 보면 이 같은 세분화 현상이 조금씩 현실화되고 있다.

Q/P 시장의 규모는 지난 2008년 4,120억 원, 2009년 6,328억 원, 2010년 7,762억 원, 2011년 8,926억 원으로 성장했다. 점유율을 보면 지난 2008년 어덜트군과 비슷한 28.2%에서 2009년 32.8%, 2010년 41.5%, 2011년에는 42.7%로 성장했다. 2012년에는 45%까지 늘어나 전체 골프웨어 시장의 절반에 육박한 성장을 보인 것으로 추정된다.

이처럼 Q/P 시장이 성장할 수 있었던 것은 기존 골프웨어와 달리 합리적인 가격대로 가두 상권을 공략해 신규 고객을 확보했기 때문이라는 분석이 나오고 있다. 특히 매장이 줄고 있는 백화점과 달리 가두점은 매장 오픈이 보다 자유롭다는 것도 Q/P 시장의 성장을 이끄는 요인이다.

'영(Young)' 골프웨어는 최근 골프웨어 트렌드 주도 세력으로 주목받고 있다. 불과 2~3년 만에 액티브군과 비슷한 규모로 성장하며 시장의 흐름을 바꾸어 놓았다.

영 골프웨어가 주목받고 있는 이유는 기존 브랜드에 대한 식상함에서 그 원인을 찾을 수 있다. 골프웨어 고객이 상대적으로 올드하고 보수적이며, 백화점 중심의 유통 구조와 리딩 브랜드를 중심으로 한 시장질서이기 때문이다. 하지만 라이프 스타일 시장이 성장하면서 변화의 발판을 마련했고, 최근 영 골프웨어가 등장하면서 시장이 빠르게 변화하고 있다.

그러나 매출은 일부 브랜드를 제외하고 뚜렷한 성과를 올리지 못하고 있다. 트렌드를 주도하는 것은 분명하지만 소비층이 다양하지 않아 매출로 연결되지 않는 것이 문제점으로 지적되고 있다. 반면 일부 브랜드가 볼륨화에 성공했고 소비자들이 꾸준히 늘어나고 있다는 것은 긍정적이다. 특히 20대 마인드를 가진 30대 젊은 소비자들 사이에서 인기를 얻고 있어 향후 전망은 긍정적일 것이란 분석이 나오고 있다.

영 골프웨어 시장 규모는 2010년부터 집계되기 시작하여, 2010년 1,205억 원에서 2011년 1,510억 원으로 성장했고, 2012년에는 약 1,990억 원 규모를 보인 것으로 추정된다. 시장 점유율은 2010년 6.4%에서 2011년 7.2%로 성장했으며, 2012년에는 약 7.9% 점유율을 보인 것으로 추정된다.

'액티브(Active)' 골프웨어 또한 정체 일로를 걷고 있다. 골프웨어의 정체성을 가장 잘 대변하는 시장임에도 불구하고 시장 규모는 정체에 머물러 있다.

액티브군의 시장 규모는 지난 2009년 1,520억 원에서 2010년 1,580억 원, 2011년 1,750억 원, 2012년에는 2,100억 원으로 소폭 상승한 것으로 보이며, 점유율은 여전히 10% 미만에 머문 것으로 추정된다. 이처럼 액티브군이 정체를 보이는 이유는 국내 소비자들이 골프웨어 선택의 기준으로 패션성을 우선시하고 있기 때문으로 분석하고 있다.

대부분의 골프웨어들이 기본 기능을 탑재하고 있기 때문에 무난한 스타일보다 스타일리시한 제품을 선택하고 있어, '나이키', '아디다스' 등 글로벌 브랜드들도 국내 골프웨어 시장에서 별다른 호응을 얻지 못하고 있다.

'프리미엄(Premium)'군은 큰 변화가 없을 것으로 예상하고 있다. 많은 수의 브랜드들이 백화점 MD에서 우선 순위에 있어 매장 축소에 대한 부담이 없을뿐더러, 상품을 수입하고 있어 볼륨화도 쉽지 않기 때문에 현상 유지에 포커스가 맞춰질 것으로 보인다.

[표-3] 주요 골프웨어 브랜드 전개 현황

브랜드명	업체명	론칭연도	전개형태	매출 추이(억 원)			유통망 추이(개)			콘셉트 존 구분
				10년	11년	12년	10년	11년	12년	
골드윈	골드윈코리아	1992년	LB	80	70	70	40	40	25	액티브
골피노	진맥	2009년	IB	100	100	100	12	12	15	프리미엄
그린조이	그린조이	1982년	NB	800	850	900	134	143	155	Q/P
김영주골프 (KYJ GOLF)	KNC FG	2003년	NB	450	450	500	90	90	95	Q/P
나이키골프	나이키골프코리아	2002년	IB	977	1000	1200	65	70	80	액티브
네오팜스프링	네오피에스	1998년	NB	200	300	300	80	100	100	Q/P
노이지노이지	마스터스통상	2008년	IB	45	60	70	5	27	28	영 골프웨어
닥스골프	LG패션	1997년	LB	650	680	710	135	140	145	어덜트
던롭	코롭	1991년	IB	150	160	170	15	16	18	프리미엄
데니스골프 (세서미스트리트)	데니스	2010년	LB	50	70	150	10	25	50	Q/P
디즈니골프	두리콜렉션	2001년	LB	200	250	300	45	50	60	Q/P
리일앤스코트	KNC FG	2009년	LB	180	220	250	40	50	80	Q/P
레노마스포츠	에프앤에프	1996년	LB	350	350	400	65	66	72	어덜트
루이까스텔	VL&CO	2007년	NB	400	800	1500	99	134	200	Q/P
르꼬끄골프	데상트코리아	2005년	IB	578	700	840	93	100	114	영 골프웨어
링스	링스지앤씨	2006년	LB	300	300	350	80	90	90	Q/P
먼싱웨어	데상트코리아	2001년	IB	400	472	530	58	60	75	라이프 스타일
마코	여미지	2010년	NB	120	270	460	80	90	130	Q/P
메트로시티골프	디오존	2005년	LB	200	200	250	50	52	60	Q/P
벤호건골프	SC어패럴코리아	2011년	LB	-	48	150	-	25	55	Q/P
보그너골프	보그인터내셔널	2001년	IB	325	340	375	40	40	40	프리미엄
블랙앤화이트	마스터스통상	1987년	IB	350	350	370	45	38	38	프리미엄
블루크러쉬/ 리얼페이스	스타일플라이	2010년	IB	-	10	30	-	20	35	영 골프웨어
빈폴골프	제일모직	2001년	NB	466	480	545	75	78	82	라이프 스타일
송지오골프	클라스마	2009년	LB	100	150	250	22	40	60	Q/P
쉐르보	쉐르보코리아	2001년	IB	100	100	110	11	10	12	프리미엄
SGF슈페리어	슈페리어	1980년	NB	600	620	680	79	84	93	어덜트
CK골프	데상트코리아	2012년	LB	-	-	50			4	영 골프웨어
아놀드파마	동일레나운	1981년	LB	700	700	800	130	130	140	어덜트
아다바트	한국월드패션	2002년	IB	140	170	200	24	27	30	프리미엄

브랜드명	업체명	론칭연도	전개 형태	매출 추이(억 원)			유통망 추이(개)			콘셉트 존 구분
				10년	11년	12년	10년	11년	12년	
아디다스골프	테일러메이드코리아	2002년	IB	400	420	450	56	70	75	액티브
앙드레김골프	케이엔제이 엔터프라이즈	2004년	LB	350	350	400	70	80	90	Q/P
엘레강스스포츠	피오엠	2006년	LB	1000	1200	1350	195	205	220	Q/P
엘로드	코오롱인더스트리 FnC부문	1990년	NB	380	400	450	54	58	62	라이프 스타일
엘르골프	평안L&C	2008년	LB	302	400	600	65	110	130	영 골프웨어
MU스포츠 (가두점 제외)	MU S&C	1999년	IB	197	286	350	24	45	50	프리미엄
울시	비엠글로벌	1991년	LB	578	589	618	87	88	92	어덜트
워너브라더스골프	승우산업	2011년	LB	-	50	80	-	15	20	Q/P
윌링 이동수	이동수F&G	1989년	NB	280	240	200	45	39	32	영 골프웨어
이동수골프	이동수F&G	2011년	LB	540	170	310	60	14	40	Q/P
임페리얼	슈페리어	1991년	NB	440	460	500	125	150	160	Q/P
잔디로골프	브리조코리아	2010년	NB	90	180	300	35	50	80	Q/P
JDX골프	신한코리아	2002년	NB	800	900	1000	140	150	180	Q/P
잭니클라우스	코오롱인더스트리 FnC부문	1979년	LB	803	810	900	100	100	110	어덜트
캘러웨이	산에이 인터내셔널코리아	2002년	IB	150	180	220	23	32	50	액티브
커터앤벅	P&B인터내셔널	2011년	LB	-	68	165	-	22	50	Q/P
트레비스	오성어패럴	1999년	NB	630	700	750	107	110	135	Q/P
파리게이츠	크리스패션	2009년	IB	30	60	180	5	13	28	프리미엄
파사디	파사디코리아	1993년	NB	350	400	500	75	80	90	Q/P
팬텀	팬텀C&F	1993년	NB	350	420	500	82	90	100	Q/P
폴로골프	폴로코리아	2009년	IB	87	79	100	10	12	15	라이프 스타일
푸마골프	푸마코리아	2007년	IB	200	200	250	5	16	26	액티브
플레이보이골프	리노스포츠	2010년	LB	30	100	200	35	40	60	영 골프웨어
피에르발만	너트클럽	2004년	LB	120	120	150	35	50	60	Q/P
PGA투어	금강	1992년	LB	180	200	300	61	68	73	어덜트
핑	크리스패션	1999년	LB	650	660	850	83	85	95	어덜트
헤지스골프	LG패션	2009년	NB	180	350	450	50	70	80	라이프스타일
휠라골프	휠라코리아	2001년	LB	470	510	560	72	69	79	라이프스타일
힐크릭	가나	2003년	IB	100	110	130	15	17	20	프리미엄

자료: 패션채널, 2012.4

※ 일부 브랜드는 매출 추정치

02

기타 골프 산업

1. 골프 레슨

(1) 골프 레슨 개요

과거에는 골프 볼 한 개 가격이 골프 클럽 가격만큼 비싸다 보니 부자나 귀족들이 아니면 감히 골프를 칠 수가 없었고, 골프를 배울 수 있는 사람도 극소수에 불과했다. 그러다 거터 퍼처를 재료로 한 골프 볼이 등장하면서 가격이 대폭 낮아졌고, 그로 인해 골프 인구가 급격하게 증가하게 되었다. 이와 더불어 골프 레슨에 대한 수요도 증가함으로써, 골프장에 레슨을 직업으로 하는 티칭 프로가 생겨나기 시작했다. 초기의 티칭 프로들은 대부분 스코틀랜드 출신이었다. 이들은 골프가 세계적으로 확산됨에 따라 더 좋은 조건에서 일할 수 있는 해외로 이주하기 시작했다.

최초의 골프 이론서 〈The Golfer's Manual〉

당시 레슨은 체계적인 이론이나 자료가 있었던 것이 아니라, 단순히 스윙 시범을 보여주고 똑같이 따라 하게 하는 것이 전부였다. 1857년 헨리 B. 패니라는 에든버러의 인쇄소 주인이 쓴 〈The Golfer's Manual〉이 골프 역사상 최초의 골프 이론서이자 교습서이며, 그 후 골프 이론과 교습은 보다 체계화되었다.

(2) 골프 레슨의 역사

바든 그립의 창시자 해리 바든(Harry Vardon)

1848~1919년 골프 레슨은 골프를 직업으로 하는 투어 프로들의 등장으로 더욱 발전하게 되었다.

해리 바든(Harry Vardon)은 이 시기 골프 레슨계를 이끈 최고의 스타였다. 그는 브리티시오픈을 6차례나 제패하고 US오픈에서도 한 차례 우승을 하면서 명실공히 당대 최고의 인기와 명성을 누렸다. 또한 〈The Complete Golfer〉, 〈How to Play Golf〉 등의 골프 교습서를 직접 저술하였다. 특히 그가 창시한 바든 그립은 오늘날 오버래핑 그립(Overlapping Grip)으로 불리며 가장 대중적인 골프 그립 중 하나가 되었다.

1901년에는 프로골퍼협회가 영국에서 설립되었다. 1916년에는 로드먼 워너메이커(Rodman Wanamaker)*의 후원으로 미국에서도 프로골프협회가 창설되면서 본격적인 티칭 프로의 양성과 관리가 이루어지기 시작했다.

총 18편의 골프 레슨 영화에 출연한 바비 존스(Bobby Jones)

1920~1939년 1920년 이후 바비 존스, 월터 헤이건, 진 사라젠 등 스타 플레이어들이 많아지면서 골프의 인기도 덩달아 높아졌다. 특히, 바비 존스는 잘생긴 외모에 하버드대 출신 엘리트로 한 해에 4개 메이저대회 우승이라는 기록을 달성하였다. 1930년에는 골프 종주국이었던 영국의 브리티시오픈 우승으로 미국에서 영웅 대접을 받았다.

그는 이러한 대중적인 인기를 바탕으로 1931년에 12편의 시리즈로 구성된 'How I Play Golf', 1933년에는 6편의 'How to Break 90' 등 총 18편의 골프 레슨 영화에 출연하였으며, 이 영화들은 흥행에 큰 성공을 거두었다.

* 로드먼 워너메이커(Rodman Wanamaker) : 당시 미국 뉴욕 시의 백화점 재벌이며, 초기 PGA가 정착하는 데 공헌한 인물. 2009년 양용은 선수가 PGA챔피언십에서 우승할 때 받은 트로피 이름이 바로 워너메이커컵이다.

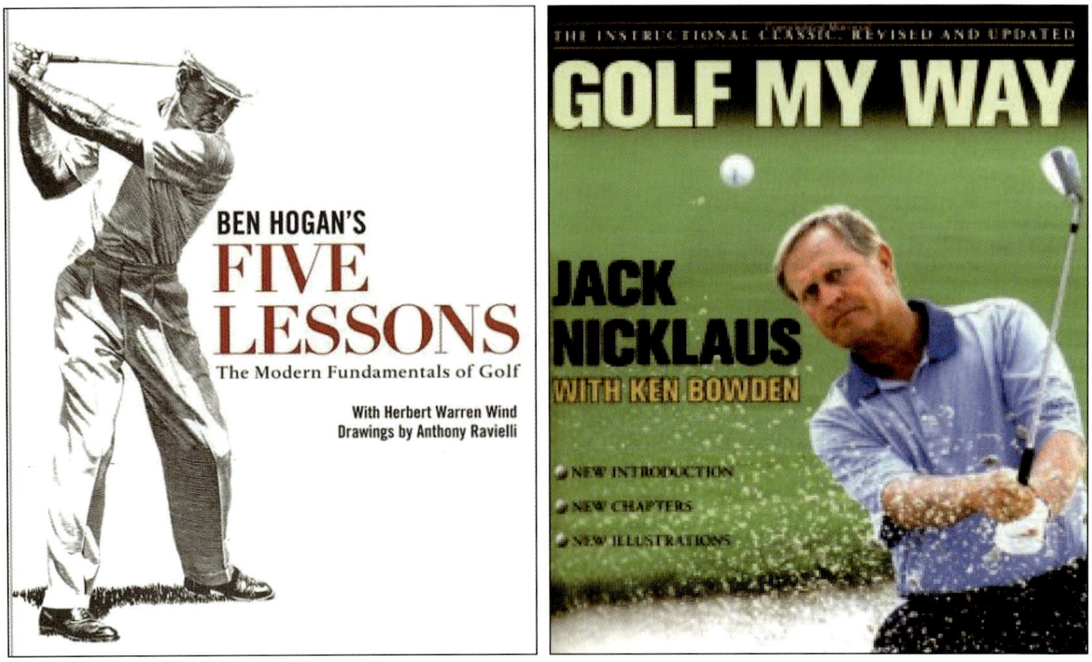

벤 호건(좌)과 잭 니클라우스(우)의 골프 레슨 베스트셀러

1940~1969년 1940년대는 대공황과 제2차 세계대전을 겪으면서 골프계가 침체기에 빠져들었다가 전쟁이 끝난 1945년 이후 다시금 활기를 찾았다.

1953년 유명 투어 프로 출신이었던 토미 아머(Tommy Armour)는 〈How to Play Your Best Golf All the Time〉이란 제목의 레슨 교재를 발간해 당대 최고의 골프 교습가로 인정받았다. 또한, 영국 출신의 퍼시 부머(Percy Boomer)가 1942년에 발간한 〈On Learning Golf〉도 복잡한 스윙 방법이 아닌 감을 중시하는 골퍼들로부터 많은 사랑을 받았으며, 뉴욕의 어니스트 존스(Ernest Jones)는 〈Swing the Clubhead Method〉라는 새로운 방식의 골프 교습법으로 큰 인기를 누렸다. 이때부터 미국에서는 유명 골프 교습가들이 속속 등장하면서 지금과 유사한 형태의 골프 연습장(Driving Range) 건설 붐이 일기 시작했다.

또한 이 시기에 벤 호건(Ben Hogan), 샘 스니드(Sam Snead), 바이런 넬슨(Byron Nelson)과 같은 전설적인 골퍼들이 등장하면서 골프에 대한 인기는 더욱 높아졌다. TV 중계가 시작될 무렵까지도 아놀드 파머(Arnold Palmer), 잭 니클라우스(Jack Nicklaus)와 같은 골퍼들로 인해 골프에 대한 열기는 더욱 뜨거워져만 갔다.

특히, 잡지에 연재되었던 레슨을 묶어 펴낸 벤 호건의 〈Five Lessons: The Modern Fundamentals

〈The Golfing Machine〉 표지(좌), 골프 레슨 산업에 큰 영향을 미친 David Leadbetter(중, 우)

of Golf〉*와 잭 니클라우스가 쓴 〈Golf My Way〉는 오늘날까지 회자되고 있는 골프 역사상 가장 많이 팔린 베스트셀러 중 하나다.

이 밖에 〈골프다이제스트〉(1950년 창간)와 〈골프매거진〉(1960년 창간)과 같은 권위 있는 골프 전문 잡지들도 창간되어 골프 이론 전파를 돕는 산파 역할을 톡톡히 했다.

또한, 1968년 미국에서는 전국 규모의 골프 전문 스쿨도 설립되었다.

1970~1979년 주로 골퍼 개개인의 경험과 지식, 그리고 교습서에만 의존해오던 골프 레슨은 1970년대 들어 메탈 우드, 그라파이트 샤프트, 캐비티백 아이언 등 골프 장비 기술의 비약적인 성장과 함께 큰 변화가 일어났다. 즉, 첨단 기술과 장비가 동원되어 스윙을 보다 과학적으로 분석하는 사례가 나타나게 된 시점이다.

특히 탄도학, 운동역학, 통계학, 물리학 등 다양한 분야의 과학자들이 모여 공동으로 집필한 〈Search for the Perfect Swing〉은 현재까지도 골프의 원리를 과학적으로 규명한 서적으로 꼽히고 있으며, 물리학과 기하학 등을 독학하여 골프 스윙을 과학적으로 분석한 호머 켈리(Homer

* 코어(core) 근육의 꼬임을 통한 몸통 회전 중심의 현대 골프 스윙의 기본 기술을 정립하였으며, 골프 역사상 최초로 스윙 플레인 개념을 제시한 책.

Kelly)의 〈The Golfing Machine〉 또한 오늘날 골프 레슨에 많은 영향을 미쳤다.
1972년 영국의 존 제이콥스(John Jacobs)는 과학적 분석 결과를 토대로 레슨 이론을 정립한 〈Practical Golf〉라는 책을 발간했는데, 그는 이 책에서 임팩트 시 클럽 페이스의 앵글과 클럽 헤드의 경로 조합에 따라 9가지 구질의 샷이 존재한다는 것을 논리적으로 설명하였다. 그는 골퍼의 스윙을 보지 않고 날아가는 공만으로도 스윙의 문제점을 찾아내어 'Golf Doctor'라는 별칭을 얻기도 했다.

1980년대 이후 1980~1990년대는 'Connection Theory'*와 비디오 카메라를 활용한 스윙 분석 등이 골프 레슨 현장에서 각광받았던 시기로, 골프 레슨이 골프계에서 하나의 독립된 영역으로 인정받기 시작했다.
특히 데이비드 리드베터(David Leadbetter)는 비디오 카메라를 활용한 스윙 분석 레슨으로 무명이었던 영국의 닉 팔도를 지도하여 메이저대회에서 6차례나 우승할 수 있게 도왔다. 이를 통해 스윙 코치와 투어 프로 간의 장기적인 유대 관계가 하나의 공식처럼 자리 잡게 되었다. 골프 레슨 산업이 오늘날처럼 성장할 수 있게 된 것은 그의 공이 매우 크다고 볼 수 있다.
미국 레슨계의 대부 하비 페닉(Harvey Penick) 또한 톰 카이트, 벤 크렌쇼, 미키 라이트 등과 같은 전설적인 선수를 가르친 경험을 바탕으로 1992년 〈Harvey Penick's Little Red Book〉을 펴내 골프 이론가로 높은 인기를 누렸다.
2000년대로 들어오면서 골프 레슨은 스윙, 숏게임, 퍼팅, 피트니스 등과 같이 분야별로 세분화 및 전문화되는 경향이 높아졌다. 이에 따라 티칭 프로들도 자신만의 강점 분야를 내세워 골퍼들을 지도하고 있으며, 분야별 대표적인 티칭 프로는 [표-1]과 같다.
골프 레슨 방식 또한 기존의 이론서와 실외 골프 연습장 중심에서 벗어나 동영상(인터넷 강의 포함), 스크린골프, 실내 골프장 등으로 다양하게 확산되는 추세이다. 특히 인터넷의 보급 및 확산으로 유명 티칭 프로들의 영상을 손쉽게 접할 수 있게 되자 과거 TV나 비디오를 통한

[표-1] 분야별 대표 티칭 프로

구분	대표적인 티칭 프로
스윙	부치 하먼, 행크 해이니, 짐 매클린 등
숏게임	데이브 펠츠, 스탠 어틀리 등
퍼팅	데이브 펠츠, 스탠 어틀리, 데이브 스탁턴 등
멘탈	밥 로텔라, 피아 닐슨 등

* 큰 근육 중심의 스윙을 강조한 이론으로 지미 발라드(Jimmy Ballard)가 주장.

동영상 레슨의 한계점인 푸시(push)형 교육을 넘어 SNS, 블로그 등으로 골퍼와 티칭 프로, 또는 골퍼들 간 양방향 소통이 가능해졌다.

최근에는 스크린골프 시뮬레이터를 활용한 신종 레슨 방식이 등장했다. 스크린을 통해 골퍼가 원하는 때와 장소에서 편리하게 티칭 프로 골퍼의 레슨 영상을 보면서 동시에 연습도 할 수 있다는 장점이 있다. 또한 이 스크린골프 시뮬레이터를 통해 기존 실내 연습장의 레슨 방식에 과학적인 개인별 분석이 더해져 더욱 정교한 골프 레슨이 가능해졌다.

온라인 동영상 골프 레슨

(3) 티칭 프로의 세계

골프 레슨 시장은 오늘날 골프 산업을 구성하는 한 축으로 자리 잡았으며, 그 중심에는 티칭 프로가 존재한다.

골프는 언뜻 보면 매우 단순한 스포츠 같지만 1~2개의 장비만 사용하는 다른 스포츠와 달리 무려 14개에 달하는 다양한 종류의 클럽을 다룰 수 있어야 한다. 때문에 스윙이나 자세의 작은 변화만으로도 상반된 결과를 낳을 수 있다.

또한 자신이 스윙하는 모습을 볼 수 없다는 점과 예민한 골프의 특성으로 투어 프로들도 전담 코치를 두고 있는 실정이다. 훌륭한 티칭 프로와 체계적인 교육 커리큘럼이 있으면 혼자 골프를 익히는 것보다 훨씬 더 효율적으로 실력을 향상시킬 수 있기 때문에 수많은 골퍼들이 좋은 티칭 프로를 만나기 위해 노력하고 있다.

티칭 프로 자격 골프 선진국인 미국의 대표적인 티칭 프로 양성 시스템은 미국프로골프협회(PGA)의 클래스A 멤버이다. PGM(Professional Golf Management) 프로그램이 개설된 대학의 정규 학사 학위 과정을 이수하고, PAT(Playing Ability Test)라는 실기 테스트도 통과해야 한다.

PGM을 이수하기 위해서는 151학점을 이수해야 하는데, 최소 5년 이상 걸린다. 또한, PAT의 경우 핸디 6~8 정도의 실력이 필요하다. 미국의 교육 프로그램은 일대일 교습뿐만 아니라 정규 커리큘럼으로 진행되는 단체 교육 프로그램 중심으로 교육 기회가 많은 편이며, 질 높은 교육 서비스를 제공하고 있다.

국내에서는 여러 경기 단체 중 가장 권위 있는 한국프로골프협회(KPGA)의 양성 시스템이 있다. 매년 40명을 선발했었는데, 골프 대중화로 수요가 증가함에 따라 2012년에는 총 100명을 선발했다. 골프 관련 업종에 5년 이상 근무하고, 사전 교육을 이수하면 티칭 프로 선발에 참가할 자격이 주어지며, 실기 테스트와 필기 테스트를 통과하면 된다.

최고의 티칭 프로 Top 20 골프다이제스트는 2000년부터 매년 최고의 티칭 프로 랭킹을 발표하고 있다. 티칭 프로들은 '필 미켈슨, 어니 엘스, 아담 스콧, 타이거 우즈, 닉 프라이스, 이안 폴터, 잭 니클라우스' 등 이름만 들어도 쉽게 알 수 있는 투어 선수들의 스승이다.

그러나 티칭 프로라고 해서 골프 실력이 뛰어난 것은 아니다. 행크 해이니처럼 투어 경험이 전혀 없거나, 투어 프로로 성공하기 힘들다는 판단에 따라 티칭 프로로 전향한 경우가 대부분이기 때

[표-2] 티칭 프로 랭킹 Top 20

순위	이름	순위	이름
1	부치 하먼	11	토드 앤더슨
2	데이비드 리드베터	12	밥 투스키
3	짐 맥클린	13	데이브 스톡턴
4	마이크 벤더	14	데이브 펠츠
5	행크 해이니	15	랜디 스미스
6	척 쿡	16	게리 위렌
7	마틴 홀	17	마누엘 델라 토레
8	짐 하디	18	짐 셔티
9	스탠 어틀리	19	피아 닐슨
10	짐 플릭	20	크렉 생클랜드

자료: Golfdigest, 2011

문이다. 물론, 부치 하먼, 데이비드 리드베터, 스탠 어틀리, 짐 하디와 같이 PGA 투어나 유러피언 투어 경험이 있는 티칭 프로도 있지만 매우 드문 편이다.

2. 골프 대회 및 프로모션

(1) 골프 대회의 역사

세계 최초의 공식 골프 대회는 1860년 스코틀랜드 남부 도시 글래스고의 남쪽 해변가 프레스트위크 GC(Prestwick GC)에서 개최된 브리티시오픈이다.

이 대회의 배경에는 최초의 프로 골퍼이자 골프 클럽과 골프 볼 제조의 명인 앨런 로버트슨(Allan Robertson)이 있었다. 그는 아마추어와 겨룰 때 상대의 요구대로 자기의 클럽 수를 줄인 채 한 개의 클럽만 갖고 플레이해도 10여 개의 클럽을 쓰는 아마추어에게 지는 일이 없는 명수였다. 그러한 그가 1859년 44세의 나이로 사망한 것이 브리티시오픈의 발단이 되었다.

프레스트위크 GC는 로버트슨의 뒤를 이을 프로가 필요했다. 당시에는 골프 클럽 제작자와 볼 제작자들이 직접 선수가 되어 골프 클럽과 볼의 기능에 따라 경기력의 우열이 가려졌기 때문이다.

앨런 로버트슨(Allan Robertson, 상), 그가 사용한 골프 클럽과 볼(하)

플레이 기술은 물론 용구의 제작, 수리 그리고 코스관리 등에 비범한 실력을 가진 프로를 경기를 통해 채용하기로 한 것이다. 이에 1860년 챔피언 벨트 경기를 창설하여 각지의 프로들에게 참가를 권유해 대회를 개최했다. 그 대회가 바로 오늘날의 브리티시오픈이다.

당시 프레스트위크 GC의 홀의 수는 12개 홀로, 3라운드 36홀 경기를 치렀다. 상금 5파운드를 걸고 8명의 영국 프로 선수가 출전해 열전을 벌인 가운데 예상을 뒤엎고 세인트앤드루스 지방의 유망주인 톰 모리스를 머셀버그 지방에서 온 윌리버크가 36홀에서 174타의 스코어로 물리쳐 5파운드의 상금과 은제 챔피언 벨트를 차지했다.

그러나 챔피언십 벨트를 겨루는 대회인데 프로만 참가하다 보니 싱거웠다. 이에 아마추어에게도 참가 자격을 주도록 하자는 요구가 대두되었고, 프레스트위크 GC는 19개 클럽이 참가하는 클럽 대항 아마경기를 이미 개최해 오던 터라 제2회 브리티시오픈부터 아마추어의 출전을 인정했다. 이 당시에 '대회를 모든 세계에 개방한다(Open to the world)'라는 문구가 발표되었는데, 여기서 '오픈(Open)'이란 말이 자리를 잡으면서 프로와 아마추어에게 모두 개방하는 대회를 '오픈'이라 부르게 되었다.

세계 4대 메이저대회 중 세 번째로 매년 7월 브리티시오픈이 개최된다. 한 골프장에서 프로를 뽑기 위해 시작한 브리티시오픈이 이제는 '디오픈(The open)'으로 불리며 120여 년의 역사와 전통을 자랑하는 세계적인 골프 대회로 자리 잡았다.

(2) 골프 대회의 명칭

한국, 미국, 유럽, 일본, 호주, 남아프리카공화국 등에서 열리는 프로골프투어는 다양한 이름을 가진 대회가 개최된다. 타이틀 스폰서의 이름이 골프 대회 맨 앞자리를 차지하지만, 뒷자리에는 오픈, 챔피언십, 클래식 등의 이름이 붙는다. 대회 이름은 타이틀 스폰서의 취향에 따라 붙여지기 때문에 특정 대회에는 특정 이름을 써야 한다는 규정은 없다. 하지만 오랜 전통을 가진 대회들의 이

름을 살펴보면 그 대회의 성격을 어느 정도 짐작할 수 있다.

우선 골프 대회는 'PGA 챔피언십 투어', 'US 오픈 투어' 등 '투어(tour)'라는 단어가 붙는다. 골프 시합의 경우 한 번에 끝나는 것이 아니라 같은 장소에서 4일 정도 진행하기 때문에 투어라고 명명하는 것이다.

가장 일반적으로 쓰이는 대회 이름인 '오픈(open)'은 모든 골퍼에게 개방한다는 의미로 프로와 아마추어 모두 출전이 가능한 대회이다. 프로 단체가 주최하는 대회지만 초청 선수 또는 예선을 통과한 아마추어 선수들에게도 문호를 개방한다는 의미를 담고 있다. 메이저대회인 '브리티시오픈', '마스터즈오픈' 대회 등이 여기에 속한다. 이 대회에 참가하는 아마추어 선수들은 등수에는 기재되지만 상금은 없다는 것이 특징이다.

이에 대비되는 개념이 '클래식(classic)'이다. 지금은 타이틀 스폰서들이 '고급스럽다'라는 의미 때문에 클래식이라는 명칭을 붙이지만, 이전에는 프로 선수들만 참가하는 전통과 권위를 자랑하는 대회에 붙이는 이름이었다.

'챔피언십(Championship)'의 경우 골프 챔피언을 가린다는 의미를 지니고 있다. 'PGA 챔피언십', 'US 오픈 챔피언십'처럼 명분이 있는 우승권 대회이다. 프로 골퍼들이 참가해 최고를 가리는 경기로, 국내에서는 주로 메이저대회에 쓰이지만, 미국, 유럽 등에서는 가장 보편적인 대회 명칭이다.

'프로암(Pro-Am)'은 프로 선수와 유명 인사(아마추어)가 동반 플레이를 펼치되 프로와 아마추어의 성적을 따로 집계하는 방식으로 운영하는 대회를 뜻한다. 가장 유명한 대회가 미국프로골프협회(PGA) 투어의 'AT&T 페블비치 내셔널 프로암'이며 한국여자프로골프협회(KLPGA)도 'TANI-KLPGA 프로암'을 준비하고 있다.

대회 주최 측이 선수 성적과 지명도 등의 기준을 두고 외국의 참가 선수를 지정하여 초청 경기를 하는 경우에는 '인비테이셔널(invitational)'이라는 이름이 붙는다. 한 해에 두 차례 한국과 중국을 오가며 열리는 KPGA 투어 'KEB외환은행 인비테이셔널'이 이에 속한다. 이 대회는 외환은행이 주최하고, 중국골프협회 선수들이 대거 출전한다.

이 밖에 자선단체를 후원하거나 사회 공헌 등의 특정 목적 사업을 추진하기 위한 기금을 조성하는 대회에는 '채리티(charity)'라는 이름이 붙는다.

(3) 세계 메이저대회

남자 골프와 여자 골프 모두 4대 메이저대회가 있다. 메이저대회는 단순히 상금이 많거나 포인트가 높은 것이 아니라, 오랜 역사와 전통을 지니고 있다는 것이 특징이다. 4대 메이저대회 모두 석권한 선수를 '그랜드 슬래머'라고 한다. 아직까지 한 해에 4대 메이저대회를 모두 석권한 '그랜드 슬래머'는 없고, 여러 해에 걸쳐서 4대 메이저대회를 모두 석권한 '커리어 그랜드 슬래머'는 역사상 남녀 각각 5명이다.

남자 프로는 진 사라젠(1935), 벤 호건(1953), 게리 플레이어(1965), 잭 니클라우스(1966), 타이거 우즈(2000)이며, 여자 프로는 루시 석스(1959), 미키 라이트(1966), 줄리 잉스커가(1984), 팻 브래들리(1986), 캐리웹(2001)이 그 주인공이다.

남자 골프 4대 메이저대회

마스터스

디 오픈 챔피언십

US 오픈

PGA챔피언십

우선 남자 골프의 4대 메이저대회에 대해서 알아보자.

첫 번째 영국에서 열리는 '브리티시

오픈(The Open)'이다. 앞에서 설명했듯이, 브리티시오픈은 세계에서 역사가 가장 오래된 전통 있는 대회이다. 전 세계 골프 규칙을 관장하는 영국왕립골프협회가 주관하는 이 대회는 프레스트위크(Prestwick) 클럽 챔피언십으로 시작해, 이제는 국제적인 행사가 되었다.

이 대회는 해안을 끼고 있는 8개의 코스(스코틀랜드에 5곳과 잉글랜드에 3곳)를 순회하는데 대부분 바닥이 고르지 않고 그린이 굉장히 느리다. 불규칙한 바운드도 예사이고, 러프는 악명 높기로 유명하다. 또한 바다에서 불어오는 강한 바람과 악천후도 특징이다. 특히 최종 경기 결과 우승자가 두 명일 경우, 4개 홀을 정하여 최종 우승자를 결정하는 방식이 이 대회의 특징이라고 할 수 있다. 이 대회의 총 상금은 약 600만 달러 정도이다.

한 해 동안 열리는 메이저대회 중에서 가장 먼저 열리는 '마스터스 대회'는 매년 오거스터 내셔널 골프클럽(Augusta National Golf Club US) 중 한 군데에서 개최된다. 이 마스터스 대회는 수많은 이변을 낳으며 메이저대회로 자리 잡았다.

1930년 영국과 미국에서 개최된 오픈과 아마추어 대회를 휩쓴 바비 존스가 친구들과 골프를 즐기기 위해서 설립한 것이 오거스터 내셔널이다. PGA 사상 최초의 그랜드 슬래머인 진 사라젠의 알바트로스로 알려진 마스터스 대회는 '아멘 코너'라는 난이도 높은 홀로도 유명하다.

1934년 '오거스터 내셔널 초청 대회'로 시작하여, 다음 해인 1935년부터 마스터스 대회로 불렸으며, 이 대회의 최다 우승자는 잭 니클라우스로 모두 여섯 번이나 정상에 올랐다. 2004년 우리나라 최경주 선수가 3위에 입상하여 전 세계 골프 팬들을 놀라게 한 대회이기도 하다.

총 상금은 정확하지는 않으나 약 600만 달러이며, 우승 상금은 약 108만 달러라고 알려져 있다. 한편 마스터스 대회는 입장객의 수를 제한하기 때문에 이 대회를 관람하기 위해서 십 년 이상 기다리기도 한다고 한다.

1895년 뉴포트(Newport) CC에서 개최된 'US오픈(The US Open)'은 'US 아마추어' 경기 이후에 열리는 행사에 불과했다. 당시는 프로 선수가 대접받지 못했기 때문에 3일간의 아마추어 경기 후에 프로 경기가 하루 동안 열렸다.

이 대회는 50년 이상 된 가장 어려운 코스에서만 열렸다. 페어웨이 너비, 벙커의 수, 그린의 길이 등에 까다로운 조건이 붙어 있어 어려운 플레이를 함으로써 진정한 챔피언을 골라내려는 데 그 목적을 두었다. 또한 우승자를 가리는 연장전이 '서든 데스' 방식이 아니라 18홀 라운드로 그 다음 월요일에 끝난다는 것이 이 대회의 특징이기도 하다.

'PGA 챔피언십'은 4대 메이저대회 가운데 유일하게 프로 선수들만 참가하는 대회이다.

1916년 뉴욕에서 '미국프로골프협회(PGA)'가 창설되자, 재력가인 로드맨 워너메이커가 골프 발전을 위해서는 프로가 중요하다며 프로만을 위한 연간 대회 일정과 상금을 제시한 것이 이 대회의 시초이다.

이 대회는 앞의 3개 메이저대회와 비교해볼 때 상대적으로 권위가 떨어진다고 할 수 있다. 그 이유는 더위가 기승을 부리는 8월에 열린다는 시기상의 문제 때문이다. 하지만 PGA 투어 성적이 좋은 정상급 골퍼들만 참가할 수 있기 때문에 여전히 4대 메이저대회 중 하나로 분류된다. 2009년 양용은 선수가 한국 남자 프로 선수와 아시아 남자 프로 선수로는 최초로 이 대회에서 우승하여 대한민국이 골프 강국임을 입증하는 기회가 되었다.

PGA 정규 시즌이 끝나면 페덱스컵 획득을 위한 플레이오프가 열린다. 이 대회의 취지는 정규 투어가 전년도 상금 획득 순위에 따라 다음 해 투어 출전권을 주는 시스템으로 운영되기 때문에, 정상급 선수들이 상금이 많은 대회만 골라 출전하고 평범한 대회에 불참하는 문제를 해결하고자 한다는 것이다.

투어 마지막까지 선수들이 긴장을 늦추지 못하도록 하기 위하여 시즌 중 대회별 성적에 따라 페덱스컵 포인트를 부여하고, 집계된 포인트를 토대로 상위 선수들끼리 플레이오프를 치러 가장 많은 포인트를 획득한 선수에게 1,000만 달러를 수여한다.
플레이오프는 더 바클레이스, 도이치뱅크 챔피언십, BMW 챔피언십, 투어 챔피언십의 4개 대회로 진행된다. BMW 챔피언십이 끝나면, 그동안 획득한 포인트를 리셋하고, 1위부터 30위까지 순위에 따라 일정 포인트를 차등 지급한다. 이 포인트와 투어 챔피언십 경기 결과를 합산하여 우승자를 가리게 된다.

다음은 여자 골프 4대 메이저대회에 대하여 알아보자.
1972년에 시작한 '나비스코 다이나 쇼(Nabisco Dinah Shore)'는 LPGA 투어 대회 가운데 최대 규모를 자랑한다. 매년 미션힐스(Mission Hills) CC에서 열리며, 전년도 3위권 선수를 비롯해 정상급의 골퍼들이 참가한다. 1982년부터 스폰서가 콜게이트에서 나비스코로 바뀌었다.
1946년에 창설된 'US여자오픈(US Women's Open)'은 4대 여자 메이저대회 가운데 최고의 전통과 권위를 갖추었다는 평가를 받고 있다. 특히 US오픈은 우승하기 어려운 대회로도 명성이 자자하다. 150명의 선수에게만 출전권이 주어지는데, 60명은 LPGA 투어 성적을 통해 선발되고 나머지 90명은 전국의 지역 예선을 통과해야만 출전권을 얻을 수 있다. US여자오픈 우승자 가운데는 명예의 전당에 헌액된 선수들이 많다. 1998년에 박세리 선수가 20홀 연장이라는 기록적인 승부를 통해 우승했던 대회로, 물 속 맨발 투혼이란 명장면은 두고두고 사람들 기억 속에서 회자되고 있다.
US여자오픈에 이어 두 번째로 오래된 'LPGA 챔피언십(LPGA Championship)'은 1955년에 창설되었으며, 유명 선수들이 많은 우승을 차지한 대회이기도 하다. 1987년부터 1993년 대회까지는 마즈다가

여자 골프 4대 메이저대회

크래프트 나비스코 챔피언십

웨그먼스 LPGA 챔피언십

US여자오픈

브리티시여자오픈

스폰서였지만, 이후에는 맥도날드사로 바뀌면서 '맥도날드 LPGA 챔피언십(McDonald's LPGA Championship)'으로 타이틀이 바뀌었고, 맥도날드는 여자 대회 중 가장 성공적인 스폰서 가운데 하나였다. 그 후 2011년 대회부터는 종합 유통회사인 웨그먼스가 후원하면서 또다시 '웨그먼스 LPGA 챔피언십(Wegmans LPGA Championship)'으로 타이틀이 바뀌었다.

2000년까지는 '브리티시오픈' 대신 '뒤모리에 클래식(Du Maurier Classic)'이 4대 메이저대회에 속했다. 그러나 캐나다 굴지의 담배 회사 뒤모리에가 "담배 회사는 스포츠 대회의 스폰서를 맡을 수 없다"는 자국의 반(反)담배법 때문에 뒤모리에 클래식을 개최할 수 없게 되자, 미 LPGA는 뒤모리에 클래식 대신 브리티시오픈을 네 번째 메이저대회로 결정했다.

(4) 국내 대회

국내 대회 역사 국내 최초의 전국 규모 골프 대회는 1925년에 열린 '제1회 전 조선 골프 선수권 대회'이다. 청량리 골프 코스에서 개최되었으며 경기 방식은 홀 매치 플레이였다. 이 대회는 매년 9~10월경 서울, 평양, 원산, 부산 등 전국의 각 골프장을 순회하여 10년간 계속되었다.

이 대회는 우리나라 골프 대회의 효시이긴 하지만, 일본인 골퍼들을 주축으로 치러졌다. 특히 이 무렵 활동했던 골퍼들에 대한 자료가 거의 없는 것은 이들 대부분이 일본인이었기 때문으로 분석

전 조선 아마추어 골프 선수권 대회

자료: 대한골프협회, 사진으로 보는 한국 골프사

제1회 한국 프로 골프 선수권 대회

자료: 대한골프협회, 사진으로 보는 한국 골프사

된다.

그 후 조선골프연맹 창립일인 1937년 9월 23일에 '전 조선 아마추어 골프 선수권 대회'가 군자리 골프장에서 개최되었다. 예선전은 스트로크 플레이 방식으로, 결선에서는 홀 매치 플레이 방식을 사용하였다.

1943년 군자리 골프장이 폐장될 때까지 이어진 이 대회는 초창기에는 일본인이 많았으나, 대회 후반에 들어서면서 한국인 선수들이 많아지면서 전 조선 타이틀은 물론, 클럽 선수권 대회의 우승까지 휩쓸었다.

또한 문헌에 의하면 이 시기에 전 조선 골프 선수권 대회와 전 조선 아마추어 골프 선수권 대회 외에도 로타리 배 골프 대회, 정무총배컵 대회와 같은 동호회 성격을 가진 골프 대회가 개최되었음을 알 수 있다.

대한민국 최초의 프로 골프 대회는 1958년 6월 12일 서울 CC에서 개최된 '한국 프로 골프 선수권 대회'이다. 당시 우리나라의 프로 골퍼는 세 명밖에 없는 상황으로 선수 양성을 목적으로 이 대회를 창설하였다. 대회 주관은 서울 CC에서 맡았고, 1968년 한국프로골프협회(KPGA) 창립을 계기로 협회 주관이 바뀌게 되었다.

이 대회는 오늘날까지 이어져서 2011년에 54번째 대회를 개최하였으며, 오랜 전통을 바탕으로 한국의 프로 선수라면 평생에 단 한 번이라도 대회 타이틀을 획득하는 것이 꿈일 정도로 상징적인 의미를 갖고 있다.

1978년에는 한국프로골프협회에 여자 프로부가 창설되었고, 같은 해 9월 한양 CC에서 최초의 여자 프로 골프 선수권 대회인 'KLPGA 선수권 대회'가 개최되었다. 그러나 여자 프로 골프 선수가 활동할 수 있는 환경은 매우 열악했다. 기업에서 후원하는 여자 대회는 극히 드물었고 대부분 남자 프로 대회에 여자부를 개설한 경우로 상금과 규모 면에서 매우 협소하였기 때문이다.

이후 한국 여자 프로 골프는 1988년에 남자프로골프협회에서 분리되어 한국여자프로골프협회(KLPGA)가 정식으로 창립되면서 전환기를 맞게 되었다. 그러나 KLPGA 창립 초기에는 협회의 행정 무능력과 아마추어 선수들의 선전으로 여자 프로 골프에 대한 인기는 날로 하락했다.

그러다 1998년 박세리 선수의 미국 메이저대회 2승을 계기로 한국 여자 프로 골프는 활성화되었다. 협회 내 프로 지원자가 증가하면서 2005년부터는 KLPGA 회원을 정회원, 준회원, 티칭회원으로 세분화하였다. 이로써 프로 선수의 실력에 따라 대회도 세분화하여 개최함으로써 KLPGA 투어의 질적인 성장에 기여하는 계기를 마련했다.

국내 대회 현황 세계 4대 메이저대회가 존재하듯이 대한민국 프로 골프 대회에도 KPGA와 KLPGA 4대 메이저대회가 있다. 우선 남자 메이저대회는 원아시아투어*인 'GS칼텍스매경오픈', '코오롱한국오픈', 'SK텔레콤오픈', KPGA 최고 수준의 상금과 역대 최다 갤러리를 자랑하는 '신한동해오픈'이 있다.

이와 더불어 KPGA 투어는 아니지만, 국내 유일의 유럽 골프 투어 대회인 '발렌타인 챔피언십'도 대표적인 대회라고 할 수 있다. KPGA 투어 개막전을 겸하는 이 대회는 총 상금 33억 원, 우승 상금 5억 5,000만 원으로 국내에서 열리는 대회 중 상금 액수가 가장 높다. 2013년에 6번째 대회가 진행되며 주류 업체에서 주최하기 때문에 19세 이하는 출전이 제한되는 것이 이 대회의 특징이다.

여자 메이저대회는 '태영 배 한국여자오픈', '메트라이프 · 한국경제 KLPGA 챔피언십', '하이트컵 챔피언십', 'KB국민은행 Star Tour Grand Final'을 들 수 있다.

* 원아시아투어(one asia tour)란 아시아-태평양 지역의 남자 프로골프 투어를 의미한다. PGA 투어나 유러피언 투어에 대항할 수 있는 커다란 투어를 만들기 위하여 2009년 3월에 호주프로골프협회, 중국골프협회, 대한골프협회(KGA), 한국프로골프협회(KPGA)를 결성하였다.

[그림-1] KPGA 투어 대회 수 및 상금 규모 추이 (단위: 천만 원 / 개)

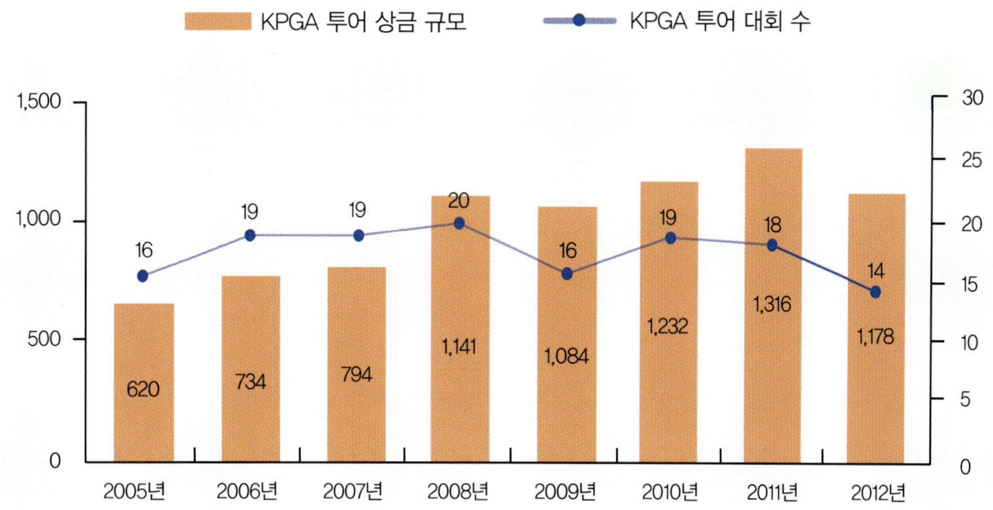

자료: 한국남자프로골프협회, 한국프로골프협회

[그림-2] KLPGA 투어 대회 수 및 상금 규모 추이 (단위: 천만 원 / 개)

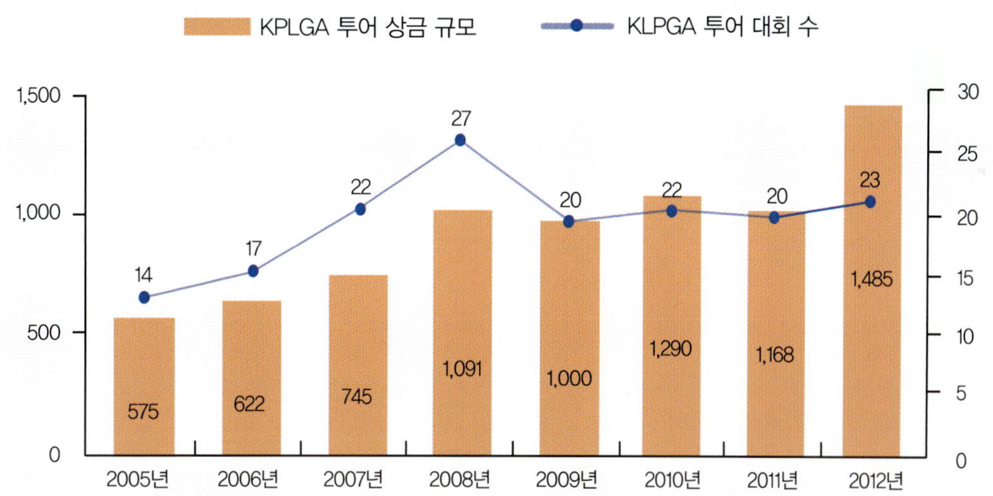

자료: 한국여자프로골프협회, 한국프로골프협회

[그림-1~2]는 국내 프로 골프 대회의 총 상금 규모와 수에 대한 내용이다.

한국 프로 골프는 미국의 PGA 투어나 LPGA 투어에 비하면 상금이나 규모 면에서는 미약한 편이지만, 골프협회 설립 이후로 비약적인 발전을 해왔다. 국내 프로 골프 대회의 추이를 살펴보면 해를 거듭할수록 상금 규모가 커지는 것을 볼 수 있다.

미국의 PGA 및 LPGA 투어와의 규모를 비교해 보면 2012년 기준 PGA 투어의 총 상금 규모는 약 3억 달러/45개 대회, LPGA 투어는 4,700만 달러/27개 대회로, 상금의 규모로만 보았을 때 PGA 투어는 KPGA 투어의 25배, LPGA투어는 KLPGA투어의 2.5배에 이른다. 미국의 프로 골프는 PGA의 인기가 많기 때문에 상금 규모에서도 PGA 투어가 LPGA 투어의 5배 이상 규모를 보이는 반면, 우리나라는 KLPGA의 인기가 많아 대회 수나 상금 규모에서도 KLPGA 투어가 KPGA 투어보다 큰 것으로 나타났다.

이는 세계적인 스타급 플레이어가 KPGA에 비해서 KLPGA에 다수 포진해 있기 때문이다. [표-3~5]를 보면 PGA/LPGA 투어에서 한국 선수들의 활약을 확인할 수 있는데, 실제로 PGA 투어에서 한국 선수가 우승한 기록은 11회인 반면 LPGA 투어에서는 104회의 우승 기록을 보여 상대적으로 여자 선수들이 미국 투어에서 선전하고 있음을 확인할 수 있다.

이에 따라 대회를 후원하는 기업들도 브랜드 노출 등의 후원 효과가 큰 KLPGA를 중심으로 투자하여 KLPGA 투어의 규모가 더욱 커졌다고 볼 수 있다.

지속적인 성장을 보이던 KLPGA는 2008년 금융 위기로 2009년에 소폭 축소되었으나 다시 회복하는 추세를 보이는 반면, KPGA는 2012년 협회장 선출과 관련하여 내부적인 진통을 겪은 후 2011년 대비 투어 규모가 줄어들어 KPGA와 KLPGA의 격차는 더욱 커졌다.

[표-3] PGA 투어에서의 한국 남자 선수 우승 기록

연도	우승 횟수	선수(승수)
2002년	2 회	최경주(2승)
2005년	1 회	최경주
2006년	1 회	최경주
2007년	2 회	최경주(2승)
2008년	2 회	최경주(2승)
2009년	2 회	양용은(2승)
2011년	1 회	최경주
합계	11 회	총 2명

출처: PGA 홈페이지

[표-4] LPGA 투어에서의 한국 여자선수 우승 기록

연도	우승 횟수	선수(승수)
1988년	1회	구옥희
1994년	1회	고우순
1995년	1회	고우순
1998년	4회	박세리(4승)
1999년	6회	박세리(4승), 김미현(2승)
2000년	2회	박지은, 김미현 각 1승
2001년	7회	박세리(5승), 박지은(1승), 박희정(1승)
2002년	9회	박세리(5승), 김미현(2승), 박지은(1승), 박희정(1승)
2003년	7회	박세리(3승), 한희원(2승), 박지은(1승), 안시현(1승)
2004년	4회	박세리(1승), 박지은(2승), 한희원(1승)
2005년	7회	강수연, 강지민, 김주연, 이미나, 장정, 이지영, 한희원 각 1승
2006년	11회	김미현(2승), 한희원(2승), 김주미, 이미나, 임성아, 이선화, 박세리, 장정, 홍진주 각 1승
2007년	4회	김미현, 김영, 박세리, 이선화 각 1승
2008년	9회	신지애(3승), 이선화(2승), 김인경, 박인비, 오지영, 지은희 각 1승
2009년	11회	신지애(3승), 최나연(2승), 김인경, 송보배, 오지영, 이은정, 지은희, 허미정 각 1승
2010년	9회	신지애(2승), 최나연(2승), 서희경, 박세리, 유선영, 강지민, 김인경 각 1승
2011년	3회	유소연, 최나연, 박희영 각 1승
2012년	8회	신지애(2승), 최나연(2승), 박인비(2승), 유선영, 유소연 각 1승
합계	104회	총 32명

출처: LPGA 홈페이지

[표-5] 한국 여자 선수들의 LPGA, JLPGA 투어 신인상 수상자

연도	LPGA 신인상 수상자	연도	JLPGA 신인상 수상자
1998년	박세리	1985년	구옥희
1999년	김미현	1994년	고우순
2001년	한희원	1998년	한희원
2004년	안시현	2001년	이지희
2006년	이선화	2008년	전미정
2009년	신지애	2009년	송보배
2011년	서희경	2010년	안선주
2012년	유소연		

자료: 미국여자프로골프협회, 일본여자프로골프협회

한편 LPGA의 하락에도 불구하고 KLPGA는 오히려 지속적으로 성장하였다. 그 이유는 한국 선수들의 미국 진출 성과가 국민적 관심을 끌었기 때문이다.

2000년대 초 LPGA 투어에서 박세리, 김미현, 한희원, 박지은 등의 선수들이 모두 2002년 시즌 상금 랭킹 25위 안에 드는 쾌거를 보여주었다. 이에 한국 여자 프로 골프는 삼성경제연구소에서 발표한 '한국을 대표하는 일등 상품'으로 선정된 바 있다. 당시 한국 여자 골프는 승수 기준으로 세계 점유율 15%를 차지하고 있었다.

2000년대 중반부터는 1988년 전후에 출생한 선수들 중심인 이른바 세리키즈(Seri Kids)*들의 활약에 힘입어 2011년에 LPGA 통산 100승을 달성하면서 여성 골프 강국으로서의 이미지가 정착되었다. LPGA 투어와 함께 JLPGA 투어에서도 한국 여자 선수들은 눈부신 활약을 하고 있어 대회 우승 예정자로 한국 여자 선수들의 이름이 항상 거론되고 있다. 또한 투어 생활 동안 단 한 번 주어지는 투어 신인상을 한국 여자 선수들이 연속으로 차지하고 있다.

G TOUR 한편 앞 2장에서 언급한 것처럼 스크린골프 산업이 성장하면서 실제 프로 골퍼들이 참가하는 스크린골프 투어 대회도 생겨났다.

스크린골프 산업의 업계 1위인 골프존은 2012년 4월부터 KPGA/KLPGA 자격을 가진 프로 선수 및 각종 티칭 프로 자격을 가진 선수와 골프존 시스템에서 실력을 검증받은 아마추어(골프존 마스터 등급) 골퍼들이 함께 참가하는 G TOUR 대회를 열기 시작하였다. 기존에도 스크린골프 제조사별로 스크린골프를 즐기는 골퍼들 간에 실력을 겨루는 대회가 있기는 했지만, 필드 골프의 투어 대회처럼 프로 골퍼가 참가하는 스크린골프 투어 대회는 골프존의 G TOUR가 유일하다.

G TOUR는 프로 골퍼들이 참여하는 만큼, 투어 운영 및 상금의 규모도 필드 투어 대회 못지않다. 우선 투어 운영 면에서 살펴보면, G TOUR 참가 프로 선수들을 후원하는 '시뮬레이션 프로 구단'이 창설되었다. 푸마, 투어스테이지, 요이치, 코리아호스트 등의 골프 관련 유명 업체들이 프로 구단을 창설하고 G TOUR에 참여하는 선수들을 지원하고 있다.

투어 기간은 서머시즌(Summer Season)과 윈터시즌(Winter Season)으로 나뉘며, 남녀 각 8개 대

* 세리 키즈(Seri Kids)는 박세리 선수의 US여자오픈 우승에 영향을 받아 어린 나이에 골프에 입문하여 세계 무대에서 한국 골프의 주역으로 활약하고 있는 여자 프로 선수들을 일컫는 말이다.

G TOUR 론칭 & 프로구단 창단식

G TOUR에 참여하는 구단들 로고

회와 '메이저 챔피언십 대회'를 포함해 한 시즌 동안 총 18회의 경기가 펼쳐진다. 대회별 총 상금은 5,000만 원 규모, 시즌 총 상금은 10억 원 규모로 프로 골퍼와 골프존 마스터 등급 골퍼들에게 새로운 도전의 무대를 제공하고 있다.

참가자 규모는 남성 458명, 여성 125명의 선수들이 G TOUR에 등록되어 있어 웬만한 필드 투어 대회보다 많은 선수들이 참가한 가운데 경기가 열리며, KPGA/KLPGA 출신 등의 프로 선수들이 참여해 시합의 내용이나 레벨도 매우 높은 수준이다.

또한 실력이 검증된 골프존 마스터들과 프로 골퍼들 사이의 승부 게임은 일반 골퍼들에게도 인기를 얻고 있어, 대회 당일 많은 갤러리들이 관전하는 한편, 골프 관련 케이블TV에서도 중계할 정도로 관심을 받고 있다.

(5) 골프 스폰서십

대부분의 골프 대회 이름 앞에는 기업명이나 브랜드 명이 붙는다. 타이틀에 기업 브랜드를 넣는 권리를 획득하는 대가로 대회 관련 경비의 대부분을 부담하는 스폰서를 '타이틀 스폰서'라고 부른다.

2011년도 KPGA 코리안 투어 18개 대회와 KLPGA 투어 20개 대회가 모두 타이틀 스폰서가 참여한 형태로 개최되었는데, 이는 골프 붐에 편승하여 기업들이 프로 골프 대회에 많은 관심을 갖고 있다는 증거이다.

대한민국 최초의 민간 기업 스폰서 대회는 1976년 10월 13일 동아식품주식회사(현 동아제약)에서 총 상금 150만 원을 후원한 '오란씨 골프 선수권 대회'이다. '오란씨'라는 제품의 이름을 대회 명칭으로 사용해 국내 최초로 스포츠 마케팅을 접목시킨 대회이기도 하다. 이 대회의 성공적인 개최로 한국 프로 골프계의 스폰서십 시대가 열렸다.

1977년에는 태평양화학이 후원한 쾌남오픈 선수권 대회, 삼양오픈 골프 선수권 대회 등이 줄줄이 생겨났다. 이후 일반 기업 외에도 은행, 신문사, 골프장 등이 후원하는 대회가 더욱 활발하게 개최되었다. 이렇게 늘어난 투어 대회는 선수들이 상금만으로 연습에 집중할 수 있는 기회를 제공하였다.

1970년대 후반부터 일기 시작한 스폰서 대회의 활성화는 1981년 동해오픈을 필두로 1982년 매경오픈, 1983년 한국 프로 골프 챔피언 시리즈 등 메이저급 대회의 창설로 이어졌고, 한국 프로 골프대회가 발전할 수 있는 견인차 역할을 했다.

국내 골프 대회를 통한 스폰서십은 대부분 대기업들이 앞장서고 있다. KPGA 투어의 경우 KLPGA에 비하여 상대적으로 열세에 놓여 있지만, 매일경제신문(매경오픈)과 코오롱 FnC(코오롱오픈), 신한금융그룹(신한동해오픈) 등이 지속적으로 후원하고 있다.

KLPGA의 경우에는 보다 다양한 기업들의 참여가 대회 개최로 이어지고 있다. KB금융(KB금융 STAR 챔피언십), 한화금융(한화금융 클래식)과 같은 금융회사들 외에도 여성 골퍼를 타깃으로 한 김영주골프(이데일리-KYJ골프여자오픈), 롯데마트(롯데마트여자오픈) 등도 대회 개최를 통하여 골프 마케팅의 영역을 확대하고 있는 추세이다.

국내 기업의 LPGA 투어 개최 사례도 있다. 삼성전자의 경우, 1995년부터 2009년까지 15년간 미국 현지에서 '삼성월드 챔피언십'을 개최하여 마케팅 효과와 더불어 이미지 상승 효과를 노렸다. CJ의 경우 제주에서 LPGA 투어인 'CJ나인브릿지 클래식'을 2002년부터 2005년까지 개최했었다.

타이틀 스폰서십은 기업의 지속적인 참여가 필요하다. 대회 주관 단체의 시각으로 보자면, 대회 경비의 대부분을 타이틀 스폰서십 참여 기업으로부터 지원받고 있고, 이는 주관 단체의 주요 재정 수입원이 되기 때문이다. 따라서 기업의 지원이 끊기게 되면 대회를 주최하는 데 직격탄이 된다.

2009년에는 전 세계적으로 프로 골프 투어 대회가 전년 대비 감소했다. 이는 2008년 발생한 글로벌 금융위기의 여파 때문으로, 금융위기는 세계적인 불황을 가져와 기업 경영 상태에 악영향을 주었다. 이로 인해 타이틀 스폰서들이 이탈하면서 프로 골프 투어의 대회들이 잇달아 취소되었는데, 미국의 경우 LPGA 대회 중 12개 대회가 취소되어 미국을 대표하는 간판 스타들까지 LPGA가 아닌 JLPGA로 건너가는 불상사가 벌어지기도 했다.

대회를 후원하는 타이틀 스폰서십 외에 선수를 대상으로 하는 스폰서십도 있다.

골프의 여제로 불리는 아니카 소렌스탐의 경우를 보면, 모자와 왼쪽 소매에 골프 용품 회사 '캘러웨이' 상표가, 왼쪽 가슴엔 골프웨어 '커터앤벅(Cutter & Buck)', 오른쪽 가슴엔 자동차 '렉서스', 셔츠 목 부분과 등에는 '크래프트'의 로고가 찍혀 있는 것을 볼 수 있다.

이처럼 골프 대회 중계에서 유명 스포츠 스타가 골프웨어에 특정 상표를 부착하거나 특정 브랜드의 골프 클럽을 사용하는 것을 흔히 볼 수 있다. 스포츠 가운데서도 골프는 평균 경기 시간이

[표-6] 국내 프로 골퍼 메인 스폰서십 현황

선수	메인 스폰서	기업 업종
남소연, 심현화, 이정연, 김초희, 박주희 등	요진건설	건설
이정은, 문현희, 배희경, 박주영, 맹동섭 등	호반건설	
장정 등	기업은행	금융권
박상현, 윤정호, 고아라, 장수화, 홍란 등	메리츠 금융	
신지애 등	미래에셋	
김경태, 강성훈 등	신한금융	
안신애, 강경남, 박은신, 김승언, 임승언, 함영애 등	우리투자증권	
이정연, 윤슬아 등	토마토저축은행	
김인경, 박희영, 크리스티 커 등	하나금융그룹	
유소연, 임지나, 윤채영, 남수지, 정예나, 김은정 등	한화	
김혜윤, 임미소, 이성운 등	BC카드	
양용은, 한희원, 양희영, 정재은, 안송이 등	KB금융그룹	
박세리 등	KDB산은금융그룹	
노승열 등	나이키골프	스포츠
장정, 신용진, 정재훈, 송민지 등	볼빅	
허미정, 박희영, 평샨샨 등	엘로드	
배상문 등	캘러웨이 골프	
김하늘, 이미림, 이승현 등	혼마골프	
박유나, 오안나, 편애리, 홍진의, 한승지, 김규빈 등	롯데마트	유통
정일미, 송아리, 이보미 등	하이마트	
안선주, 지은희, 이일희, 박인비, 인현주 등	PAN Korea	
장은비, 이선화 등	웅진코웨이	제조업
양수진, 이보미, 송보배, 유선영, 김도훈, 김영규 등	한국인삼공사	
배경은, 김지희, 김다나, 김수연, 김해림 등	Nefs	
이정민, 장하나 등	KT	통신
최경주, 최나연, 홍순상 등	SK텔레콤	
정연주, 김시우, 이동환 등	CJ	기타
김자영 등	LG	

* 2013년 1월 기준

4시간 이상 소요되어 장시간 세계 유수의 방송 매체를 통해 선수와 스폰서 기업의 로고가 노출되기 때문에 움직이는 광고판으로서 스폰서 기업들의 관심을 끈다.

프로 골퍼들을 위한 스폰서 기업은 지원하는 금액에 따라서 메인 스폰서와 서브 스폰서로 나눌 수 있다. 프로 골프 선수의 몸에 붙이는 상표의 개수는 프로 골퍼의 인기와 정비례한다고 볼 수 있다. 스폰서가 지불하는 금액에 따라 프로 골퍼 신체의 어느 부분에 상표가 붙느냐가 결정되는데, 스폰서 로고를 붙일 수 있는 곳은 크게 모자, 상의, 하의, 골프백 등 네 군데다. 브랜드 인지도 조사업체 레퓨컴(repucom)에 따르면 스윙 동작에서 나오는 브랜드 노출도는 모자 정면(24.5%), 왼쪽 가슴(21.4%), 왼쪽 소매(18.2%), 오른쪽 소매(11.2%), 캐디백(10%), 모자 왼쪽(8.1%), 모자 뒤쪽(6.6%) 순이다. 가장 잘 보이는 모자에는 메인 스폰서가 자리 잡는다.

노출도가 많은 곳은 당연히 가장 비싸다. 오른손잡이 골퍼를 기준으로 할 때 다음으로 비싼 곳은 왼쪽 가슴 부위와 소매다. 피니시 자세에서 오른팔이 오른쪽 가슴을 가리기 때문이다. 반면 왼쪽 가슴은 선명하게 카메라에 잡힌다. 이에 따라 메인 스폰서가 모자와 왼쪽 가슴에 로고를 넣고, 오른쪽 가슴에는 서브 스폰서인 의류 회사가 차지한다. 모자와 소매도 오른쪽보다는 왼쪽이 명당이다. 퍼트할 때 TV 카메라에 왼쪽 소매가 가장 잘 노출되기 때문이다.

국내 기업의 선수 스폰서십이 활발해진 배경에는 1998년 박세리 선수의 맥도날드 챔피언십 우승과 관련이 있다. 1996년 삼성이 박세리 선수에게 10년간 계약금으로 총 30억 원을 지급했다.

박세리 선수가 맥도날드 챔피언십에서 우승하면서 당시 입고 있었던 모자, 티셔츠, 바지 등에 새겨진 삼성 로고가 전 세계에 중계되어 브랜드 인지도 및 호감도 증가 등으로 이어졌고, 삼성은 직간접적으로 약 2,100억 원의 광고 효과를 본 것으로 추정하였다. 이를 계기로 국내 기업들에게 'LPGA 중계에 따른 기업 홍보 효과가 크다'는 긍정적인 부분을 인지시켜서 한국 기업들이 스폰서십에 적극적으로 참여하는 기회를 제공하였다.

이러한 선수 스폰서십은 한국의 우수한 프로 골퍼들이 골프에만 전념할 수 있는 여건을 마련하여 실력 향상의 결정적인 기회를 제공한다. 한 예로 박희정 선수는 2002년에 투어 경비 마련이 어려워서 LPGA 참여가 불가능한 상태였다. 이때 CJ가 박희정 선수의 자질에 주목하여 스폰서십을 체결하였고, 투어 경비를 마련해 경기에 전념할 수 있는 환경을 만들어줌으로써 그해 박희정은 빅애플 클래식에서 우승을 차지할 수 있었다.

최근에는 스포츠 관련 기업은 물론 전자, 금융, 식품 등 스포츠 이외의 기업들까지 후원에 적극적으로 참여하고 있다.

세계 랭킹 산출 방법

세계골프랭킹(World Golf Ranking)은 1986년 세계적인 스포츠 마케팅 회사인 IMG가 도입하면서 시작되었다. 현재는 IMG에서 독립한 세계골프랭킹위원회에서 산출 및 관리하고 있다.

WGR은 투어의 명성 등을 고려하여 미국프로골프협회 투어, 유럽프로골프 투어, 호주 투어, 캐나다 투어, 남아공 투어, 일본프로골프 투어, 아시안 투어까지 7개의 투어가 주관하는 시합을 기준으로 산출하게 된다.

위 7개 투어에서도 선수들이 획득하는 포인트는 대회 명성에 따라 차이가 있다.
메이저대회로 일컬어지는 4대 대회(US오픈, 마스터스, 브리티시오픈, PGA 챔피언십)는 그 명성만큼이나 높은 랭킹 포인트가 배정되며, 대회에 참여한 선수들의 랭킹에 따라서 우승 시 획득하는 랭킹 포인트가 높아지는 방식이다.

보다 상세히 설명하면, 7개 투어에서 개최하는 '대회마다 부여되는 홈 포인트'(해당 투어 1~30위 이내 랭킹 선수의 참여 포인트 정도)와 '각 대회에 참여하는 선수들의 월드 랭킹에 따라 부여되는 월드 포인트'(월드 랭킹 1~200위 이내 랭킹 선수의 참여 포인트)를 합하여 해당 대회의 포인트가 산정된다.

예를 들어, 2012년 US Masters Tournament 대회의 경우 대회 자체에 부여되는 홈 포인트 72포인트에 참가한 선수들의 월드 랭킹 포인트의 합이 730포인트로, 총 802포인트를 두고 시합을 하였다.
반면 비슷한 시기에 진행된 아시안 투어의 ISPS Honda Singapore Classic은 월드 랭킹 상위 선수의 출전이 적어서 월드 포인트 6포인트만이 배점되었고, 홈 포인트도 5포인트만이 배점되어 총 11포인트만이 적용되었다.

각 선수가 획득한 포인트는 13주, 약 3개월간 그대로 적립되며 이후 1주일마다 92분의 1씩 감점된다. 1년을 52주로 계산했을 때 2년은 총 104주로, 약 2년이 지나면 획득한 포인트는 '0'이 된다. 최근 13주의 포인트는 그대로 적립되기 때문에 최근 성적이 좋은 선수가 랭킹 산정 시 유리하다.
한편 랭킹을 산출할 때는 경기당 포인트의 평균 득점으로 총 포인트를 해당 기간 동안 참여한 경기 숫자로 나누어 산출한다. 그러나 이러한 방식은 총 포인트가 낮아도 참가한 대회의 숫자가 적으면 랭킹이 높아질 수 있기 때문에, 선수들이 최대한 많은 대회에 참여하도록 하기 위해서 분모가 되는 대회 숫자를 최대 52개 대회로 제한하고 있다.

3. 골프 여행

(1) 골프 여행에 대한 이해

한국골프장경영협회에 따르면 2011년 기준 국내 골프장 내장객 수는 2,690만여 명이다. 2000년 이후 국민의 소득 수준 향상, 골프에 대한 이미지 개선, 접대 문화 변화, 여성 골프 인구 증가 등으로 국내 골프 인구는 지난 2010년을 제외하고 지속적으로 증가해왔다. 그러나 최근에는 국내 골프 인구 감소, 경제위기 등으로 매년 내장객 수 증가율이 하락하고 있어 감소세로 전환할 것이라는 의견이 분분하다.

또한, 단기적으로 급증한 국내 골프 인구만을 고려한 골프장 설립이 난립해 공급 과잉 현상이 두드러지고 있다. 우리나라에서는 겨울철에 골프를 즐기기 어렵고, 비용도 만만치 않은 데다 성수기에는 골프 부킹 전쟁을 치러야 한다는 이유로 해외 골프장을 이용하는 골퍼들이 지속적으로 증가하고 있다. 이렇게 국내 골프장의 수요가 중국, 태국, 필리핀, 일본 등 해외로 분산되고 있는 점 등으로 미루어 볼 때, 국내 골프 인구가 감소할 것이라는 의견에 힘이 실리고 있다. 따라서 국내 골프 여행을 활성화하기 위한 노력이 필요하다.

(2) 국내 골프 여행 실태

골프 인구와 국민 소득 수준이 지속적으로 성장하면서 골프가 대표적인 레저 스포츠로 자리매김하게 되었다. 이는 당초 골프장이 관광객 이용 시설업으로 규정된 것처럼, 관광 산업의 육성과 경쟁력 확보를 위한 역할은 물론이고, 우리나라 관광 산업의 경쟁력 확보를

[표-7] 연도 별 국내 외국인 관광 현황

(단위: 명 / %)

연도	외국인 관광객 수	증감률
2005년	6,022,752	-
2006년	6,155,046	2.2
2007년	6,448,240	4.8
2008년	6,890,841	6.9
2009년	7,817,533	13.4
2010년	8,797,658	12.5

자료: 문화체육관광부, 2011 관광동향에 관한 연차 보고서

위한 중요한 기반 시설로 작용하는 측면도 있었다.

국내 골프 여행은 짧은 기간에 부담 없이 다녀올 수 있다는 점, 편리한 교통, 합리적인 가격 등을 장점으로 내세워 국내 골퍼를 위한 라운드와 식사, 그리고 숙박을 묶은 1박 2일 또는 2박 3일 패키지 형태의 골프 여행 상품이 속속 등장해 한동안 국내 골프 여행의 성장세를 이끌었다.

하지만 제주도를 제외하고는 외국인 골프 여행객이 골프 라운딩을 즐기는 경우가 많지 않았고, 국내 골퍼들의 해외 골프 여행이 급증함에 따라 국내 골프 여행은 어려움에 봉착하게 되었다. 한 해 100만 명 이상의 한국인 골퍼가 해외로 골프 여행을 나가고 있지만, 국내의 외국인 골프 여행객은 10만 명도 되지 않는 수준이었다.

심지어 천혜의 자연환경과 더불어 관광지가 많은 이점을 바탕으로 해외 골퍼들에게 가장 인기 있다는 제주도조차도 이런 어려움에서 예외는 아니다. 그동안 제주도는 골프장이 중요한 관광 경쟁력의 원천이었으나, 최근에는 법인세조차 낼 수 없을 정도로 경영이 악화된 골프장이 등장하고 있는 실정이다.

2000년대 이후, 외국인 관광객 수는 꾸준히 증가하고 있는 데 반해, 국내 골프장의 외국인 골퍼 이용률은 매우 낮은 수준이다. 동남아 및 중국 해안 지방에서는 한국인 골퍼 유치를 위한 프로젝트가 활발히 진행되고 있지만, 국내 골프 여행의 상대적으로 비싼 라운딩 비용, 4인 플레이, 연계 관광 상품 부재 등은 국내 골프 여행의 경쟁력 악화 요인으로 작용해 해외 골퍼의 외면을 받는 데 한몫을 하고 있다. 상황이 이렇다 보니, 골프 여행의 무역 적자는 매년 기하급수적으로 증가하고 있다.

이러한 어려운 사정을 극복하기 위해서 국내 골프장은 국내외 골퍼를 유치하기 위한 다양한 노력을 기울이고 있다. 전시회, 콘서트 등 이벤트를 열어 일반 관광객에게도 골프장을 편히 방문할 수 있는 기회를 제공하고 있다.

특히 여수 경도에는 국내 최초로 섬 전체에 골프장과 리조트 시설을 조성하여 2012년 5월 12일 개장했다. 2.33㎢ 면적의 경도는 11.7㎞의 아름다운 해안선과 주변의 다도해가 어우러져 경관이 수려하고, 육지인 여수와 카페리(Car Ferry)로 5분 거리(500m)에 있어 접근성도 뛰어나다. 27홀의 골프장과

100실 규모의 콘도, 그리고 오토캠프장까지 조성했으며, 어느 곳에서든 4면의 바다를 조망할 수 있다. 2016년까지 골프 빌라, 마리나 시설, 테마파크 등 레저 시설이 들어설 예정이라 관광 수입의 70%를 차지하는 일본 및 중국 관광객 유치에 첨병 역할을 할 것으로 기대하고 있다.

(3) 해외 골프 여행 실태

해외 골프 여행은 그 수요가 증가하면서 국내 여행사들마다 해외 골프 여행 상품을 판매하고 있다. 대형 여행사는 홈페이지 또는 매장 내 골프 전용 코너를 마련해 해외 골프 여행 상품에 쉽게 접근할 수 있도록 유도했다. 상품 내용을 보면, 동남아, 유럽, 아시아 등 해외 주요 지역의 골프장에서 라운딩을 할 수 있고, 가격대별로 다양한 상품을 구성해 놓아, 골퍼들의 해외 골프 원정을 더욱 부추기고 있다. 한국 골퍼를 많이 유치하는 해외 골프장들의 경우, 한국어 회화집을 비치하거나 식당의 메뉴도 한글로 표기하고, 골프 연계 프로그램을 강화하는 등 한국 골퍼 유치에 적극적이다.

[그림-3] 한국인이 선호하는 해외 골프 코스

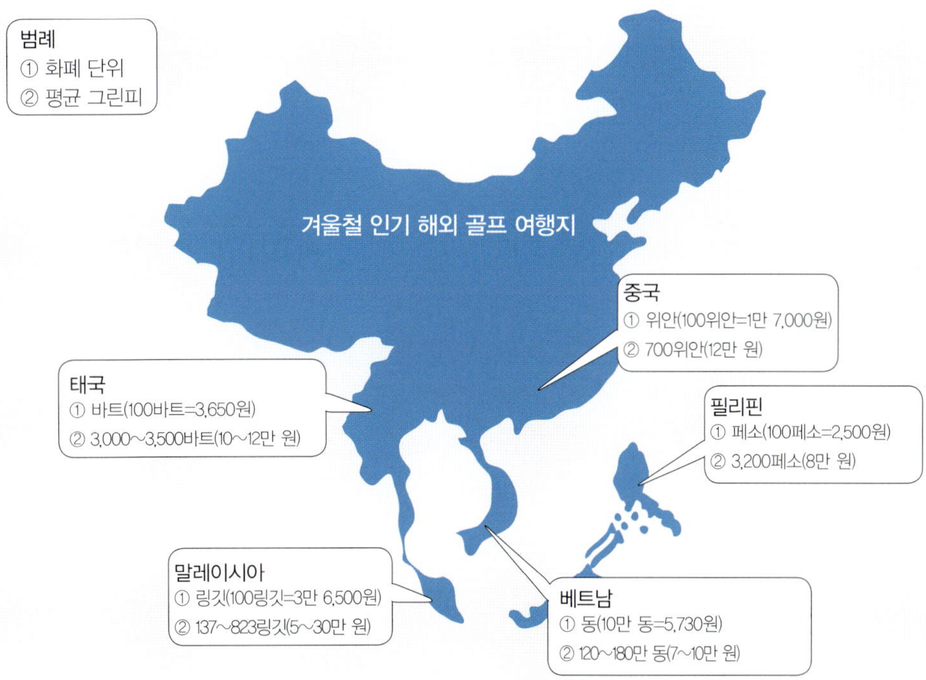

해외 골프 여행이 지속적으로 증가함에 따라 국내 골프 시장의 위축 외에도 다양한 문제점이 발생하고 있다. 우선, 저렴한 관광 상품을 찾는 골퍼가 늘어나면서 해외 현지 가이드들이 쇼핑 위주의 관광 코스를 개발하여 안내하고, 심지어 강매로까지 이어지고 있다. 또, 가격이 저렴하다 보니 시간대와 장소가 다른 곳보다 뒤처진 곳이 많다는 것이다.

이 밖에도 접대 명목 또는 이른바 '묻지마 해외 골프 여행'이 증가하고 있으며, 이는 국내에서 '성매매특별법'이 시행된 이후 더욱 심각해졌다. 일부 이러한 골퍼들로 인하여 한국의 이미지가 나빠져 순수하게 골프를 즐기려던 골프 마니아들까지 피해를 보고 있는 실정이다.

최근 들어 국내 골퍼의 취향과 요구가 다양해짐에 따라 해외 골프 여행 트렌드도 변하고 있다.

큰 인기를 끌던 무제한 라운드 상품의 인기는 서서히 감소하고, 현지 관광 또는 휴양지와 엮은 상품이 주를 이루는데, 이는 스트레스 해소 및 기분 전환을 위한 휴양 개념의 골프 여행이 늘고 있다는 증거로 볼 수 있다.

이러한 현상이 두드러지면서 골퍼의 라운딩도 달라지고 있다. 기존의 팀 단위 골프에서 부부 또는 가족 단위 골퍼가 늘었으며, 특히 리조트에서 골프, 관광, 쇼핑 등 원스톱으로 즐길 수 있는 관광이 인기를 끌고 있다.

또한 경제적, 시간적 여유가 있는 은퇴자들을 중심으로 1인 골퍼도 크게 증가하는 추세이다. 대부분의 동남아 골프장은 1인 플레이가 가능하므로 골프를 즐기는 데 무리가 없기 때문이다.

저렴하고 합리적인 상품을 기대하는 골퍼가 증가하면서 전세기 투어 상품은 여전히 호황을 누리고 있다. 전세기가 취항하면 비교적 저렴한 비용으로 투어를 진행할 수 있어 여행사들 입장에선 가격 경쟁에서 우위를 점할 수 있기 때문에 전세기 열풍은 쉽게 식지 않을 것으로 보인다.

이 밖에도 잘 알려지지 않은 미개발 골프장 투어 상품, 여성 골퍼만으로 이루어진 투어 상품 등 국내 골퍼들의 다양한 요구를 반영한 해외 골프 여행 상품이 속속 등장하고 있다.

(4) 골프 여행 활성화 대책

국내 골퍼의 대다수가 골프장 회원권을 보유하고 있지 않은 상황에서, 여전히 대중제 골프장은 회원제 골프장 대비 부족한 편이다. 때문에 대중제 골프장 확충으로 국내에서도 편하게 골프를 칠 수 있도록 유도함으로써 국내 골퍼 유치를 활성화할 필요가 있다.

김대중 대통령 시절 이미 골프 대중화를 선언하긴 했지만, 여전히 일반인이 즐기기엔 고가의 스포츠라는 인식이 강하므로, 대중제 골프장 확충과 동시에 세율, 인센티브 제공을 통해 중산층 또는 그 이하에서도 골프를 즐길 수 있는 토대를 마련할 필요가 있다.

이와 더불어 실버 계층, 가족 단위 내장객, 여성 골퍼 등 골프 향유 계층의 폭이 날로 넓어지고 있기 때문에, 골프 여행은 이에 발맞춰 다양한 연령대의 골퍼와 가족들이 골프 이외의 여가 활동도 골프장에서 즐길 수 있도록 변해야 한다. 또한 해외 골프 여행객 유치 경쟁력 강화를 위해서는 골프장에 부과하는 과다한 세금에 대한 점진적인 인하 또는 개선이 필요하다.

골프장 외에도 호텔 숙박비 등 관련 시설 비용도 경쟁국 대비 매우 높은 편에 속한다. 골프를 주요 상품으로 하되, 해당 지역의 관광 자원과 연계한 관광 프로그램을 기획하여 다양성을 추구해야 할 것이다. 다만, 단순히 구색만 갖추는 끼워 넣기식 관광 상품 구성은 해외 골프 여행객의 발길을 돌리게 할 것이니 주의가 필요하다.

한국인 골퍼들이 선호하는 골프 투어 여행지 중 하나인 중국 칭다오(青島: 청도)는 비행기로 1~2시간대의 근거리에 위치해 저렴한 비용으로 라운드를 즐길 수 있을 뿐 아니라, 음식과 문화에 대한 이질감도 적어 계절에 상관없이 높은 예약률을 보이고 있다. 최근에는 국적사 항공기의 증편 취항으로 더욱 활기를 띠고 있다. 특히 캐슬렉스칭따오와 칭다오 3색 골프장은 국내 여행사들이 상품화 및 추천하는 골프 코스이기도 하다.

캐슬렉스칭따오는 골프만 하려는 골퍼나 부부 동반 팀, 또는 저렴한 비용으로 라운드를 즐기려는 실속형 골퍼들에게 인기가 높다. 반면, 칭다오 3색 골프장은 골프와 시내 관광을 동시에 즐기려는 남성 및 다양한 골프장에서 라운드를 즐기고자 하는 골퍼들에게 인기가 많은 곳이다.

골프장에 대한 만족도는 상대적으로 캐슬렉스칭따오가 높다고 한다. 국내 기업인 사조그룹이 인수·운영하고 있는 36홀 규모 코스로 한국인들을 위한 맞춤 서비스를 제공하고 있어 언어적으로도 전혀

불편이 없다. 또한 라운드 후에는 한국인 취향에 맞는 깔끔한 마사지숍을 이용할 수 있다는 것도 장점으로 꼽힌다. 하지만 칭다오 시내에서 멀리 떨어져 있다는 것과 36홀 규모지만 같은 코스를 반복해서 라운딩해야 하는 단점이 있다.

칭다오 3색 골프장은 골프장보다는 인프라에 대한 만족도가 높은 편이다. 골프장과 호텔이 칭다오 시내에 인접해 있어 라운딩 후 풍부한 먹을거리와 취향에 맞는 여행을 즐길 수 있기 때문이다. 골프장 수준은 캐슬렉스칭따오에 비해 다소 떨어지기 때문에 실망하는 사람들도 있을 수 있지만, 칭다오 석노인 CC를 이용하면 걱정할 필요가 없다. 단, 명문 코스인 만큼 요금이 비싸다는 점을 감안해야 한다.

칭다오 3색은 칭다오 시내 인근의 천태(18홀), 금산(54홀), 화산(36홀), 석노인(18홀), 도원(54홀) 등 매일 다른 골프장에서 라운드를 즐길 수 있다.

인천공항을 출발해 40분이면 도착하는 중국 웨이하이(威海: 위해)도 골프 휴양 도시로서 급부상하고 있다. 중국 산둥(山東) 반도 동쪽 끝에 위치한 해안 도시 웨이하이는 세계 10대 청정지역으로 풍부한 먹을거리와 편리한 교통망을 바탕으로 한국인 골퍼 유치에 박차를 가하고 있다.

웨이하이 내 다수의 골프장은 이미 한국인 기업이 인수 및 건설해 서비스는 물론, 언어적, 문화적으로도 한국인이 골프를 즐기는 데 불편이 없다고 한다. 그러나 산둥성 내에는 441홀을 보유한 세계 최대 골프 특구 옌타이(煙臺: 연태)와 한국인이 가장 선호하는 골프 투어 여행지 칭다오가 인접해 있어 웨이하이는 뜻하지 않게 찬밥 신세가 되곤 했다.

최근에는 골프와 레저, 관광, 휴양을 동시에 즐길 수 있는 가족형 휴양 리조트가 곳곳에서 개발되고 있으며, 골프뿐만 아니라 휴양을 동시에 즐길 수 있는 복합레저문화단지로 거듭나고 있다.

겨울철에 10만 명 이상의 한국 골퍼들이 집중되는 여행지 중 한 곳이 바로 태국이다. 태국에서 국내 골프 팬들이 선호하는 도시는 방콕, 파타야, 치앙마이 등이다. 태국까지의 비행시간은 5시간 30분 정도이며, 시차는 한국보다 2시간 정도 늦다. 항공편도 다양해 하루에 20편 정도가 운항되고 있다.

방콕은 다른 지역에 비해 물가가 비싼 편이지만 '밤 문화'를 접할 수 있어 비즈니스 골프의 최적지로 손꼽힌다. 방콕에서 자동차로 2~4시간 떨어진 곳에 자리 잡은 깐짜나부리, 파타야, 후아인, 카우야이 등도 골프의 천국으로 불린다. 파타야는 태국 최대의 해변 휴양지로 골프와 관광을 동시에 즐길 수 있다는 게 장점이며, 방콕과도 2시간 이내의 거리에 있다.

태국에서는 황제 대접받으며 골프를 마음껏 즐길 수 있고, 낮뿐만 아니라 야간에도 골프를 즐길 수 있다는 장점이 있다.

인기 있는 골프장으로는 윈저파크 GC가 있다. 36홀 챔피언십 코스를 보유하고 있는 윈저파크 GC는 골프텔을 전면 리모델링하면서 새로운 모습으로 재탄생했다. 무엇보다 한국인들의 입맛에 맞는 서비스로 무장한 것이 강점인데, 한국인 주방장과 한국인 직원들을 상주시켜 언어 소통 문제와 입에 맞지 않는 음식 문제를 해소했다. 또한 모든 직원들에게 정기적으로 한국식 서비스 교육을 실시하고 있어 청결함은 기본이고, 친절과 미소를 늘 습관화하고 있다고 한다.

골프 코스는 페어웨이가 언듈레이션이 있어 짧지만 정교한 샷을 요구한다. 홀마다 각기 다른 얼굴을 하고 있는 코스는 레벨에 상관없이 누구나 유쾌한 라운드를 할 수 있다. 코스는 크게 4개로 구성되어 있으며, 워터 해저드를 중심으로 설계돼 있기 때문에 스트레이트 코스보다는 도그레그 홀이 많아 시야에 들어오지 않는 장애물들이 곳곳에 배치돼 있다.

한편, 태국관광청이 추천하는 방콕의 대표 골프장 다이너스티 CC도 이용객들의 호평이 끊이지 않고 있다. 공항에서 1시간, 시내에서는 약 50분이 소요되는 다이너스티 CC는 데니스 그리피스의 영감 어린 코스 디자인으로 1994년 설립됐다. 뛰어난 배수 시설 덕에 1년 내내 최상의 그린 컨디션을 유지하고 있어 태국 현지에서도 명성이 자자하다.

한국인이 선호하는 산악형 코스로 수차례 반복해서 라운드를 해도 지루함이 느껴지지 않는 것이 특징이다. 12타석의 드라이빙레인지도 갖추고 있어 장기 투숙객에게도 안성맞춤이다. 2009년 12월에 오픈한 골프장 내 실버우즈리조트는 깔끔하고 세련된 시설이 자랑이다. 태국에서는 최초로 한국인이 소유한 리조트로 토지 매입부터 시공까지 한국인에게 어필할 수 있도록 설계, 한국인 골퍼들이 여행을 즐기는 데 부족함이 없다고 한다.

로열 라차부리 GC는 2007년 11월 '태국 PGA 투어'가 개최된 명문 골프장이다. 방콕 공항에서 자동차로 2시간 정도 소요되는 거리에 있다. 수려한 자연경관과 넓은 페어웨이, 부드러운 잔디가 조화를 이루는 곳으로 태국 10대 골프 코스로 선정되기도 했다. 빠른 그린과 깊은 벙커 등 까다로운 코스 설계가 골퍼들의 승부욕을 자극한다고 한다. 또한 울창한 숲으로 둘러싸인 로열 라차부리 GC는 방콕보다 평균 기온이 낮아 쾌적한 분위기에서 라운드가 가능하다. 산림 속에서 시원한 바람을 맞으며 상쾌한 플레이를 즐길 수 있고, 전동차의 페어웨이 진입이 허용되기 때문에 하루 36홀 라운드도 가능하다. 특히 골프장 내에 특급 호텔 수준의 리조트가 있다. 숙박 시설 외에도 피트니스센터, 수영장, 태국 전통 안마 시설, 노래방, 바, 도서관 등 다채로운 편의 시설을 갖추고 있으며, 퍼팅 그린과 치핑 그린이 마련돼 있어 라운드 전후로 연습하기에도 좋다.

아티타야 CC는 한국인이 운영하는 멤버십 골프장으로 방콕 공항에서 42㎞ 떨어진 곳에 자리하고 있다. 특히 나콘나욕국립공원에 위치해 있어 자연 그대로를 살린 조경이 아름답기로 이름났다. 코스는 대부분 워터 해저드를 끼고 있으며, 해저드와 벙커가 적재적소에 배치되어 있어 전략적인 플레이가 요구된다. 이 밖에 80개의 룸, 수영장, 레스토랑, 연습장 등의 부대시설을 갖추고 있다.

다음은 필리핀에 대해 살펴보자.

필리핀은 마닐라, 클라크, 세부, 보라카이 지역이 인기가 높다. 세부와 보라카이는 바닷가에 자리 잡고 있어 가족 여행지로도 각광받고 있다. 특히 골프장과 공항, 숙소 등지에서 자동차로 약 30분 거리에 수십 개의 골프장이 있다. 영어권 국가이다 보니 의사소통이 편하고 대부분의 골프장에 한국인 직원이 상주하고 있어 불편함이 없다고 한다. 아침저녁으로 쌀쌀하다는 말이 나올 정도로 쾌적한 환경을

자랑한다.

필리핀 골프장 중 한국인이 가장 선호하는 곳 중 하나가 이글릿지 CC이다. 72홀로 필리핀 최대 규모를 자랑하는 이곳은 이미 한국인 골퍼들에게 널리 알려져 있다.

18홀 정규 코스가 4개로 이루어져 있는데, 엔디 다이, 아오키 이사오, 그렉 노먼, 닉 팔도 등 세계적인 코스 설계가 및 스타 플레이어들이 설계하고, 이들의 이름을 그대로 따서 '다이 코스, 아오키 코스, 그렉 노먼 코스, 팔도 코스'로 명명했다. 이 중에서 한국인 골퍼들이 가장 선호하는 코스는 팔도 코스이다. 적절한 업다운과 그린의 빠르기 등을 감안할 때 이글릿지 골프 코스 중 가장 재미있게 즐길 수 있는 곳이기 때문이다.

부부 또는 가족 단위 골프 투어에 인기 있는 골프장은 스플렌디도 CC이다. 마닐라공항에서 자동차로 약 1시간 20분 거리이며, 관광객들에게 최적의 휴양지를 제공한다.

세계적인 관광 명소 따가이따이 지역에 위치한 스플렌디도 CC는 해발 600~700m의 고원지대에 자리해 있어 연중 쾌적한 날씨 속에서 라운드를 즐길 수 있다는 것이 가장 큰 장점이다. 또한 인근에 필리핀의 유명인들과 정치인들의 호화 저택, 별장들이 많아 이곳이 얼마나 좋은 환경 속에 있는지를 짐작할 수 있다.

다음은 필리핀의 미군 공군기지였던 클라크 지역이다. 이곳은 시설 좋은 골프장들이 많이 있어 선택의 폭이 다양하고, 한국인들이 선호하는 골프장들도 즐비하다.

미모사 CC는 타이거 우즈가 극찬한 골프장인데, 1998년 필리핀 대통령과 타이거 우즈가 라운드 후에

격찬한 이후로 더욱 유명해졌다. 루이시타 GC는 필리핀에서 세 번째로 건설되어 역사와 전통을 자랑하는 골프장이다. 2005년 골프다이제스트 선정 세계 100대 골프장에 이름을 올린 바 있는 필리핀 최고의 골프장 중 하나이다. 로얄가든골프 & 컨트리클럽은 18홀 정규 코스에 르네상스풍 조경이 눈에 띄는 골프장으로 한국인이 공동으로 운영하고 있다. 클라크 공항과 앵겔레스 시내까지 15분 이내 거리로 접근성이 뛰어나다는 장점이 있다. FA코리아 CC는 한국인이 건설 및 운영하고 있는 골프장이다. 2008년 1월부터 18홀 시범라운드를 시작하여 총 36홀로 클라크 공항에서 5분 내 거리에 위치해 있어 이동이 편리하다.

골퍼들에게 클라크 지역이 매력 있는 이유는 한국에서 3시간 30분가량의 비교적 짧은 이동 시간, 유창한 영어 실력이 아니더라도 보디랭귀지로 통하는 영어, 저렴한 비용, 외국인들에 대한 친밀감 등이 알려지면서부터이다.

이슬람 국가인 말레이시아엔 유흥 시설이 거의 없기 때문에 주로 가족 단위 골프 여행객이 찾는다. 말레이시아에는 골프장이 200개가 넘는데 그린피가 5~30만 원으로 다양하다. 원칙적으로 캐디가 없으며 카트비는 그린피에 포함된다. 말레이시아 골프 여행 상품의 평균 가격은 120~129만 원 정도로 한국인들에게 인기 있는 골프 여행지이다.

베트남도 각광받는 골프 여행지이며, 인천공항에서 호치민 · 하노이까지 5시간 30분 정도 소요된다. 사회주의 국가인 베트남은 안전한 편이지만 부대시설은 아직 미비한 편이다. 또한 골프장이 10개 정도밖에 없어 그린피가 비싼 편이다.

4. 골프와 엔터테인먼트

오늘날 경제의 고도성장, 소득 수준의 향상, 자유 시간 증가에 따라 사람들은 단순한 상품과 서비스뿐만 아니라 재미와 즐거움, 즉 엔터테인먼트적 요소를 원하는 경향이 높아졌다. 일상의 스트레스를 날려버리고 자신의 대체자인 선수 및 팀을 통해 대리만족을 추구하던 스포츠는 엔터테인먼트적 요소가 결합되면서 스포테인먼트라는 신조어가 등장했고, 뛰어난 시너지 효과를 보여주고 있다.

골프 또한 과거처럼 특권층만 즐기는 스포츠라는 인식에서 벗어나, 여느 스포츠처럼 즐거운 시간을 보내고 행복한 삶을 영위하기 위한 스포츠라는 측면이 강해지면서 엔터테인먼트 분야와의 결속력이 점점 강화되고 있다.

과거 골프 관련 장면이라면 졸부 또는 권력층의 부를 상징하는 것으로 비치곤 했다. 그러나 최근에는 골프장이 로맨스와 같은 흥미로운 에피소드를 펼치는 장소로 활용되고 있으며 드라마, 영화, 만화, 게임 등에서도 골프가 좋은 소재로 활용되고 있다.

또한, 골프 관련 산업도 과거에 비해 결속력을 강화하는 데 보다 적극적이다. 다양한 드라마와 영화 등을 통해 골프업계의 PPL(Product Placement) 마케팅이 활발하게 이루어지고 있으며, 콘텐츠 간의 '원소스 멀티유즈' 현상이 더욱 가속화되어 엔터테인먼트 관련 산업과 골프 산업의 접목은 더욱 다양하게 늘어날 전망이다.

골프 Movie & Drama

골프와 영화 · 드라마의 만남은 1900년대 초반 미국의 스타 플레이어인 바비 존스에 의해 촬영된 총 18편의 골프 레슨 영화가 그 시초이다.

[표-8] 골프 관련 주요 영화

영화	개봉	장르
유토피아의 7일	2011	드라마
골프 인 더 킹덤	2010	드라마
후즈 유어 캐디?	2007	코미디
더 포썸	2006	코미디
지상 최고의 게임	2005	드라마
바비 존스: 스트록의 천재	2004	드라마
젠틀맨의 게임	2002	드라마
베가번스의 전설	2000	드라마
틴컵	1996	드라마
해피 길모어	1996	코미디
캐디쉑	1980	코미디
더 캐디	1953	코미디
벤 호건에 관한 이야기	1951	드라마

대부분의 스포츠 영화처럼, 골프를 주제로 한 영화도 실화를 바탕으로 제작된 경우와 엔터테인먼트적인 요소가 결합한 경우가 대부분이다. 전자의 경우, 주인공의 인격이나 휴머니즘, 그리고 도전 의식 등과 같은 감성적인 측면이 강한 편이며, 해리 바든과 프란시스 위멧의 이야기를 다룬 '지상 최고의 게임'과 같은 영화가 이에 해당한다. 후자의 경우 단순히 즐기는 측면(comedy)을 강조하고 있기 때문에 골프는 극을 전개하는 소재로써의 역할에만 충실할 뿐이다.

국내 영화계에서 골프를 소재로 한 영화는 부진을 면치 못하고 있는 실정이다. '맨발의 기봉이', '말아톤', '우리 생애 최고의 순간', '국가대표', '슈퍼스타 감사용' 등 스포츠를 주제로 한 다양한 한국 영화가 제작되었지만 '유토피아의 7일'에서 프로 골퍼 최경주가 아시아의 전설적인 골퍼 오태권 역으로 출연한 것 외에는 대부분 극 전개상 필요한 장면에만 잠시 활용되는 수준이다.

1980년대 이후에는 골프를 주제로 한 드라마가 등장하기 시작했다. 1980~1990년대에는 코미디 전문 배우를 주인공으로 한 '레슬리 닐슨', 'Dorf' 등과 같은 시리즈물이 인기를 끌었던 반면, 'Dead Solid Perfect', '17번홀의 기적'과 같은 정통 드라마는 큰 반향을 일으키지 못했다.

국내 드라마 중에는 2002년에 김주혁, 소유진, 김민정과 같은 스타 연예인을 주인공으로 한 '라이벌'이 있었다. 이 드라마는 시청률이 30%를 넘으면서 골프에 대한 부정적인 이미지를 덜어내고 단순 소재로만 활용되던 골프의 한계를 탈피하는 데 성공했다. 하지만 후반부로 갈수록 골프라는 주제보다 주인공 간의 사랑에 초점이 옮겨가면서 골프라는 특색이 반감되었던 부분이 다소 아쉬운 대목이다.

[표-9] 골프 관련 주요 드라마

드라마	방영	장르
버디버디	2011	드라마
이글이글	2010	코미디
라이벌	2002	드라마
17번홀의 기적	1999	드라마
레슬리 닐슨의 Stupid Little Golf Video	1997	코미디
레슬리 닐슨의 Bad Golf My Way	1994	코미디
레슬리 닐슨의 Bad Golf Made Easier	1993	코미디
Dead Solid Perfect	1988	드라마
Dorf's Golf Bible	1988	코미디
Dorf on Golf	1987	코미디

다양한 엔터테인먼트 산업 속의 골프

골프 레슨 관련 만화

일본 골프 만화

2011년에는 총 24부작의 '버디버디'라는 드라마가 케이블채널 tvN에서 방영되어 화제를 모았다. 시청률이 1%만 넘어도 성공적이라는 케이블채널에서 이 드라마는 1.24%의 시청률을 기록하였고, 걸 그룹 멤버를 내세운 골프 용품 회사의 PPL 또한 성공적이었다는 평가를 받고 있다.

이외에도 2010년에 '이글이글'이라는 시트콤이 제작되었으나, 케이블채널 편성의 한계를 벗어나지 못하고 총 19부작으로 조기 종영되는 아픔도 있었다.

골프 만화

만화는 남녀노소를 불문하고 모든 세대가 쉽고 재미있게 볼 수 있는 장르이다. 때문에 골프를 비롯한 다양한 스포츠 분야에서도 널리 활용되고 있다. 스포츠 만화는 대결 구도라는 점 때문에 선악 설정이 쉬운 데다 독자들이 좋아할 만한 사랑 이야기와 친구들 간의 우정을 곁들일 수 있는 강점이 있다.

1980년대 후반까지만 해도 국내외 출판 만화의 절반이 스포츠 만화일 정도로 인기 절정이었다. 그러

드라마로 방영된 이현세의 '버디'

나 그 이후 소재 고갈로 다소 주춤한 상황이다. 특히 골프의 경우, 전문성 있는 이야기 작가가 적다는 점과 골프의 대중화로 인해 골프에 대한 독자들의 지식 수준이 높아졌기 때문으로 분석된다.

최근에는 골프에 관심이 많은 작가들을 중심으로 경기 룰이나 이론을 소개하는 골프 만화의 출판이 많아지고 있다. 자칫 딱딱하게 느껴질 수 있는 내용을 만화로 보면 초심자들이 보다 재미있게 익힐 수 있다는 장점 때문에 골프 저변 확대에 도움이 되고 있다. 허영만, 이현세, 이상무 등과 같은 유명 만화가들의 골프 관련 만화가 지속적으로 인기를 누리는 이유이기도 하다.

애니메이션 강국인 일본에는 골프 대중화를 위한 만화가 아닌 골프 자체를 주제로 하는 만화도 다양하다. 스포츠 만화 애호가들 사이에서는 '골프천재 탄도', '라이징 임팩트', '그린의 정복자', '하늘의 스바루', '타오의 그린' 등과 같은 일본 만화가 유명하다. 이 만화들은 천부적 재능이 있는 주인공이 골프를 접하면서 겪는 에피소드 중심의 이야기이다.

일본을 비롯한 해외에서는 골프를 주제로 한 드라마적인 만화가 많은 반면, 국내에서는 유명 작가들을 중심으로 한 입문서(골프 룰 또는 기초 레슨 등) 위주의 출판이 많은 편이다. 물론 국내 골프 만화가 이론서만 출판하는 데 몰두하는 것은 아니다. 골프 구력이 10년이 넘고 실력도 수준급인 이현세 작가의 '버디'와 같은 골프 만화는 드라마 '버디버디'의 원작으로 활용될 만큼 작품성을 인정받았다.

골프 게임

오늘날 엔터테인먼트의 큰 축을 이루고 있는 게임 분야에서는 퍼스널컴퓨터(PC) 보급이 활성화되기 전의 롬팩 방식 비디오 게임에서 네트워크 접속 방식의 온라인 게임에 이르기까지, 스포츠가 훌륭한 파트너 역할을 수행해 오고 있다.

골프 게임은 여타 인기 게임들과 같이 PC나 XBOX, 플레이스테이션, 모바일 등 플랫폼에 구애받지 않고 꾸준히 게이머들의 사랑을 받아왔다. 1인 플레이에서 대전형 플레이, 다인 또는 로컬 네트워크

주요 골프 게임

[표-10] 골프 관련 주요 게임

게임	대표 플랫폼
샷온라인	PC
팡야	PC
당신은 골프왕	PC
골프스타	PC
투어골프온라인	PC
타이거 우즈 PGA	XBOX/PS2
모두의 골프	XBOX/PS2
Wii Sports	XBOX/PS2
핫샷 골프	XBOX/PS2
포춘골프	Mobile
프로골프	Mobile
패밀리골프	Mobile
Les't Golf	Mobile
미니 골프	플래쉬

플레이를 거쳐 오늘날 네트워크 플레이로 접어들면서 유저층이 급속하게 증가하였다.

최근에는 골프 게임들이 가정의 PC나 모바일, 온라인 등 여러 플랫폼에서 이용할 수 있도록 만들어지고 있고, 골프가 대중화됨에 따라 이런 현상은 더욱 가속화될 전망이다.

골프 게임이 가장 먼저 두각을 나타낸 것은 XBOX, 플레이스테이션, 닌텐도와 같은 비디오 게임 분야이다. 골프 게임 중 가장 오랜 시간 사랑받고 있는 '타이거 우즈 PGA' 시리즈나, '모두의 골프', '핫샷 골프', '위 스포츠' 등의 게임이 큰 인기를 누리고 있다. 특히, 닌텐도 위가 판매되면서 비디오 게임 시장은 가족 단위로까지 유저층이 확장되고 있다.

PC · 온라인 시장에서는 판타지 캐주얼 골프를 표방한 '팡야'가 MMORPG(Massive Multiplayer Online Role Playing Game) 중심

의 게임 시장에서 틈새 공략에 성공하였으며, 이후 메이저 게임사(한게임 등 퍼블리싱 관련)에서 '샷온라인', '골프스타' 등을 론칭했다.

모바일 골프 게임은 스마트폰의 보급으로 이용자가 폭발적으로 증가하였다. 초기에는 안드로이드를 필두로 한 다른 운영 체제 기반의 스마트폰 유저는 이용할 수 없는 아이폰용 골프 게임만 있었지만, 현재는 게임빌, 넥슨모바일 등 메이저 개발사들에 의해 여러 운영 체제에서 이용할 수 있는 골프 게임들이 속속 등장하고 있다.

최근에는 플랫폼 간 이동이 보다 원활히 이루어지고 있어, 인기 골프 게임인 '팡야', '타이거 우즈 PGA', '모두의 골프' 등이 여러 플랫폼을 지원할 수 있도록 제작되고 있다.

4장

국내 골프 인구 및 골프 이용 행태

01

국내 골프 인구

골프존이 TNS와 함께 전국 15개 시도(제주 제외)의 만 20~69세 성인남녀 5,000명을 대상으로 조사한 결과에 따르면 한 번이라도 골프를 경험한 인구는 모집단 3,531만 명 중 13.7%인 483만 명으로 나타났다.

483만 명 중 최근 1년을 기준으로 골프를 경험한 현재 골퍼는 7.6%인 271만 명으로 나타났으며, 경험 인구 가운데 최근 1년간 골프를 경험하지 못한 과거 골퍼는 6.0%, 212만 명으로 나타났다.

[그림-1] 골프 경험 인구 추이

(단위: 만 명)

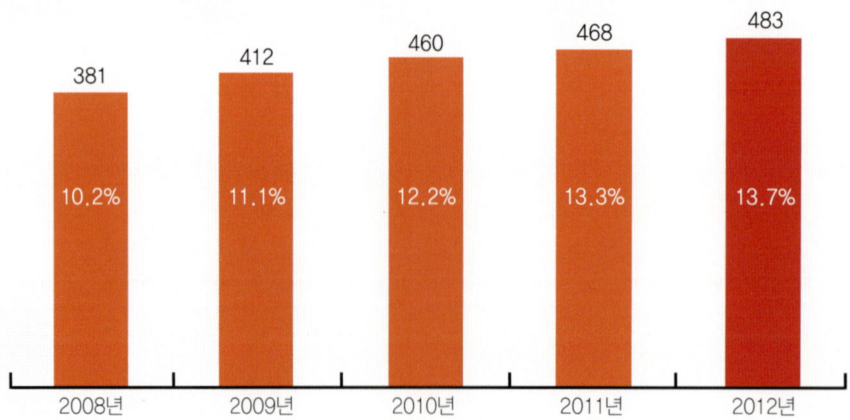

자료: 골프존, 2012년 골퍼 수 추정 조사

[그림-2] 현재 골퍼 인구 추이

(단위: 만 명)

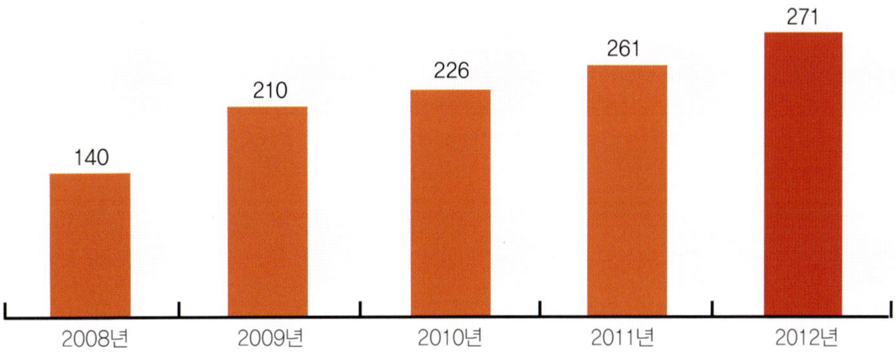

자료: 골프존, 2012년 골퍼 수 추정 조사

[그림-3] 과거 골퍼 인구 추이

(단위: 만 명)

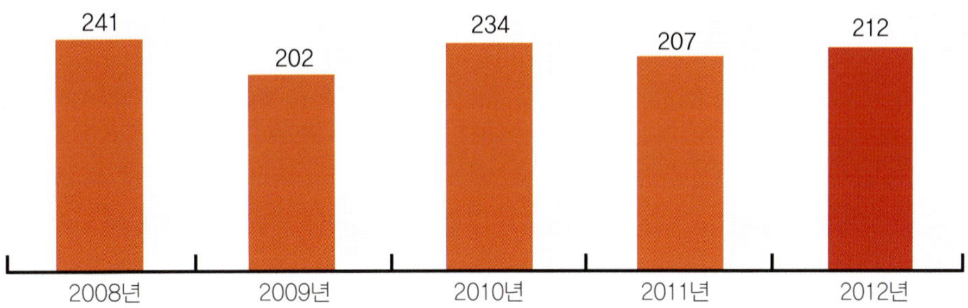

자료: 골프존, 2012년 골퍼 수 추정 조사

골프 유형별 인구를 살펴보면, 필드 인구는 2011년 128만 명에서 2012년 146만 명으로, 실내 골프 연습장 이용 인구는 2011년 119만 명에서 2012년 133만 명으로 증가하는 한편, 실외 골프 연습장의 경우는 2011년 117만 명에서 2012년 146만 명으로 늘어나 상대적으로 커다란 증가폭을 보였다.

스크린골프 인구는 186만 명으로 골프 유형별 인구 중 가장 많은 수를 보이고 있으나, 전년 대비 인구 증가율은 둔화된 것으로 나타났다. 이는 스크린골프 인구가 타 유형으로 전환되면서 나타난 결과로 추정된다.

[그림-4] 골프 유형별 현재 이용 인구 추이

(단위: 만 명)

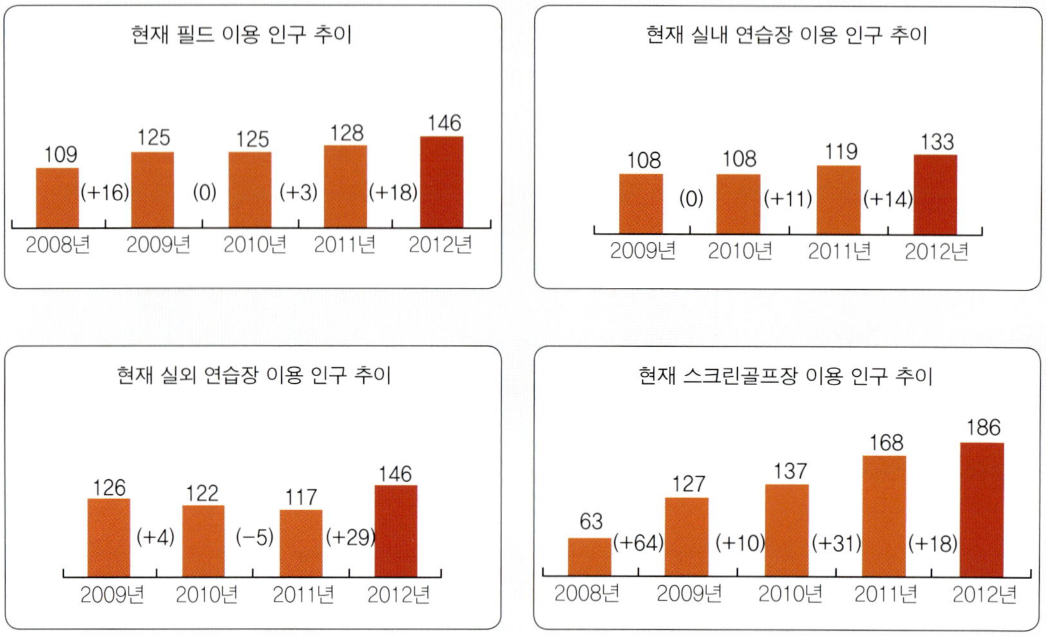

자료: 골프존, 2012년 골퍼 수 추정 조사

[그림-5] 현재 골퍼 이용 유형

(단위: %)

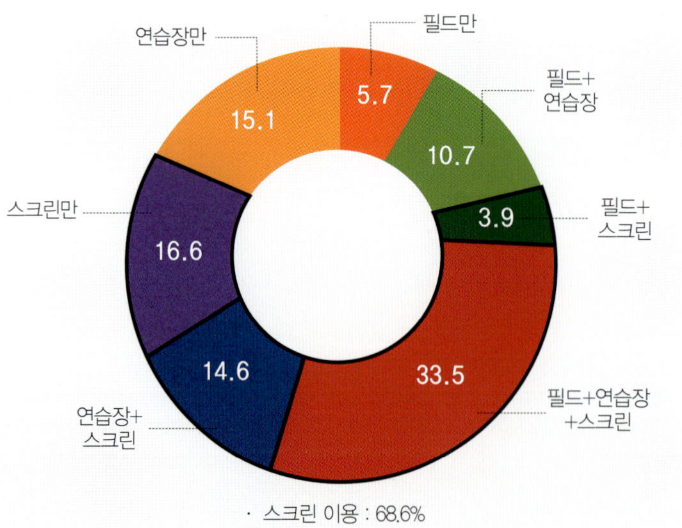

자료: 골프존, 2012년 골퍼 수 추정 조사(Base : N = 385)

현재 골퍼의 이용 유형으로는 필드/연습장/스크린을 함께 이용하는 골퍼가 33.5%로 가장 많은 비중을 차지했고, 스크린만 이용하는 골퍼가 16.6%, 연습장 15.1%, 필드/연습장 10.7%, 연습장/스크린 14.6%, 필드 5.7%, 필드/스크린 3.9% 순으로 나타났다.

현재 골프 인구의 특성은

[그림-6] 현재 골프를 즐기는 인구의 항목별 구성비

(단위: %)

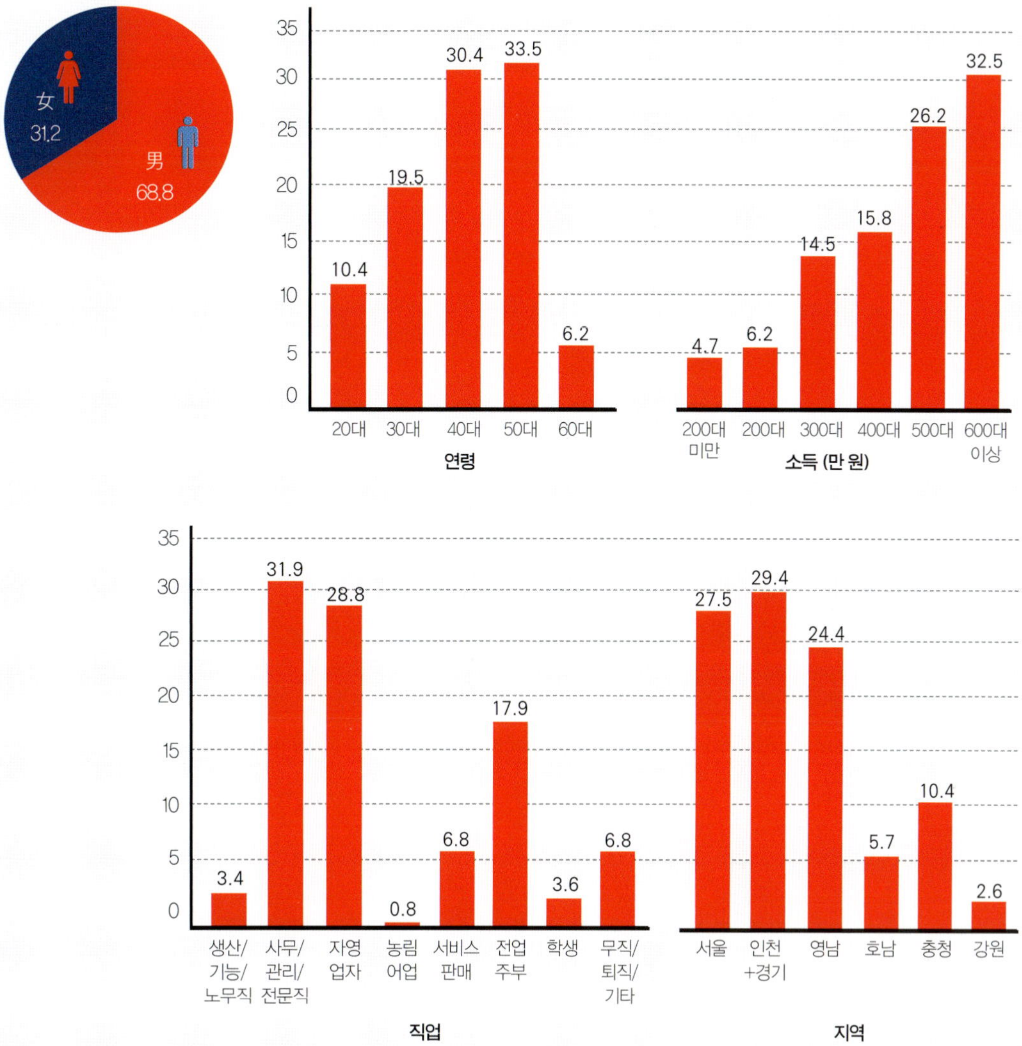

주: 5,000명 표본 중 684명 / 271만 명으로 추정
자료: 골프존, 2012년 골퍼 수 추정 조사

성별 구성에서 남자 68.8%, 여자 31.2%로 나타나는 한편, 연령별 구성에서 40대 30.4%, 50대 33.5%로 나타나, 40~50대 남자의 비율이 상대적으로 높다는 것을 알 수 있었다. 응답자의 직업별로는 사무/관리/전문직이 31.9%, 자영업이 28.8%를 차지했으며, 전업주부도 17.9%를 차지해 눈길을 끌었다. 지역별로는 인천 · 경기 지역이 29.4%, 서울 27.5%로 수도권 비중이 높았으며, 영남지역도 24.4%로 높은

[그림-7] 신규 유입 인구의 항목별 구성비

(단위: %)

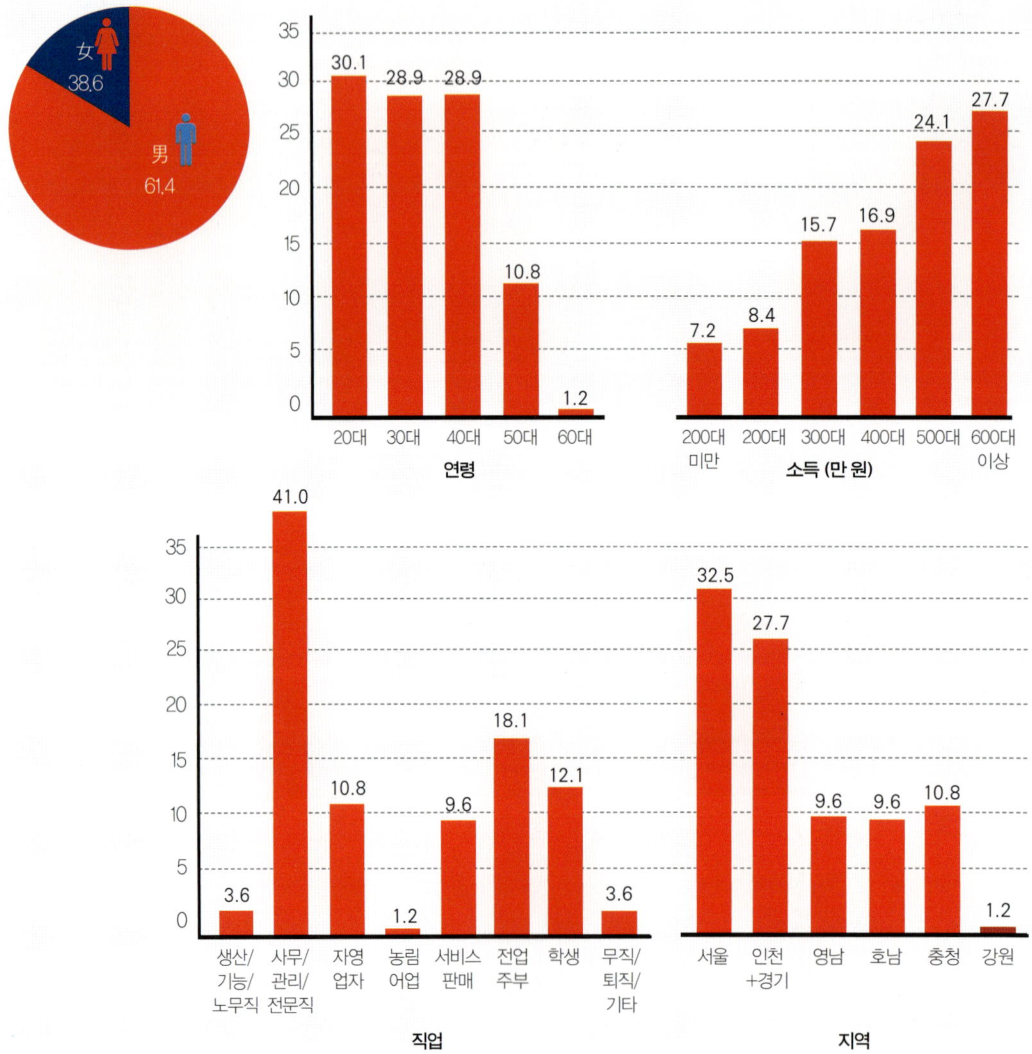

주: 5,000명 표본 중 684명 / 271만 명으로 추정
자료: 골프존, 2012년 골퍼 수 추정 조사

골프 인구 수를 기록했다.

2012년 이후 유입된 신규 골퍼의 경우 20~30대, 서울, 화이트칼라 직장인 중 고소득층에서 비교적 유입이 많은 것으로 나타났으며, 현재 골퍼와 비교한 결과 상대적으로 소득이 낮은 층에서 점차 유입되고 있는 경향을 보여주었다.

02

골프 유형별 U&A (Usage&Attitude)

국내 골퍼들의 골프 이용 행태를 분석하기 위해 골프존에서는 시장 조사 전문 기관인 TNS에 의뢰하여 최근 1년 동안 골프를 경험한 골퍼 1,200명을 조사하였다(표본오차 95%, 신뢰수준 ±2.83%p). 비비례할당방식으로 추출하여, 실내/외 골프 연습장 및 스크린골프장, 필드 골프장 등에서 대인면

[그림-1] 응답자 특성

(단위: %)

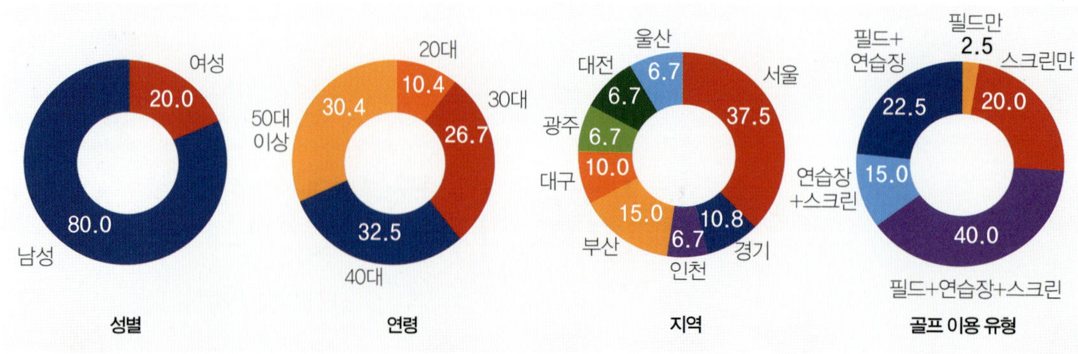

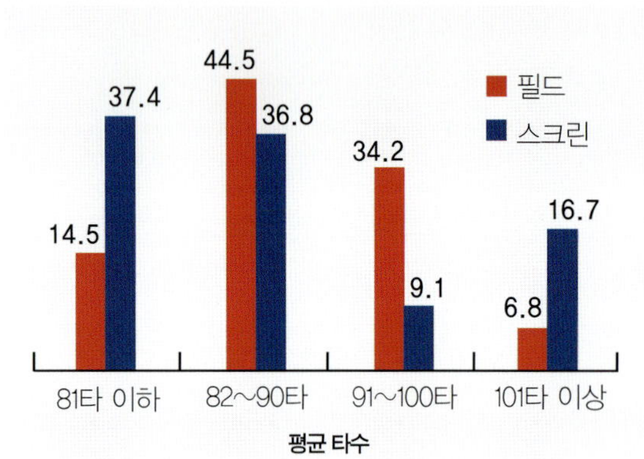

자료: 골프존, 2012년도 골퍼 U&A 조사(Base : N=1,200)

접방식으로 진행하였으며, 응답자의 특성은 [그림-1]과 같다.

우선 최근 1년 이내 골프 유형별 경험률을 확인한 결과, 1,200명의 골퍼 중 78.1%가 스크린골프를 쳐본 경험이 있고, 실외 연습장 68.4%, 필드 67.6%, 실내 연습장 53.6%의 경험률을 보였다. 실력과 구력에 따른 차이는 있으나 골퍼의 2/3 이상이 스크린골프를 주기적으로 치고 있는 반면, 실내 연습장은 골프 입문 초기에 많이 이용하나 실력/구력이 늘수록 이용률이 떨어지는 특징을 보였다. 한편 필드 골프장은 초급자들이 아직까지 필드에 나가지 못한 경우가 많고, 비용/시간 등의 이유로 스크린골프보다 상대적으로 저조한 경험률을 보이는 것으로 판단된다.

[그림-2] 골프장 유형별 경험률

(단위: %)

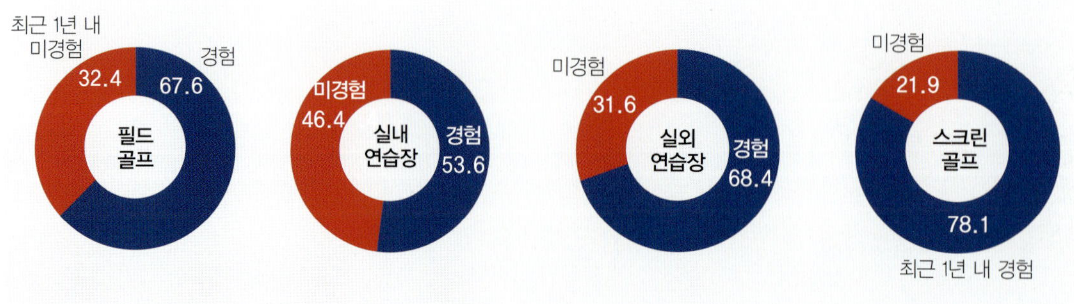

자료: 골프존, 2012년도 골퍼 U&A 조사(Base : N=1,200, 복수응답)

1. 필드 골프장 U&A

① 필드 골프장 이용 빈도

국내 필드 골퍼들의 골프장 이용 빈도는 연평균 약 20.3회로 2010년 대비 소폭 증가하였다. 한편 '월 1회 이상' 비중이 65.6%로 주기적으로 라운딩하는 골퍼가 많은 것으로 나타났으며, 여성보다 남성의 이용 빈도가 높은 가운데 50대 이상, 자영업자의 이용 빈도가 상대적으로 높은 것으로 조사되었다(20대의 학생 이용 빈도가 높은 것은 골프아카데미 재학생으로 추정됨).

[그림-3] 연간 필드 라운딩 수(좌) 및 2012년 필드 골프장 이용 빈도(우)

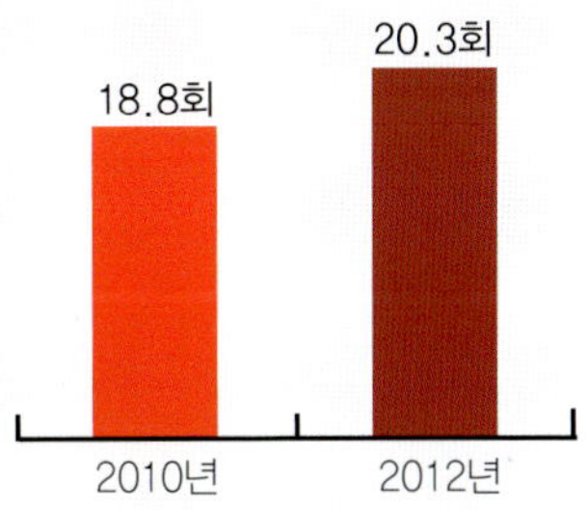

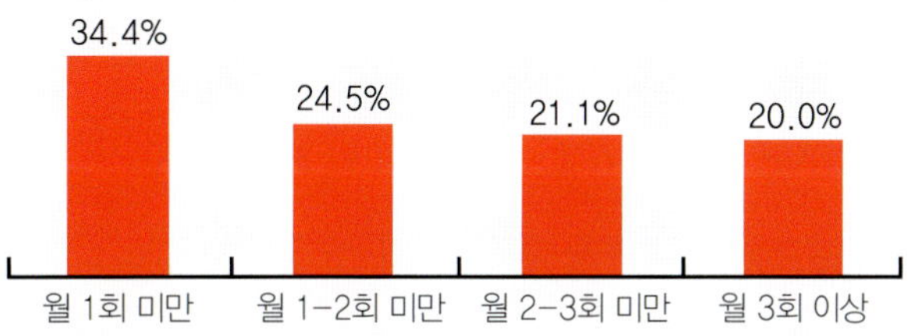

자료: 골프존, 2012년도 골퍼 U&A 조사(Base : N=811)

[표-1] 2012년 필드 골프장 이용 빈도

(단위: %)

		사례 수	월 1 회 미만	월 1-2 회 미만	월 2-3 회 미만	월 3 회 이상	평균 (회)
전체		(811)	34.4	24.5	21.1	20.0	1.69
성별	남자	(649)	31.6	24.7	23.0	20.8	1.74
	여자	(162)	45.7	24.1	13.6	16.7	1.52
연령	20대	(41)	53.7	19.5	12.2	14.6	1.69
	30대	(172)	47.1	23.8	15.1	14.0	1.27
	40대	(313)	33.9	25.2	21.4	19.5	1.72
	50대 이상	(285)	24.6	24.9	25.6	24.9	1.92
직업	화이트칼라	(261)	41.0	23.0	20.3	15.7	1.56
	블루칼라	(54)	48.2	24.1	18.5	9.3	1.32
	자영업	(416)	27.4	26.4	22.6	23.6	1.81
	전업주부	(71)	40.9	21.1	18.3	19.7	1.70
	학생/무직/기타	(9)	33.3	11.1	11.1	44.4	2.22

자료: 골프존, 2012년도 골퍼 U&A 조사(Base : N=811)

② 필드 골프장 이용 비용

2012년 필드 골프장 이용 시 1인당 라운딩 비용은 평균 17.2만 원이며, 이는 2010년 대비 10% 정도 하락한 가격이다. 평균 라운딩 비용 하락의 원인으로는 2010년 대비 퍼블릭 골프장의 증가와 골프장들의 경쟁심화 및 다양한 마케팅 활동으로 인한 라운딩 가격 인하가 주원인으로 판단된다. 지역별로는 인천/대전/울산 거주자들의 1회 평균 지출 비용이 높게 나타났다.

[그림-4] 1회 필드 라운딩 비용(좌) 및 2012년 골프장 이용 비용(우)

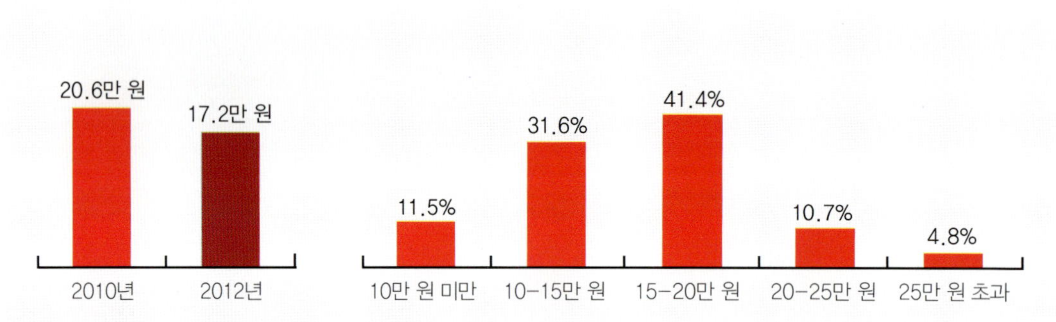

자료: 골프존, 2012년도 골퍼 U&A 조사(Base : N=811)

[표-2] 2012년 골프장 이용 비용 (단위: %)

		사례 수	10만 원 미만	10-15만 원	15-20만 원	20-25만 원	25만 원 초과	평균 (만 원)
전체		(811)	11.5	31.6	41.4	10.7	4.8	17.2
성별	남자	(649)	9.7	31.3	41.9	12.0	5.1	17.5
	여자	(162)	18.5	32.7	39.5	5.6	3.7	16.2
연령	20대	(41)	9.8	34.2	43.9	4.9	7.3	17.1
	30대	(172)	13.4	26.2	44.2	11.1	5.2	17.4
	40대	(313)	9.0	34.2	39.6	13.1	4.2	17.4
	50대 이상	(285)	13.3	31.6	41.4	8.8	4.9	17.0
지역	서울	(312)	6.7	40.7	42.6	8.0	1.9	16.6
	경기	(91)	8.8	17.6	53.9	15.4	4.4	18.0
	인천	(53)	3.8	22.6	49.1	15.1	9.4	19.5
	부산	(118)	11.0	25.4	44.1	12.7	6.8	18.3
	대구	(78)	29.5	39.7	28.2	2.6	0.0	13.9
	광주	(53)	34.0	49.1	15.1	0.0	1.9	13.4
	대전	(54)	9.3	3.7	42.6	18.5	25.9	21.7
	울산	(52)	5.5	23.1	44.2	25.0	1.9	19.5

자료: 골프존, 2012년도 골퍼 U&A 조사(Base : N=811)

③ 필드 골프장 선택 요인

필드 골프장 선택 시, 영향을 미치는 요인으로는 '접근성'(24.7%) 및 '주변 경관'(18.6%), '골프 코스 난이도'(13.7%), '지인 권유'(11.1%) 등의 순으로 나타났다. 한편 81타 이하의 상급자와 여성 골퍼는 '자연 경관'을 중시하는 비중이 상대적으로 높은 반면, 101-120타의 초급자는 '지인 추천'을 고려하는 비중이 상대적으로 높게 나타났다.

[그림-5] 골프장 선택 시 고려 요인

(단위: %)

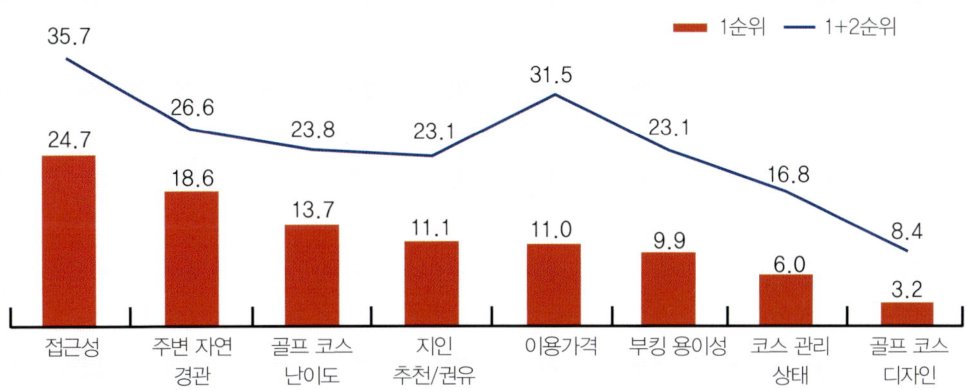

[표-3] 골프장 선택 시 고려 요인

(단위: %)

		사례 수	거리 접근성	주변 자연 경관	골프 코스 난이도	지인 추천/권유	골프장 이용 가격	부킹 용이성	코스 관리 상태	골프 코스 디자인
전체		(811)	24.7	18.6	13.7	11.1	11.0	9.9	6.0	3.2
성별	남자	(649)	24.2	18.0	14.5	11.2	10.8	9.9	6.5	2.9
	여자	(162)	26.5	21.0	10.5	10.5	11.7	9.9	4.3	4.3
연령	20대	(41)	22.0	14.6	17.1	12.2	19.5	-	2.4	4.9
	30대	(172)	23.3	11.6	15.1	16.9	11.0	11.6	5.2	2.9
	40대	(313)	24.0	19.8	14.4	11.5	9.9	10.2	6.1	2.6
	50대 이상	(285)	26.7	22.1	11.6	7.0	10.9	9.8	7.0	3.9
필드 실력	81타 이하	(113)	23.9	24.8	18.6	4.4	9.7	9.7	6.2	1.8
	82-90타	(347)	24.8	16.4	12.4	12.1	11.5	10.1	7.5	2.6
	91-100타	(267)	24.7	19.9	13.5	11.6	10.5	9.0	4.1	5.2
	101-120타	(45)	22.2	15.6	11.1	15.6	11.1	11.1	8.9	2.2
	121타 이상	(8)	12.5	25.0	25.0	12.5	12.5	12.5	-	-

자료: 골프존, 2012년도 골퍼 U&A 조사(Base : N=811, 복수응답, 소수응답 미제시)

2. 실내 골프 연습장 U&A

① 실내 골프 연습장 이용 빈도

실내 연습장을 이용하는 골퍼들은 월 평균 8.3회 이용하는 것으로 나타나, 지난 2010년보다 평균 이용 빈도가 늘어난 것으로 파악되었다. 구력이 짧은 골퍼들의 이용 빈도가 상대적으로 높아서 골프 초기 입문 시, 레슨/연습을 목적으로 주로 이용하는 것으로 판단된다.

[그림-6] 월 평균 이용 횟수(좌) 및 2012년 실내 연습장 이용 빈도(우)

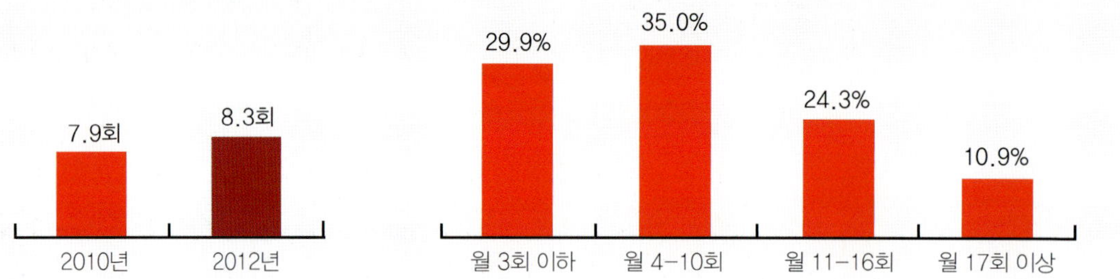

자료: 골프존, 2012년도 골퍼 U&A 조사(Base : N=643)

[표-4] 2012년 실내 연습장 이용 빈도

(단위: %)

		사례 수	월 3회 이하	월 4-10회	월 11-16회	월 17회 이상	평균 (회)
전체		(643)	29.9	35.0	24.3	10.9	8.3
성별	남자	(500)	30.8	36.6	23.8	8.8	7.9
	여자	(143)	26.6	29.4	25.9	18.2	9.6
연령	20대	(58)	19.0	48.3	22.4	10.3	8.6
	30대	(179)	31.8	34.6	26.3	7.3	7.7
	40대	(219)	30.1	31.5	25.6	12.8	8.7
	50대 이상	(187)	31.0	35.3	21.4	12.3	8.3
골프 구력	3년 미만	(230)	28.7	32.2	26.1	13.0	8.7
	3-6년	(177)	30.5	39.0	22.0	8.5	7.7
	6년 초과	(236)	30.5	34.8	24.2	10.6	8.3
필드 실력	81타 이하	(65)	32.3	35.4	26.2	6.2	7.6
	82-90타	(202)	31.7	36.1	19.8	12.4	8.4
	91-100타	(187)	27.8	31.6	27.8	12.8	8.9
	101-120타	(30)	36.7	30.0	23.3	10.0	7.6
	121타 이상	(6)	16.7	50.0	16.7	16.7	8.3

자료: 골프존, 2012년도 골퍼 U&A 조사(Base : N=643)

② 실내 골프 연습장 이용 비용

실내 연습장 1개월 이용 시 레슨을 제외한 비용으로 평균 10.3만 원 정도를 지불하는 것으로 나타나, 2010년 대비 비용이 소폭 감소한 것으로 파악되었다. 이는 최근 스크린골프방의 증가와 더불어 골프 연습 시설을 갖춘 피트니스센터의 등장, 실내 연습장 증가에 따른 경쟁 심화 등으로 인해 연습장 비용이 낮아진 것으로 판단된다. 한편 20대와 구력 3년 미만의 응답자가 실내 연습장 이용에 상대적으로 많은 비용을 지출하는 것으로 나타났다.

[그림-7] 실내 연습장 이용 비용 및 2012년 실내 연습장 이용 빈도

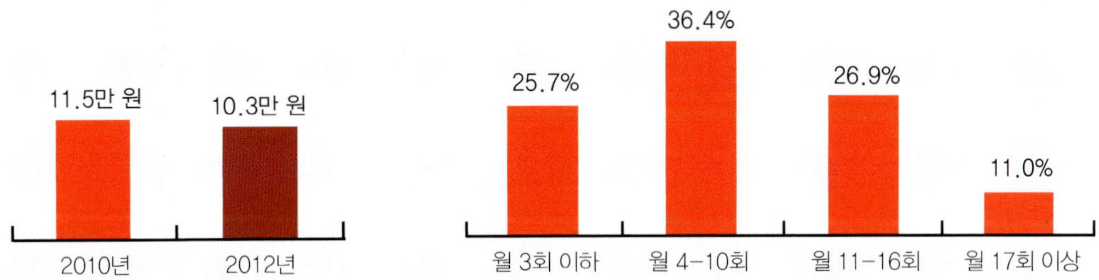

자료: 골프존, 2012년도 골퍼 U&A 조사(Base : N=643)

[표-5] 2012년 실내 연습장 이용 비용

(단위: %)

		사례 수	5만 원 미만	5-10만 원	10-15만 원	15만 원 초과	평균 (만 원)
전체		(643)	25.7	36.4	26.9	11.0	10.3
성별	남자	(500)	25.8	35.8	27.8	10.6	10.3
	여자	(143)	25.2	38.5	23.8	12.6	10.2
연령	20대	(58)	8.6	50.0	31.0	10.3	11.3
	30대	(179)	26.8	33.5	31.3	8.4	10.2
	40대	(219)	27.4	35.6	23.3	13.7	10.0
	50대 이상	(187)	27.8	35.8	25.7	10.7	10.4
골프 구력	3년 미만	(230)	20.9	37.4	32.2	9.6	10.7
	3-6년	(177)	29.4	31.1	27.1	12.4	10.3
	6년 초과	(236)	27.5	39.4	21.6	11.4	9.9
지역	서울	(233)	12.9	46.8	32.6	7.7	10.7
	경기	(76)	23.7	23.7	27.6	25.0	11.3
	인천	(51)	21.6	35.3	39.2	3.9	10.9
	부산	(105)	22.9	24.8	34.3	18.1	12.1
	대구	(57)	52.6	42.1	5.3	0.0	6.6
	광주	(32)	40.6	46.9	9.4	3.1	7.9
	대전	(34)	70.6	23.5	5.9	0.0	5.1
	울산	(55)	27.3	29.1	21.8	21.8	11.7

자료: 골프존, 2012년도 골퍼 U&A 조사(Base : N=643)

③ 실내 골프 연습장 선택 요인

실내 연습장 선택 시 영향을 미치는 요인으로 '거주지와의 접근성'(56.9%)이 가장 높은 것으로 보아, 집 또는 회사 주변에서 언제나 쉽게 운동할 수 있는 것을 가장 중요하게 여기는 것으로 파악할 수 있다. 다음으로 '프로의 레슨 능력'(10.9%), '내부 쾌적성'(10.3%) 등의 순으로 나타났다.

[그림-8] 실내 연습장 선택 시 고려 사항 (단위: %)

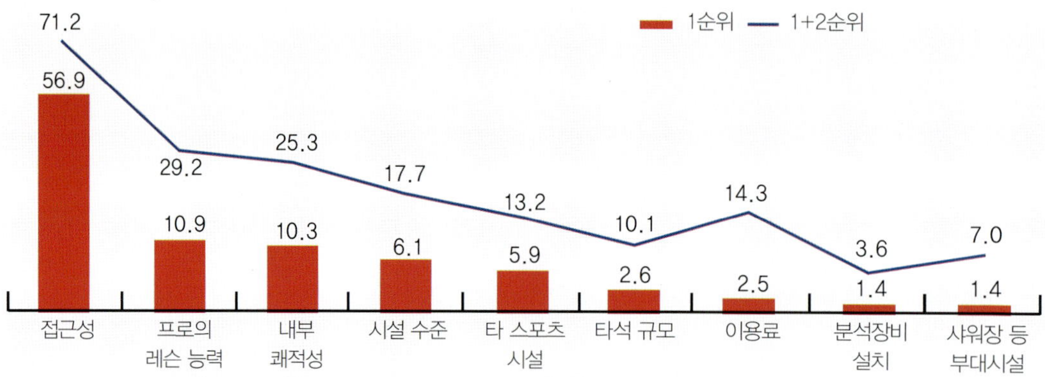

[표-6] 실내 연습장 선택 시 고려 사항 (단위: %)

		사례 수	접근성	프로 레슨 능력	내부 쾌적성	시설 수준	타 스포츠 시설	타석 규모	이용료	분석 장비 설치	부대 시설
전체		(643)	56.9	10.9	10.3	6.1	5.9	2.6	2.5	1.4	1.4
성별	남자	(500)	55.4	11.0	11.6	5.4	6.0	2.8	2.8	1.6	1.4
	여자	(143)	62.2	10.5	5.6	8.4	5.6	2.1	1.4	0.7	1.4
연령	20대	(58)	53.4	17.2	6.9	5.2	5.2	3.4	1.7	1.7	-
	30대	(179)	55.9	11.2	10.1	6.7	3.9	3.9	2.8	2.2	0.6
	40대	(219)	53.4	12.3	11.4	7.3	6.4	1.4	2.3	0.9	3.7
	50대 이상	(187)	63.1	7.0	10.2	4.3	7.5	2.7	2.7	1.1	-
골프 구력	3년 미만	(230)	60.4	12.2	7.8	6.1	3.5	0.9	3.5	1.3	1.3
	3-6년	(177)	52.0	10.7	11.3	5.1	7.9	4.5	2.3	2.3	2.3
	6년 초과	(236)	57.2	9.7	11.9	6.8	6.8	3.0	1.7	0.8	0.8
필드 실력	81타 이하	(65)	52.3	10.8	15.4	6.2	7.7	3.1	-	3.1	-
	82-90타	(202)	57.9	9.9	13.4	5.0	6.4	3.0	2.0	1.0	1.0
	91-100타	(187)	54.0	9.6	13.4	5.0	6.4	3.0	2.0	1.0	10
	101-120타	(30)	50.0	13.3	10.0	-	6.7	3.3	-	3.3	-
	121타 이상	(6)	83.3	-	-	-	16.7	-	-	-	-

자료: 골프존, 2012년도 골퍼 U&A 조사(Base : N=643)

3. 실외 골프 연습장 U&A

① 실외 골프 연습장 이용 빈도

실외 연습장 이용 빈도는 지난 2010년 7.7회 대비 소폭 감소한 월 6.5회로 나타났다. 실내 연습장 및 스크린골프 매장의 이용 빈도가 증가한 것으로 미루어볼 때, 실외 연습장 이용 골퍼가 타 유형의 골프를 이용하면서 실외 연습장 이용 빈도가 상대적으로 줄어든 것으로 판단된다.

한편 실외 연습장 이용자의 80% 이상이 월 2회 이상 연습장을 이용하는 것으로 나타났으며, 50대 이상, 81타 이하 상급 골퍼의 이용 빈도가 상대적으로 높게 나타났다.

[그림-9] 실외 연습장 이용 횟수(좌) 및 2012년 실외 연습장 이용 빈도(우)

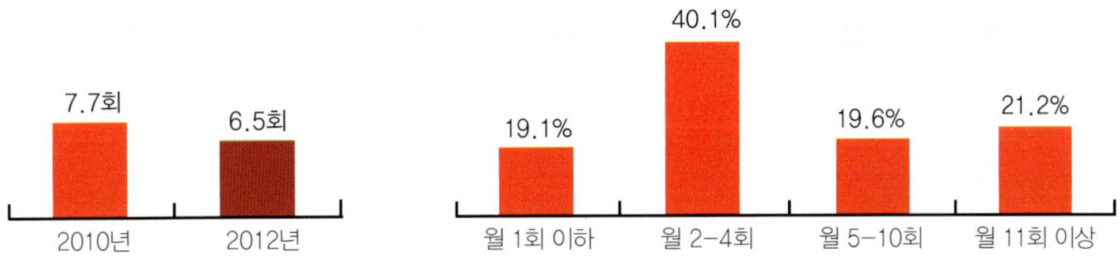

자료: 골프존, 2012년도 골퍼 U&A 조사(Base : N=821)

[표-7] 2012년 실외 연습장 이용 빈도

(단위: %)

		사례 수	월 1회 이하	월 2-4회	월 5-10회	월 11회 이상	평균 (회)
전체		(821)	19.1	40.1	19.6	21.2	6.5
성별	남자	(663)	19.8	38.9	19.2	22.2	6.7
	여자	(158)	16.5	44.9	21.5	17.1	5.8
연령	20대	(50)	16.0	40.0	22.0	22.0	6.5
	30대	(201)	20.9	42.8	20.9	15.4	5.9
	40대	(291)	19.9	39.5	19.2	21.3	6.2
	50대 이상	(279)	17.6	38.7	18.6	25.1	7.2
골프 구력	3년 미만	(247)	21.1	37.7	19.8	21.5	6.8
	3-6년	(232)	18.5	39.2	23.3	19.0	6.1
	6년 초과	(342)	18.1	42.4	17.0	22.5	6.5
필드 실력	81타 이하	(89)	16.9	41.6	15.7	25.8	7.3
	82-90타	(309)	20.1	36.6	22.0	21.4	6.8
	91-100타	(221)	17.7	44.3	18.1	19.9	6.1
	101-120타	(40)	20.0	47.5	12.5	20.0	6.0
	121타 이상	(5)	40.0	40.0	20.0	-	2.7

자료: 골프존, 2012년도 골퍼 U&A 조사(Base : N=821)

② 실외 골프 연습장 이용 비용

실외 연습장 월 평균 이용 비용도 2010년 12.8만 원 대비 다소 낮아진 9.8만 원으로 나타났다. 특히 '5만 원 미만' 응답자가 37.9%로 높게 나타났는데, 이는 1개월, 3개월 등의 월 정기권으로 연습장을 이용하는 것보다 1회 이용 쿠폰을 이용하는 고객이 많기 때문으로 판단된다.

[그림-10] 실외 연습장 이용 비용(좌) 및 2012년 실외 연습장 이용 비용(우)

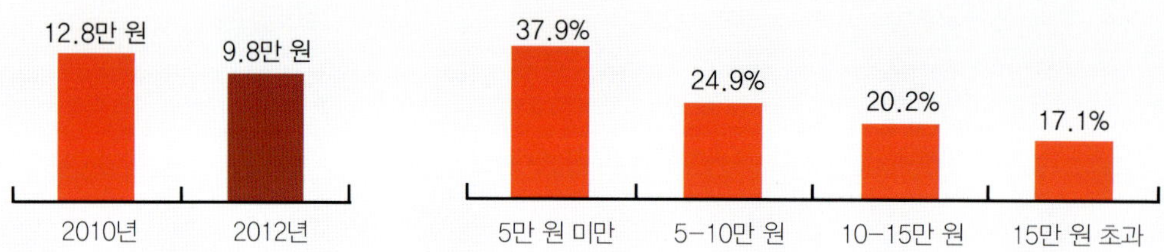

자료: 골프존, 2012년도 골퍼 U&A 조사(Base : N=821)

[표-8] 2012년 실외 연습장 이용 비용

(단위: %)

		사례 수	5만 원 미만	5-10만 원	10-15만 원	15만 원 초과	평균 (만 원)
전체		(821)	37.9	24.9	20.2	17.1	9.8
성별	남자	(663)	37.0	25.0	19.8	18.3	10.0
	여자	(158)	41.8	24.1	22.2	12.0	9.2
연령	20대	(50)	32.0	24.0	28.0	16.0	10.8
	30대	(201)	43.3	20.9	20.9	14.9	9.3
	40대	(291)	38.8	25.8	21.7	13.8	9.2
	50대 이상	(279)	34.1	26.9	16.9	22.2	10.6
골프 구력	3년 미만	(247)	40.9	21.9	21.5	15.8	9.4
	3-6년	(232)	34.9	28.0	22.4	14.7	10.0
	6년 초과	(342)	37.7	24.9	17.8	19.6	9.9
필드 실력	81타 이하	(89)	33.7	24.7	20.2	21.4	10.6
	82-90타	(309)	36.9	26.5	19.4	17.2	9.7
	91-100타	(221)	40.7	23.5	19.9	15.8	9.6
	101-120타	(40)	30.0	32.5	20.0	17.5	10.1
	121타 이상	(5)	40.0	20.0	40.0	-	8.2

자료: 골프존, 2012년도 골퍼 U&A 조사(Base : N=821)

③ 실외 골프 연습장 선택 요인

실외 연습장 선택 시 '거주지와의 접근성'(48.5%)을 가장 중요하게 고려하는 것으로 나타나, 주변에서 언제나 쉽게 운동할 수 있는 것을 중요하게 여기는 것으로 판단되었다. 다음으로 '쾌적성'(10.1%), '프로의 레슨 능력'(8.0%) 순으로 나타났다.

[그림-11] 실외 연습장 선택 시 고려 사항

(단위: %)

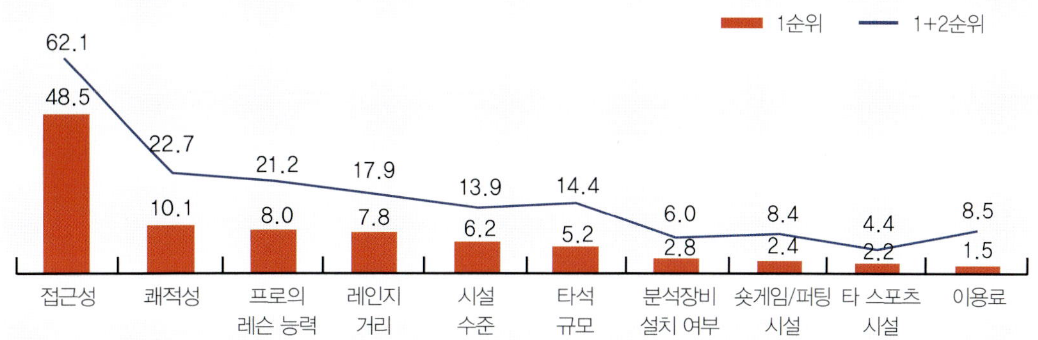

[표-9] 실외 연습장 선택 시 고려 사항

(단위: %)

		사례 수	접근성	쾌적성	프로 레슨 능력	레인지 거리	시설 수준	타석 규모	분석 장비 설치 여부	숏게임 /퍼팅 시설	타 스포츠 시설	이용료
전체		(821)	48.5	10.1	8.0	7.8	6.2	5.2	2.8	2.4	2.2	1.5
성별	남자	(663)	48.4	9.4	7.8	7.1	6.2	5.3	2.9	2.6	2.4	1.8
	여자	(158)	48.7	13.3	8.9	10.8	6.3	5.1	2.5	1.9	1.3	-
연령	20대	(50)	52.0	4.0	12.0	6.0	6.0	6.0	6.0	2.0	2.0	2.0
	30대	(201)	48.3	10.0	10.0	8.0	5.5	5.5	4.0	1.5	2.5	1.5
	40대	(291)	46.4	11.7	8.9	8.2	7.2	4.5	2.4	2.7	2.7	1.0
	50대 이상	(279)	50.2	9.7	5.0	7.5	5.7	5.7	1.8	2.9	1.4	1.8
골프 구력	3년 미만	(247)	47.8	12.1	13.0	5.3	6.9	4.0	2.8	0.4	2.4	1.2
	3-6년	(232)	46.6	9.9	8.6	6.9	4.7	5.6	4.3	2.6	1.3	1.3
	6년 초과	(342)	50.3	8.8	4.1	10.2	6.7	5.8	1.8	3.8	2.6	1.8
필드 실력	81타 이하	(89)	44.9	6.7	1.1	13.5	10.1	5.6	2.2	4.5	3.4	-
	82-90타	(309)	50.2	12.0	7.1	6.5	6.5	5.2	1.6	2.9	1.3	0.3
	91-100타	(221)	43.4	11.8	10.4	10.0	5.9	5.4	2.7	1.8	2.3	2.7
	101-120타	(40)	55.0	12.5	12.5	2.5	5.0	-	5.0	-	-	2.5
	121타 이상	(5)	40.0	20.0	-	40.0	-	-	-	-	-	-

자료: 골프존, 2012년도 골퍼 U&A 조사(Base : N=821, 소수응답 미제시)

4. 스크린골프 U&A

① 스크린골프 이용 빈도

스크린골프 이용 빈도는 월 평균 4.6회로 2010년과 비슷한 수준이며, 주 1회 이상 이용자도 전체의 28.1%나 되어 필드 골프 대비 이용 주기가 매우 짧은 것으로 나타났다. 필드 골프의 경우 골프장까지의 이동거리 및 시간이 많이 소요될 뿐 아니라 비용도 만만치 않으며 날씨의 영향을 많이 받지만, 스크린골프는 이러한 제약 사항이 상대적으로 적기 때문인 것으로 풀이된다.

[그림-12] 스크린골프 이용 횟수(좌) 및 2012년 스크린골프 이용 빈도(우)

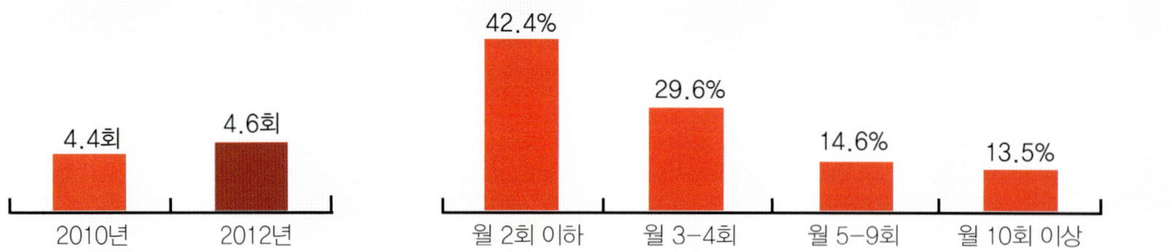

자료: 골프존, 2012년도 골퍼 U&A 조사(Base : N=937)

[표-10] 2012년 스크린골프 이용 빈도

(단위: %)

		사례 수	월 2회 이하	월 3-4회	월 5-9회	월 10회 이상	평균 (회)
전체		(937)	42.4	29.6	14.6	13.5	4.6
성별	남자	(751)	41.3	30.2	15.5	13.1	4.7
	여자	(186)	46.8	26.9	11.3	15.1	4.4
연령	20대	(107)	29.0	36.5	17.8	16.8	5.3
	30대	(274)	42.7	29.2	13.9	14.2	4.8
	40대	(302)	47.0	29.8	11.6	11.6	4.1
	50대 이상	(254)	42.1	26.8	17.7	13.4	4.7
골프 구력	3년 미만	(450)	35.6	32.4	14.2	17.8	5.3
	3-6년	(211)	42.2	28.4	17.1	12.3	4.6
	6년 초과	(276)	53.6	25.7	13.4	7.3	3.5
필드 실력	81타 이하	(59)	45.8	28.8	18.6	6.8	3.8
	82-90타	(237)	56.1	24.1	11.8	8.0	3.5
	91-100타	(185)	48.1	29.7	11.9	10.3	3.9
	101-120타	(30)	70.0	6.7	10.0	13.3	3.9
	121타 이상	(6)	83.3	16.7	-	-	1.8

자료: 골프존, 2012년도 골퍼 U&A 조사(Base : N=937)

② 스크린골프 이용 비용

스크린골프장 1회 이용 시 평균 라운딩 비용은 2.2만 원으로 2010년과 동일한 수준으로 나타났다. 특히 응답자의 70% 정도가 1.6-3만 원 정도의 저렴한 비용으로 스크린골프 라운딩을 즐기는 것으로 나타났다. 또한 저렴한 가격과 더불어 날씨, 시간에 상관없이 즐길 수 있다는 점이 골퍼들에게 어필하여, 필드(월 1.7회) 대비 상대적으로 라운딩을 자주 즐기는 것을 확인할 수 있었다. 지역별로는 서울과 광주 지역의 이용 비용이 상대적으로 높게 나타났다.

[그림-13] 스크린골프 평균 이용 비용(좌) 및 2012년 스크린골프 이용 비용(우)

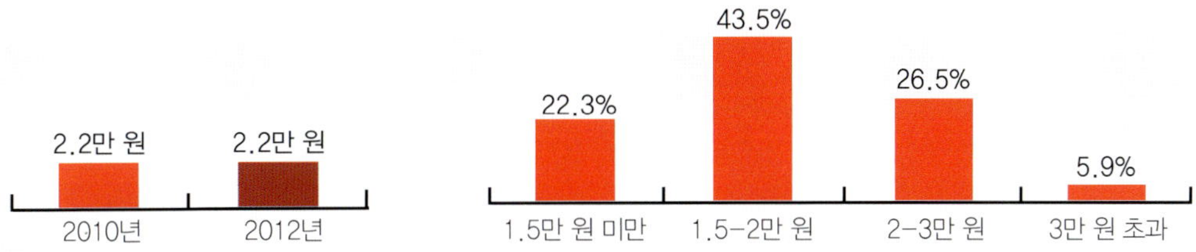

자료: 골프존, 2012년도 골퍼 U&A 조사(Base : N=937)

[표-11] 2012년 스크린골프 이용 비용 (단위: %)

		사례 수	1.5만 원 미만	1.5-2만 원	2-3만 원	3만 원 초과	평균 (만 원)
전체		(937)	22.3	43.5	26.5	5.9	2.2
성별	남자	(751)	21.2	44.2	26.5	6.3	2.2
	여자	(186)	26.9	40.9	26.3	4.3	2.1
연령	20대	(107)	23.4	49.5	21.5	4.7	2.1
	30대	(274)	22.6	41.2	28.5	4.7	2.2
	40대	(302)	23.2	42.1	25.8	7.3	2.2
	50대 이상	(254)	20.5	45.3	27.2	5.9	2.2
지역	서울	(359)	9.2	43.5	42.9	4.5	2.3
	경기	(103)	18.5	49.5	19.4	12.6	2.2
	인천	(66)	24.2	37.9	21.2	9.1	2.3
	부산	(136)	41.2	33.8	13.2	4.4	2.0
	대구	(90)	28.9	56.7	13.3	1.1	2.0
	광주	(61)	4.9	50.8	32.8	9.8	2.4
	대전	(61)	36.1	37.7	14.8	11.5	2.0
	울산	(61)	55.7	41.0	1.6	-	1.7

자료: 골프존, 2012년도 골퍼 U&A 조사(Base : N=937)

③ 스크린골프 매장 선택 요인

스크린골프장 선택 시에도 가장 중요한 것은 필드나 연습장과 동일하게 '접근성'(56.3%)으로 나타났으며, 다음으로는 '스크린골프 브랜드'(11.3%), '시설 수준'(7.9%) 순으로 나타났다.

많은 스크린골프 회사들이 센서의 정확성과 그래픽의 현실감을 차별성으로 내세우고 있지만, 골퍼들은 사실상 가장 가까운 곳에 위치한 익숙한 브랜드를 주로 찾는 것으로 보인다.

[그림-14] 스크린골프장 선택 시 고려 사항 (단위: %)

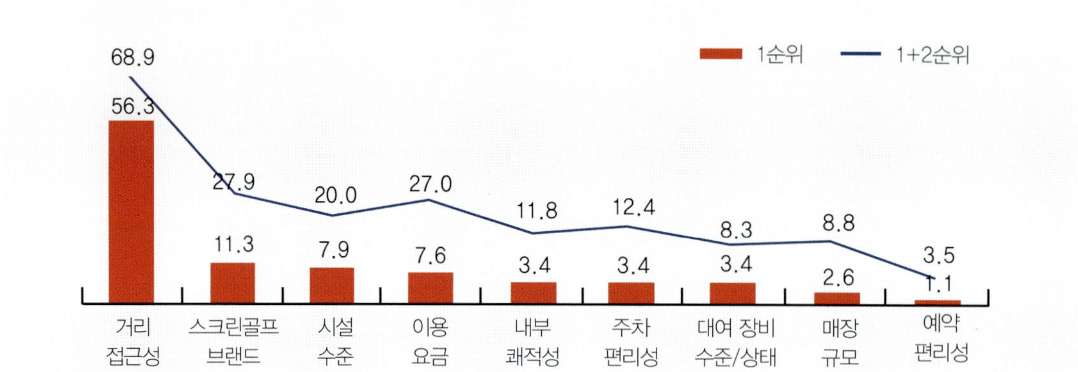

[표-12] 스크린골프장 선택 시 고려 사항 (단위: %)

		사례 수	접근성	스크린 골프 브랜드	시설 수준	이용 요금	내부 쾌적성	주차 편리성	대여 장비 수준/상태	매장 규모	예약 편리성
전체		(1,031)	56.3	11.3	7.9	7.6	3.4	3.4	3.4	2.6	1.1
성별	남자	(831)	55.5	12.0	8.5	7.3	3.1	3.7	3.1	2.8	0.6
	여자	(200)	59.5	8.5	5.0	8.5	4.5	2.0	4.5	2.0	3.0
연령	20대	(112)	58.9	8.0	4.5	13.4	1.8	2.7	4.5	0.9	1.8
	30대	(293)	51.2	10.9	11.6	8.2	2.7	4.4	4.1	3.8	0.7
	40대	(333)	58.3	11.7	6.3	7.8	4.8	2.7	2.4	1.8	1.2
	50대 이상	(293)	58.0	12.6	7.2	4.4	3.1	3.4	3.4	3.1	1.0
스크린 이용 빈도	월 2회 이하	(397)	55.7	10.6	10.8	8.6	3.5	3.3	3.0	2.0	0.3
	월 3-4회	(277)	52.0	13.0	6.5	10.8	3.6	2.9	3.6	2.5	1.8
	월 5-9회	(137)	60.6	11.7	5.1	6.6	2.9	3.6	2.9	3.6	0.7
	월 10회 이상	(126)	57.1	9.5	7.9	2.4	3.2	5.6	4.0	4.8	2.4
스크린 실력	81타 이하	(337)	54.0	12.8	7.4	7.1	3.6	3.3	4.2	3.6	0.9
	82-90타	(331)	54.7	10.6	11.2	7.6	3.0	4.5	3.0	1.5	1.5
	91-100타	(82)	59.8	11.0	3.7	9.8	4.9	2.4	4.9	3.7	-
	101-120타	(128)	60.9	6.3	6.3	12.5	2.3	2.3	2.3	3.9	-
	121타 이상	(22)	54.5	9.1	-	9.1	9.1	4.5	-	-	4.5

자료: 골프존, 2012년도 골퍼 U&A 조사(Base : N=1,031, 복수응답)

④ 스크린골프 주 라운딩 요일 및 동반자

앞서 언급한 것처럼 스크린골프는 시간과 공간적인 제약이 필드 골프 대비 덜하기 때문에, 주중과 주말의 구분 없이 이용한다는 응답자가 40.1%로 가장 많았으며, 주중에 즐긴다는 응답도 35.6%로 높게 나타났다.

한편 주중에는 주로 직장 동료/지인 등과 함께 라운딩을 즐기는 반면, 주말에는 회사/업무 목적보다는 친구/지인과 즐기는 비중이 상대적으로 높게 나타났다.

[그림-15] 스크린골프 이용 요일 및 요일별 동반 유형

(단위: %)

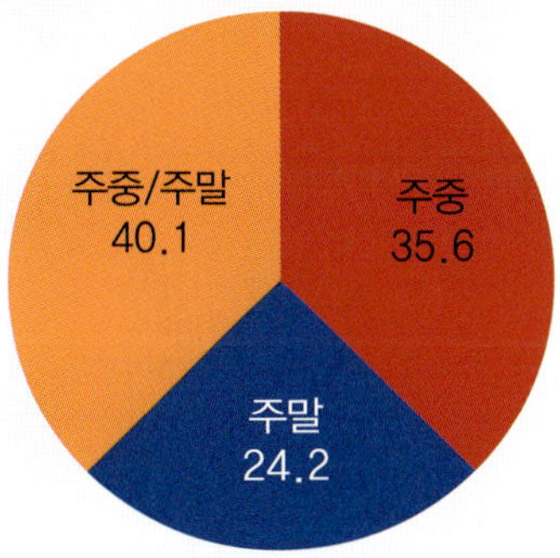

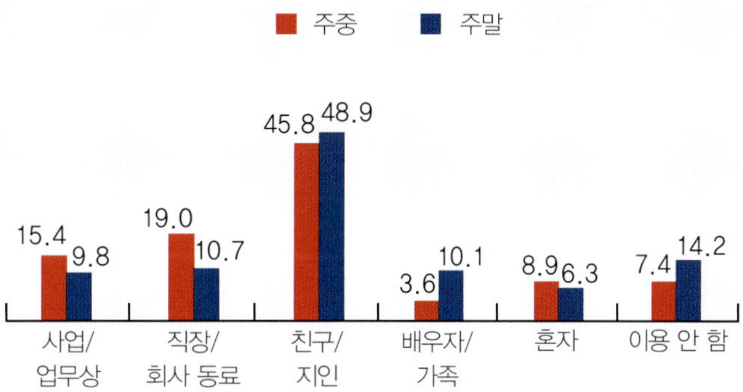

자료: 골프존, 2012년도 골퍼 U&A 조사(Base : N=937)

⑤ 스크린골프 브랜드 인지도

스크린골프 인지자의 96.1%가 스크린골프 브랜드를 인지하고 있는 반면, 상세한 브랜드명을 인지하지 못하는 골퍼는 3.9%에 불과한 것으로 나타났다. 이는 지난 2010년 62.8% 대비 33.3%p나 상승한 수치로, 이제 스크린골프는 골퍼들 사이에서 '모르면 간첩'이라는 말까지 나올 정도로 대중화되었다. 한편 스크린골프의 브랜드별 인지도는 최초 상기 기준으로 '골프존'이 83.2%, N형/

[그림-16] 스크린골프 브랜드 인지 여부

(단위: %)

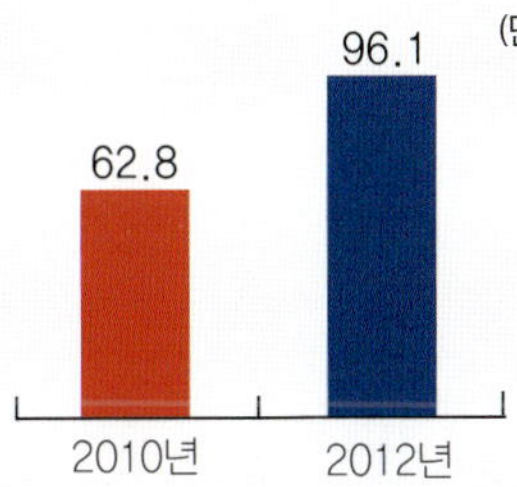

리얼/비전 등의 제품 브랜드까지 합치면 94.1%의 인지율을 보이며, 타 브랜드와의 인지도 비교에서 압도적으로 높은 위치에 있는 것으로 확인되었다.

[그림-17] 브랜드별 인지도

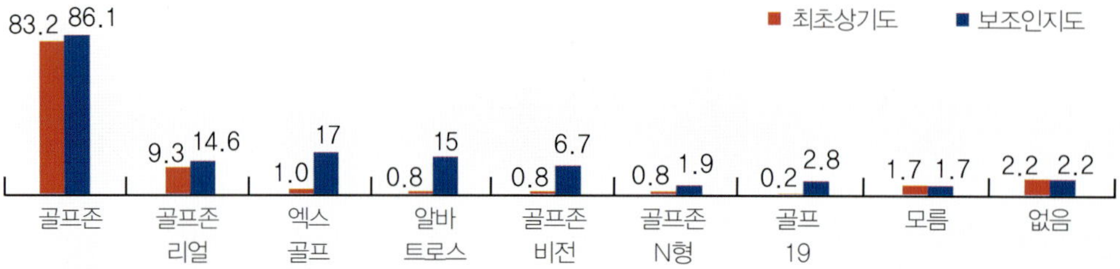

자료: 골프존, 2012년도 골퍼 U&A 조사(Base : N=1,186, 복수응답)

[표-13] 스크린골프 브랜드별 인지도

(단위: %)

		사례 수	골프존	골프존 리얼	골프존 비전	골프존 N형	엑스골프	알바 트로스	골프 19	미인지
전체		(1,186)	83.2	9.3	0.8	0.8	1.0	0.8	0.2	3.9
성별	남자	(949)	84.9	8.4	0.9	0.6	1.2	0.7	0.1	3.1
	여자	(237)	76.4	12.7	0.4	1.3	0.4	1.3	0.4	7.2
연령	20대	(122)	82.8	9.8	0.8	1.6	2.5	0.8	-	1.6
	30대	(318)	83.3	11.3	0.3	0.6	0.6	0.6	0.3	2.9
	40대	(387)	83.5	8.5	1.0	0.5	1.3	1.3	-	3.9
	50대 이상	(359)	83.0	8.1	1.1	0.8	0.6	0.6	0.3	5.6
골프 구력	3년 미만	(490)	82.2	11.2	0.8	0.8	0.6	0.8	-	3.4
	3-6년	(287)	82.6	8.7	1.0	0.7	1.4	1.0	0.3	4.2
	6년 초과	(409)	84.8	7.3	0.7	0.7	1.2	0.7	0.2	4.1
지역	서울	(449)	90.2	6.2	0.7	-	1.3	0.2	-	1.3
	경기	(125)	76.8	18.4	-	1.6	-	1.6	-	1.6
	인천	(80)	58.8	25.0	6.3	3.8	3.8	-	-	2.6
	부산	(175)	87.4	4.0	1.1	-	-	2.3	0.6	4.6
	대구	(119)	73.9	15.1	-	0.8	0.8	-	-	9.2
	광주	(79)	78.5	5.1	-	-	-	1.3	-	15.2
	대전	(80)	88.8	1.3	-	3.8	2.5	-	-	3.8
	울산	(79)	82.3	11.4	-	-	-	2.5	1.3	2.5

자료: 골프존, 2012년도 골퍼 U&A 조사(Base : N=1,186, 복수응답)

⑥ 스크린골프 브랜드별 이용 경험 및 선호도

스크린골프 브랜드 경험에 대해서는 '골프존'이 86.8%로 다른 브랜드에 비해서 압도적으로 높은 경험률을 보이고 있으며, 지난 2010년 대비 11.7%p 상승한 수치이다. 이는 스크린골프 경험자 중 브랜드를 인지하지 못하는 골퍼나, 스크린골프를 경험하지 못한 골퍼들을 제외하고는 모두 골프존 브랜드를 '한 번이라도 이용한 경험이 있는 것'으로 해석할 수 있다.

골프존 브랜드별 세부적인 경험률을 살펴보면, '골프존 리얼'이 57.2%로 가장 높은 경험률을 보이고 있으며, '골프존'이 52.5%로 그 뒤를 잇고 있다. 한편 2012년에 새롭게 론칭한 '골프존 비전'도 18.3%의 경험률을 보여 경쟁 브랜드보다 높은 경험률을 보이는 것으로 조사되었다.

[그림-18] 스크린골프 브랜드 이용 경험(좌) 및 골프존 세부 브랜드별 경험률(우)

(단위: %)

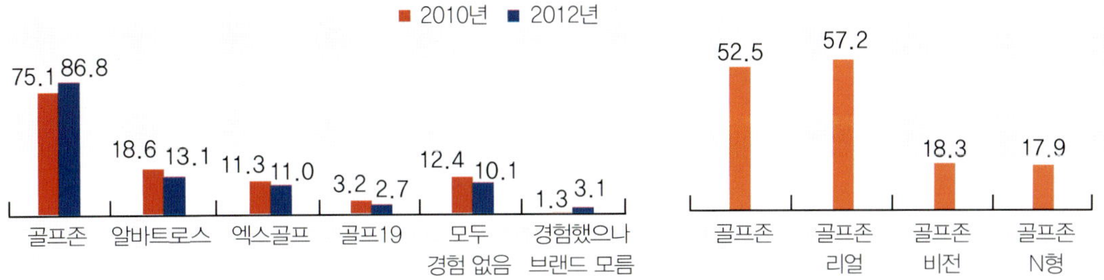

주: 패밀리골프는 2012년 5월 부도 처리되어 조사 대상에서 제외함

자료: 골프존, 2012년도 골퍼 U&A 조사(Base : N=1,179, 복수응답, 소수응답 미제시)

스크린 골퍼들의 주 이용 브랜드 조사에서도 골프존에 대한 선호도가 다른 브랜드에 비해서 압도적으로 높은 것으로 나타났다. 2010년에도 경쟁 브랜드와의 선호도 비교에서 84.3%로 우위를 차지한 바 있으며, 2012년 조사 결과에서는 11.4%p 상승한 95.7%의 선호도를 보이며 스크린 골퍼들에게 가장 사랑받는 브랜드임을 재확인하였다.

골프존 세부 브랜드별 선호도에서는, '골프존 리얼'이 53.9%로 가장 많은 이용률을 보였고, 세부 브랜드는 인지하지 못하지만 골프존 브랜드를 주로 친다는 응답이 33.3%로 많았다.

[그림-19] 주 이용 스크린골프 브랜드

(단위: %)

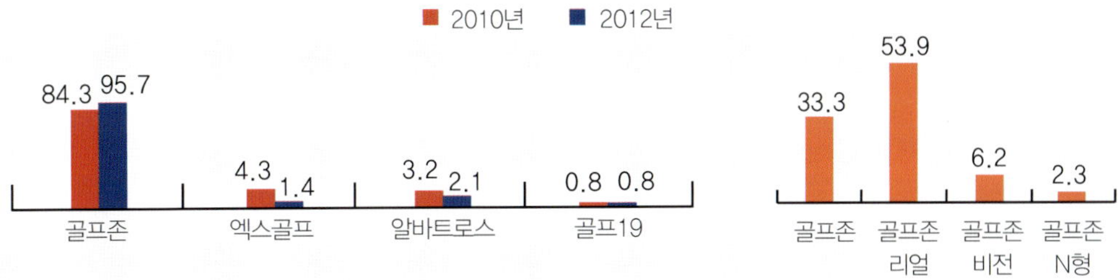

주: 패밀리골프는 2012년 5월 부도 처리되어 조사 대상에서 제외한

자료: 골프존, 2012년도 골퍼 U&A 조사(Base : N=1,024, 소수응답 미제시)

03

대한민국 골퍼의 유형

앞장에서 살펴보았듯이 2012년 말 기준 대한민국의 골퍼 수는 약 271만 명으로 파악되었다. 이 가운데 필드 인구와 실외 연습장 인구가 각 146만 명, 실내 연습장 인구가 133만 명, 스크린골프 인구가 186만 명인 것으로 추정하고 있다.

[그림-1] 골퍼의 유형 분석 과정

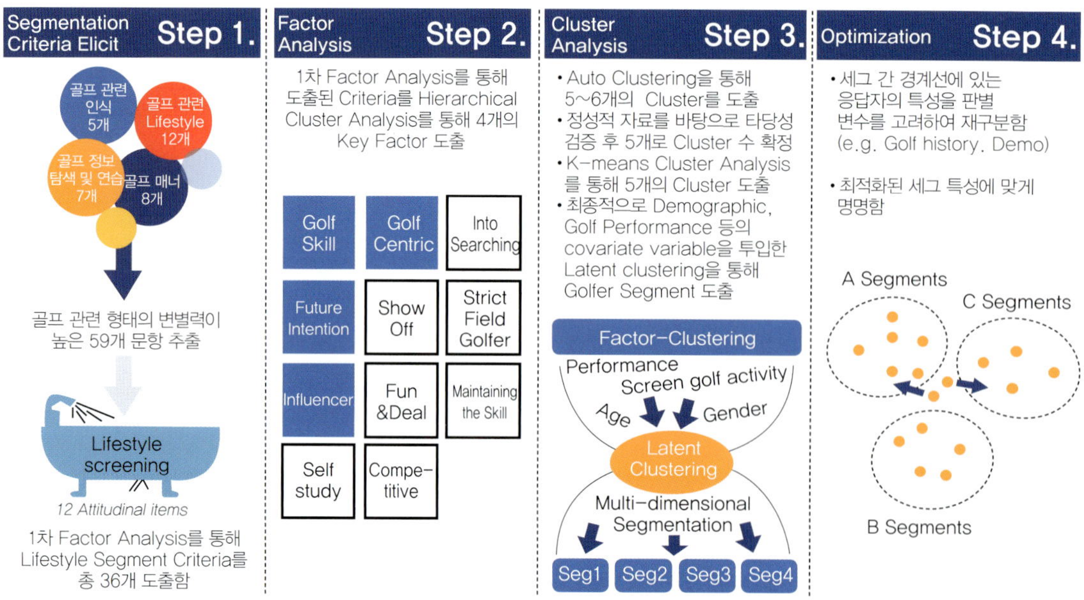

그렇다면 대한민국 현재 골프 인구 약 271만 명의 유형은 어떻게 분류할 수 있을까?

골프에 대한 인식 및 태도, 정보 탐색, 골프 이용 행태, 평소의 골프 연습 방법, 골프 실력, 구력, 용품 및 의류 구입 행태, 라이프스타일, 데모그래픽 항목 등을 통해 골퍼의 유형을 구분해 보았다. 이번 조사는 2011년 5대 광역시, 만 25세 이상 59세 이하 성인 남녀 골퍼 3,774명을 표본 추출하여 조사한 결과이다. [그림-1]과 같은 골퍼 유형 분석 과정을 통해서 변수의 59가지 질문에 의해 도출된 결과 값을, 요인 분석 및 군집 분석 같은 통계학적 방법을 활용하여 골퍼를 구분할 수 있는 요인을 도출하고, 최종적으로 [그림-2]와 같은 5가지 골퍼 유형으로 구분해 보았다.

그 결과, 대한민국 골프 인구 중 10.3%가 '목표를 위해 달려가는 상승지향형 집단(Enthusiastic Seeker)'으로 나타났으며, 15.4%가 '현재의 골프 실력을 유지하기 위해 꾸준히 노력하는 현상유지형 집단(Basic Seeker)'으로 나타났다. 또한 '현재 수준에 만족하지 않고 실력 향상을 위해 노력하는 상승지향성 집단(Highly-motivated Explorer)'이 19.4%, '보통 수준의 골프 기본기를 갖추고 있는 현상지향형 집단(Easy Goer)'이 18.7%인 것으로 조사된 한편, '초보자 집단(Beginner)'은 36.1%로 대한민국 골프 인구 중 가장 높은 비중을 차지함을 알 수 있었다.

좀 더 명확하고 쉬운 이해를 위해 각 골퍼 유형의 특징을 자세히 살펴보도록 하자.

먼저 대한민국 골퍼 중 가장 높은 비율을 차지하는 유형은 '초보자 집단(Beginner)'이다. 초보자 집단의 대표적인 특징은 골프 실력이 좋은 주변 사람들에게 조언을 구하며, 기본기, 골프에 대한 몰입도,

[그림-2] 골퍼의 유형

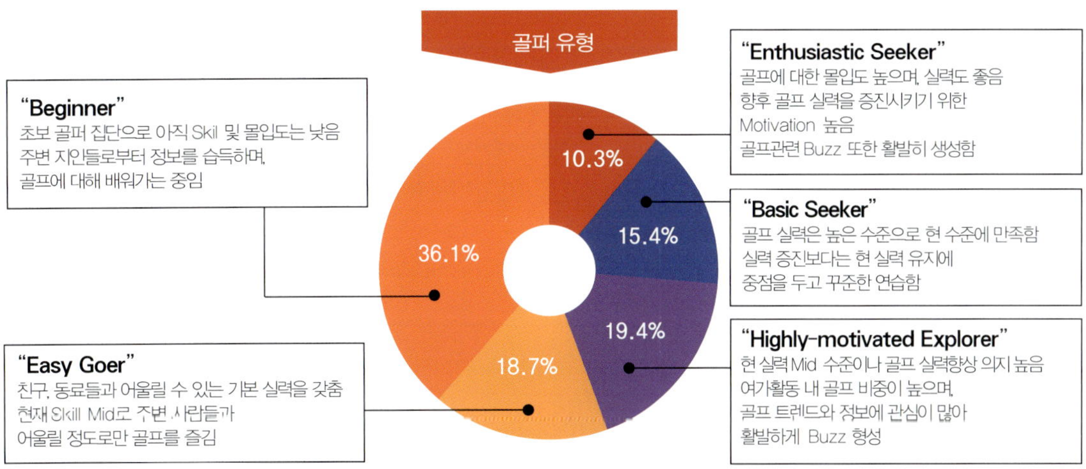

주변 영향력, 모두 다소 떨어지는 성향의 골프 걸음마 단계라고 할 수 있다. 이들 대부분은 100타 이상, 2년 미만 구력의 골퍼로서 골프를 이제 막 시작하는 단계인 '초심자'라고 볼 수 있다.

이들이 주로 하는 말은 "골프를 시작하긴 했는데, 처음에 지인의 강요로 시작해서 재미도 없고 실력도 잘 늘지 않아요", "골프는 어차피 취미 생활로 하는 건데 스트레스 받거나 신경 쓰고 싶은 생각은 별로 없어요", "필드 나가서 좋은 공기 마시면서 자연을 느끼는 것이 좋을 뿐, 캐디가 시키는 대로 하는 경우가 많아요" 등으로, 골프에 대해 다소 수동적이라고 할 수 있다.

실력 상승 정도에 따라 상위 집단으로 업그레이드될 수 있는 집단과 그렇지 못한 집단으로 분류될 수 있으며, 20~30대 초반의 직장인이 초보자 집단을 대표한다.

다음으로 높은 비율을 차지하는 대한민국 골퍼 유형은 '중급 수준의 실력으로 현재 수준에 만족하지 않고 실력 향상을 위해 노력하는 상승지향성 집단(Highly-motivated Explorer)'이다. 이들의 골프 구력은 2~5년, 실력은 91~100타의 중급 수준이지만, 현재 본인의 실력에 만족하지 못하고 실력 향상에

대한 의지가 강하며, 원하는 것을 꼭 이루고자 하는 성향을 갖고 있다.

높은 목표(Low handy)를 갖고 그것에 도달하기 위해 시간과 비용 투자를 아끼지 않는 적극적인 성향은 필드 라운드에서도 엿볼 수 있다. 이 집단의 대부분은 새로운 골프장에서 새로

운 경험하는 것을 좋아하며, 필드 라운드 전 골프 코스를 꼭 확인하는 적극성을 보인다. 골프 클럽을 구입할 때도 반드시 시타 및 다양한 채널을 통해 정보를 수집한 후 구입하는 주도면밀한 성향을 나타낸다.

또한 골프 관련 트렌드에 관심이 높고, 다양한 활동을 통해 영향력을 행사하는 이 집단은 향후 골프 상급자로 발전할 가능성이 가장 높은 집단이라고 볼 수 있다. "골프는 4년 정도 쳤는데 조금만 더 노력하면 싱글로 진입할 수 있을 것 같아서 연구하면서 열심히 연습하고 있어요"라거나 "다른 과격한 운동은 중단하고 골프에만 매진하고 있어요. 내가 좋아하는 골프를 못 치게 될까 두려웠거든요"라면서 골프에 대한 높은 집중과 관심을 나타내기도 한다.

전체 여가 활동 중에서 유독 골프의 비중이 높다는 특성을 발견할 수 있으며, 30~40대 남자 직장인 및 자영업자가 이러한 집단을 대표한다고 할 수 있다.

다음은 '중급 수준의 골프 기본기를 갖추고 골프를 즐기는 현상유지형 집단(Easy Goer)'이다. 이 집단을 쉽게 표현하자면 골프 실력을 높이는 것보다는 현재 타수에서 동반자와 함께 라운딩하는 것을 즐기고, 스코어에 스트레스받지 않는, 관계 지향적인 명랑골퍼라고 할 수 있다. 골프 실력의 향상보다는 건강, 취미, 사업상 관계 유지 등 다방면의 필요에 의해 골프를 활용하는 성향을 보이며, 골프 구력은 5년 정도, 타수는 92~105타인 중급 수준의 골퍼 유형이라고 말할 수 있다 .

현상유지형 집단(Easy Goer)은, 골프보다는 골프장의 자연 경관 보는 것을 더 즐기며, 접대 골프가 없는 날에는 주로 집에서 영화 감상을 하거나 휴식을 취하는 등 정적인 활동을 좋아하는 집단이기도 하다. 골프 관련 시간과 비용 투자가 적은 편으로 적극적인 도전보다는 수동적이며, 편안한 것을 추구하는 성향을 보인다.

이러한 집단의 특성은 연령, 구력, 실력, 개인적인 성향보다 본인이 어떠한 직종에 종사하느냐에 따라 큰 영향을 받을 것이라고 생각하며, 직장인보다는 개인 사업자

인 자영업 종사자들 중심의 집단 형성이 두드러지는 것으로 나타난다.

다음은 '현재의 중/상급 이상 골프 실력을 유지하기 위해 꾸준히 노력하는 현상유지형 집단(Basic Seeker)'이다. 이 집단의 특징은 '여가 활동으로 골프를 지속적으로 즐기고 있으며, 수준 높은 골프 실력을 갖추고 있어 실력 향상보다는 유지에 노력하는 골퍼'라고 할 수 있다. 고소득층 50대 남성의 전문직 종사자 및 기업체 임원급이 이 집단을 대표할 수 있으며, 골프 구력은 10~15년, 실력은 82~90타 수준이다. 이 집단은 골프에 대한 금전적 투자 비용이 월등히 높으며, 골프 구력 및 실력이 좋기 때문에 골프 매너를 중요시하는 성향을 보인다. 이들이 생각하는 골프의 의미는 '평생 함께해야 할 인생의 동반자'이며, "스트레스 받지 않고 가족을 포함해 편한 사람들과 즐기면서 치는 골프를 하려고 노력한다"는 말을 주로 한다.

마지막으로 대한민국 골퍼 중 가장 낮은 비율을 차지하는 '목표를 위해 달려가는 상승지향형 집단(Enthusiastic Seeker)'에 대해 살펴보자. 이들은 현재 골프 실력이 좋음에도 불구하고, 스코어를 줄이기 위해 적극적으로 시간과 비용을 투자하는 집단이라고 할 수 있다. 삶 자체가 골프 중심의 라이프스타일이라고 해도 과언이 아니다. 여가 시간 대부분을 골프에 할애하며, 평소 대화도 골프에 관련된 가십거리 및 정보 등이 주가 된다.
상위 클래스인 이 집단은 다른 집단과는 다른 특기할 만한 성향을 가지며, 이러한 성향이 집단 형성에 직접적인 영향을 준다고 볼 수 있다. 이들의 성향은 강한 승부욕, 프로 자격증을 향한 도전 정신, 계획적이고 꼼꼼한 성격 및 철저한 자기 관리 등이 특징적이다. 또한 항상 내기 골프를 즐기며, 본인 실력에 대한 자부심이 높은 집단이다.
40대 남성 중심의 전문직 종사자 및 개인 월 평균 소득 800만 원 이상인 골퍼가 이 집단을 대표하며,

특히 배우자가 함께 골프를 치는 비율이 가장 높은 집단으로, 가족 전체가 골프에 대한 열의와 흥미가 높다는 것을 알 수 있다. 골프 실력은 Basic Seeker와 비슷하지만, 골프 구력은 연령의 차이로 Basic Seeker 대비 다소 낮은 5~10년 수준이다.

지금까지 대한민국 골퍼의 유형은 어떻게 구분되고, 유형별로 어떠한 특징이 있는지 살펴보았다. 과연 나는 어떤 골퍼에 해당되는지 알 수 있는 좋은 계기가 되었으리라 생각한다.

앞서 2장에서 언급된 바와 같이 국내 스크린골프는 2000년대 이후 본격적으로 시장이 형성되었으며, 시장 형성 초기의 필드 골프를 대체하는 수단에서 지금은 또 다른 문화산업으로 발전하게 되었다. 2007년 말에는 약 1,680개에 불과했던 스크린골프방이 2012년 6월 기준 약 7,900여 개에 이르는 것으로 확인되었으며, 2011년 168만 명이었던 스크린골프 이용객도 2012년 한 해 동안의 이용객이 186만 명인 것으로 추정된다. 업계에서는 실제로 스크린골프가 전체 골프 인구의 증가를 이끈 것으로 파악하며 이에 주목하고 있다. 다시 말해, 스크린골프만 이용했던 인구가 점차 필드와 연습장으로 확산되고 있으며, 실질적으로 스크린골프 인구 증가가 전체 골프로 확산되며 골프 업계 전반의 동반 성장을 이끌어 낸 것으로 풀이하고 있다.

그렇다면 매년 증가하고 있는 대한민국 스크린골프 인구에 대해서도 궁금할 것이다. 마찬가지로 ㈜골프존 주관, 5대 광역시, 만 25세 이상 59세 이하 성인 남녀 골퍼 3,774명을 표본 추출하여 조사를 실시했으며, 스크린골프에 대한 인식과 태도, 정보 탐색, 골프 연습, 골프 매너, 스크린골프 플레이 행태 등의 36가지 질문을 통해 다음과 같은 4가지 스크린 골퍼 유형을 구분해 보았다.

그 결과, 대한민국 스크린골프 인구 중 25.4%가 '스크린골프에 대한 흥미 및 몰입도가 높은 Screen Centric Player'로 나타났으며, 20.3%가 '필드 골프를 보다 잘 치기 위해 스크린골프를 병행하는 Field Related Player'인 것으로 나타났다. 또한 40.4%가 '스크린골프는 재미있는 게임, 놀이 활동 중에 하나라고 생각하는 Just Game Player'였으며, 13.9%가 '스크린골프는 주변 사람들이 권할 때 이용하는 Passive Follower'인 것으로 조사되었다.

[그림-3] 스크린 골퍼 유형

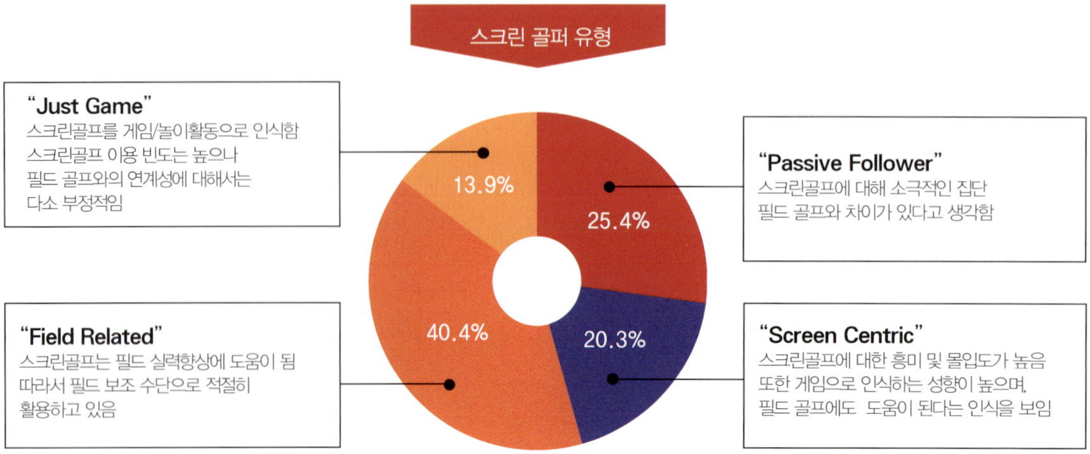

각각의 스크린 골퍼 유형에 대해 자세히 살펴보도록 하자.

첫 번째로 가장 높은 비율을 차지하는 스크린 골퍼 유형은 '스크린골프는 재미있는 게임, 놀이 활동 중에 하나라고 생각하는 Just Game Player'이다.

이들이 생각하는 스크린골프는 친구들과 함께 즐길 수 있는 게임 중 하나이며, 실제 필드에서 치는 골프와는 다르다는 생각을 갖고 있다. 스크린골프를 월 3회 이상 꾸준히 이용하는 골퍼로 스크린골프 플레잉(조작 버튼, 방향키 등)에 대한 적극성이 두드러지며, 향후에도 스크린골프를 계속 이용하겠다는 의향이 가장 높은 집단이다.

그러나 '스크린골프는 필드 골프에 방해가 된다'라고 생각하며, 필드 골프와의 연계성에 대해서 부정적인 인식이 높은 집단이기도 하다. 골프 구력 2년 미만, 평균 타수 101타 이상의 젊은 20~30대 초보 골퍼가 이 집단을 대표한다고 할 수 있다.

두 번째로, '스크린골프에 대한 흥미 및 몰입도가 높은 Screen Centric Player'에 대해 살펴보자.

이 집단이 생각하는 스크린골프는 비록 게임성이 있지만, 필드 골프에 도움이 되는 여가 활동 중 가장

가치 있는 것이라고 인식하고 있다. 쉽게 표현하면 스크린골프에 대한 로열티(충성도)가 매우 높고, 매주 한 번 이상 매장을 찾으며 스크린골프 실력 또한 상급자인 골퍼라고 말할 수 있다.

이들의 큰 특징은 스크린골프 라운딩 시, 방향키 및 단축키 등을 적극적으로 이용한다는 것이다. 라운딩 후에도 웹사이트를 통해 게임 기록과 스윙 동영상을 확인하는 등 스크린골프에 대한 몰입도가 높은 50대 남성, 평균 90타 미만의 실력을 갖춘 골퍼라고 할 수 있다.

다음은 '필드 골프를 보다 잘 치기 위해 스크린골프를 병행하는 Field Related Player'이다.

이들은 스크린골프가 필드 골프 실력 향상에 도움이 되고, 필드 골프와 큰 차이가 없다고 인식하는 상급자 집단이다. 골프 실력 향상을 위해 실내외 골프 연습장을 이용할 뿐 아니라 스크린골프를 통해 코스를 익히고 샷을 점검하는 '스크린골프 예찬론자'라고 표현할 수 있다.

골프 실력은 82~90타 수준으로 평균 구력이 7년인 50대 남자가 이 집단을 대표한다.

마지막으로 '스크린골프는 주변 사람들이 권할 때 이용하는 Passive Follower'에 대해 살펴보자.

이들은 스크린골프가 필드 골프와 연계성이 떨어진다고 인식하고 있으며, 향후 어떤 골프 유형을 더 많이 이용할 것인가에 대한 물음에 스크린골프보다는 실내외 연습장을 이용할 것이라는 태도를 보이는 집단이다. 스크린골프 이용 횟수도 가끔씩 매장을 방문하는 수준이며, 골프 실력도 100타 이상의 초급자라고 볼 수 있다.

라운딩 동반자가 권유할 때 마지못해 어울리는, 스크린골프에 대해 소극적인 골퍼라고 할 수 있다.

5장

골프 관련 상식

01

골프 규칙
(Rule&Etiquette)

① 지각하는 것은 이미 골퍼로서 자격이 없는 것

라운드 출발 시간에 늦는 것은 아침부터 모두에게 폐를 끼치는 일이다. 최소한 티오프 시간 한 시간 전에 도착해 가볍게 아침 식사를 하거나 차를 마시면서 마음의 여유를 갖는다.

그리고 퍼팅 연습을 끝낸 후에는 볼과 소지품 등을 챙겨서 라운드 시작 5분 전에 출발 지점에서 대기해야 한다.

② 준비 동작은 길지 않게

굼벵이 골퍼 동반 라운드 기피 대상! 볼을 마주하고 서서 마치 '기도하듯' 한참 동안 정신을 집중한다거나, 소위 왜글(waggle: 어드레스 상태에서 긴장을 풀기 위해 클럽 헤드를 앞뒤로 움직이는 행동)을 수십 차례 하는 것은 좋은 샷을 할 확률을 떨어뜨릴 뿐 아니라, 골프 동반자로서의 매너 점수도 끌어내린다.

어드레스 상태에서 30초간 '묵념'하고 또 30초 동안 왜글을 한 뒤 별안간 준비 자세를 풀고는 "몇 야드랬지?" 하고 묻는 느림보 골퍼는 되지 말자.

프로 골퍼들은 공식 경기에서 셋업한 뒤 20초 이내에 샷을 하지 않으면 벌타를 받지만, 아마추어들은 샷 하기 전에 너무 시간을 끌면 동반 라운드 거부라는 벌을 받을 수도 있다.

③ 상대방이 샷 할 때는 방해하지 않도록

집중을 방해하는 잡음, 행동은 삼가야 한다.

코스 내에서는 사방이 탁 트여 있어 작은 소리라도 멀리까지 퍼져나간다. 떠드는 골퍼들은 그것이 고의건 아니건 간에 다른 플레이어들을 '김새게' 한다는 사실을 기억해야 할 것이다.

④ 연습 스윙은 연습 타석에서만

골프 백이 실린 카트가 도착하기 무섭게 드라이버를 꺼내 들고 휙휙 바람을 가르는 사람이 있다.

그 사람 옆에는 라운드에 앞서 인사하려는 도우미가 지나다니고, 또 갑자기 걸려온 전화를 받느라 황급히 전화기를 넣어 둔 카트로 달려가는 동반자도 있다.

그 큰 드라이버 헤드에 한 번 맞으면 빗맞아도 최소한 라운드를 포기해야 하는 상태에 이른다.

티그라운드에 올라가서도 혹시 누가 옆에 있는지를 앞뒤 좌우로 꼭 확인하고 스윙을 하자. 어쩌다 휘두른 드라이버가 큰 일을 만들기도 한다는 것을 명심하자.

⑤ 볼 찾는 시간 최대 5분

골프 규칙 제27조에 따르면 '플레이어 또는 이들의 캐디가 볼을 찾기 시작해 5분 이내에 발견하지 못하는 때는 분실구이며, 1타 페널티를 받고, 앞서 플레이를 한 지점, 또는 되도록 그곳에서 가까운 지점에서부터 플레이를 재개해야 한다'고 명시되어 있다.

즉, 볼을 찾을 수 있는 시간은 최대한 5분이라는 말이다. 5분이 되지 않았더라도 볼을 찾을 수 있는 가능성이 없다고 생각되면 즉시 다음 플레이를 진행해야만 한다. 늑장 골퍼로 낙인 찍혔을 때 받는 '에티켓 벌타'는 골프를 하는 한 떨쳐버리기 어렵다.

⑥ 안전 거리 확인

티를 떠난 골프 볼은 흉기나 다름없다. 하지만 이 사실을 잘 알면서도 앞 팀이 안전 거리 내에 있는데 티 샷을 하는 '간 큰' 골퍼들이 있다.

앞 팀에 보이지 않는 블라인드 지역이 있는 홀에서 캐디의 만류에도 불구하고 볼을 때려 기어코 앞 팀과 시비를 벌이고야 마는 '호전적인' 골퍼들도 있다. '페어웨이가 저렇게 넓은데 행여 내가 사람을 맞힐 정도로 샷이 정확할까'라고 생각하는 골퍼들도 위험하긴 마찬가지다. 골프 볼로 인한 타구 사고는 치명적인 부상을 유발할 수 있으며, 그날의 라운드는 말할 것도 없이 자신과 피해자의 일생에 돌이킬 수 없는 상처를 남길 수 있다는 사실을 명심하자.

⑦ "포어"라고 외칩시다

'포어(Fore)'라는 말을 듣고 몸을 피했더라면, 볼에 맞지 않을 수도 있었는데 무방비로 있다가 중상을 입었다고 상상해보자. 맞은 사람은 물론 볼을 친 자신 역시 그날 라운드를 즐기기는 다 틀렸다. 치료와 보상 문제로 골머리를 썩게 될지도 모른다.

포어는 원래 '앞쪽'을 뜻하지만 골프에서는 '주위를 살피라'는 의미로 쓰여 자신과 동반자, 다른 팀 골퍼들의 안전을 살펴야 한다는 골프의 기본 에티켓에 잘 맞는 말이라고 할 수 있다. "볼" 또는 "볼 보세요." 하고 외쳐도 무방하다.

⑧ 디봇에 관심을

히팅이 정확하지 못한 일반 골퍼들은 잦은 '뒤땅 치기'로, 두껍고 크게 생긴 디봇 자국을 남기기 쉽다. 페어웨이 한가운데로 멋지게 날아간 볼이 공교롭게도 남이 만들어 놓은 디봇 자국에 빠져 있다고 생각해보자. 이런 경우는 누구나 경험할 수 있는 일이고, 누구든 참을 수 없는 분노가 치밀어 오를 것이다. 그러므로 디봇 자국을 냈다면 곧바로 모래로 메우는 습관을 들이자. 직접 하면 좋겠지만 캐디에게 알려줘 조치를 취하게 하는 것도 방법이다. 다른 이용자들을 위하는 행동인 동시에 자신을 위한 일이기도 하다.

⑨ 클럽은 스스로 챙겨야

퍼팅하면서 그린에 내려놓은 웨지를 두고 온 경우라면 다음 팀이 갖다 주는 일이 많지만, 넓은 페어웨이나 숲 속에 던져 둔 클럽은 후속 팀이 발견하기 어려울뿐더러 자신도 어디에 두고 왔는지 기억하기가 힘들다.

클럽을 가져오지 않았다는 사실을 알아차리면 그때부터 플레이에 집중할 수가 없다. 캐디가 클럽을 챙겨주는 일이 대부분이지만 완전히 의존할 수는 없는 일이다. 자신의 클럽을 스스로 챙기는 일은 동반자들과 자신의 플레이를 망치지 않기 위해, 경제적 손실을 막기 위해 골퍼가 지켜야 할 에티켓이다.

⑩ 순서대로 합시다

세컨드 샷부터 홀에 볼을 넣을 때까지의 순서는 '홀에서 먼 사람이 우선'이다. 이 순서는 뒤쪽에서 날아오는 볼을 보면서 안전을 확인하기 위한 것이기도 하고, 동반자들의 샷을 봐주는 배려이기도 하다. 같이 걸어가면서 홀에서 먼 사람부터 샷을 하고 다시 나란히 긷는 것은 '함께하는 스포츠'인 골프의 매력이 듬뿍 묻어나는 원칙이다. 뒤쪽에서 샷을 준비하는 동반자를 생각하지 않고 무조건 자기 스윙만 하려고 달려드는 골퍼들은 골프의 참맛을 느끼지 못할 뿐 아니라, 동반자들로부터 에티켓 벌점을 받을 수 있다.

⑪ 드롭은 정확하게

드롭을 할 때는 반드시 지켜야 할 원칙이 있다. 팔을 뻗은 상태로 볼을 어깨 높이만큼 들어올렸다가 가만히 볼을 떨어뜨려야 하는 것이다. 그러나 대부분의 골퍼들은 볼을 그냥 던져 놓거나 지면이 평탄한 페어웨이 중앙 쪽을 향해 슷제 볼을 집어 던지기도 한다. 물론 볼을 라이(위치 상태)가 나빠질 것이 뻔한 상황에서 원칙대로 드롭할 것을 요구하는 야박한 사람은 극히 드물다. 그렇지만 편의를 봐주는 쪽은 자신이 아니라 동반자다. 에티켓을 지키려는 최소한의 노력에 상대방의 '인정(人情)'이 우러나오는 법이다.

⑫ 뛰거나 발 끌지 않기

그린에 스파이크 자국을 남기는 것은 잔디를 손상시킬 뿐 아니라, 다른 골퍼들에게도 피해를 주는 매너 없는 행동이다. 골프 룰에 따라 스파이크 자국은 수리할 수 없기 때문이다.

골프 룰에 따라 퍼팅 선상에 있는 볼 자국과 오래된 홀 마개 등은 수리할 수 있지만 퍼팅 라인에 영향을 줄 수 있는 홀 주변의 스파이크 자국을 수리하면 1벌타를 받게 된다. 그러므로 아무 생각 없이 뛰거나 신발을 끌어서 낸 자신의 스파이크 자국 때문에 다음 팀의 플레이가 버디 기회를 놓치거나 보기 퍼팅조차 실패할 수 있다는 점을 명심하자.

⑬ 그린을 안방처럼

그린에 도착해 퍼팅 라인을 살피는 동안 볼이 떨어져 생긴 움푹 패인 자국을 손질하는 애정을 발휘하자. 단, 볼 자국을 보수하는 방법을 미리 숙지해야 한다는 점을 기억해야 한다.

방법은 그린 보수기를 주머니에 넣고 다니면서 패인 부분 주위를 찔러서 돋워 올린 다음, 퍼터 바닥으로 살짝 눌러 평탄하게 만드는 것이다. 이것이 서툴다면 도우미에게 일러주는 것도 좋은 방법이다. 라운드 때 그린 보수기를 지니는 것은 보수 그 자체보다 그린을 아끼고 사랑하는 마음가짐을 늘 일깨우고자 하는 데 있다고 볼 수 있다.

⑭ 퍼팅 라인 밟지 맙시다

일부 파렴치한 골퍼는 상대방의 퍼팅 라인을 뛰어 넘어가며 자신이 매너를 지키고 있는 것처럼 연기하면서 교묘하게 라인 상에 착지하는 고단수 '견제 행동'으로 동반자들을 불쾌하게 만들기도 한다.
물론 초보 골퍼의 실수이거나, 마커를 발견하지 못해 정말 모르고 밟은 경우도 있다. 그러나 고의든 아니든 다른 사람의 퍼팅 라인을 밟고 지나가는 것은 자신의 게임에만 집착하는 이기적인 행동으로 간주될 수 있으니 각별히 주의해야 한다.

⑮ 온 그린 즉시 마크

골프 규칙 제18조와 제19조에 따르면, 그린에 멈춰 있는 볼이 그린 밖에서 친 볼에 맞았을 경우 양측 모두 벌타가 없다. 그러나 그린에서 퍼팅한 볼이 다른 골퍼의 볼에 맞았다면 볼을 친 골퍼는 2벌타를 받게 된다. 원래 정지돼 있던 볼은 있던 자리에서 리플레이스 한 뒤 플레이를 계속할 수 있지만 다른 볼을 맞힌 볼은 멈춰 선 그 자리에서 플레이를 하게 된다. 그러므로 자신이 마크를 하지 않았기 때문에 동반자의 볼이 완전히 다른 방향으로 가거나 홀에서 먼 곳에 멈춰 버릴 수 있다는 점을 명심하자.

⑯ 퍼팅라인 스스로 판단을

볼이 홀을 비켜가면 골퍼들은 십중팔구 캐디를 흘겨보면서 라운드 분위기를 썰렁하게 만든다.

퍼팅 라인은 스스로 판단해야 한다. 물론 라인을 판단하기 위한 정보, 즉 어느 쪽이 높은지 또는 낮은지를 캐디에게 물어볼 수는 있지만 그 결정은 골퍼 본인이 해야 한다는 말이다.

또 경과에 대한 책임도 스트로크에 문제가 없었는지 스스로 반성해 보는 것이 바람직하다. 홀마다 캐디에게 볼을 놓아달라고 하면서도 계속 "제대로 봤냐"며 의문을 제기한다면, 캐디는 물론 같은 말을 반복해서 들어야 하는 동반자도 짜증날 수 있다.

⑰ 그린을 일찍 비웁시다

그린은 플레이를 위해 잠시 빌렸을 뿐이라는 사실을 명심해야 한다. 이용을 마친 뒤 빨리 떠나지 않는 골퍼들은 이미 남의 것이 돼버린 그린을 '무단 점거'하고 있는 셈이 된다.

본의 아니게 그린에서 플레이가 지연됐을 경우라면, 깃대를 꽂은 후, 다음 팀을 향해 가볍게 목례라도 하고 나서 그린을 떠난다면 세련된 매너를 가진 골퍼라는 소릴 듣게 될 것이다. 다른 사람에 대한 약간의 배려만 있으면 모두가 유쾌한 라운딩을 즐길 수 있다는 점을 기억하자.

⑱ 벙커는 낮은 쪽으로 출입

벙커에 들어갈 때의 원칙은 볼의 후방에서부터 턱이 낮고 볼에 가까운 곳으로 들어가야 한다는 것이다. 벙커 턱이 높고 경사가 급한 곳을 밟고 뛰어내리면 턱의 일부가 무너지거나 모서리 부분의 이물질이 벙커 내로 흘러내리기 쉽기 때문이다. 특히 건조한 겨울이나 장마철에는 더욱 주의해야 한다.

⑲ 벙커 샷 후에는 정리를

벙커에서 플레이가 끝났다면 반드시 모래를 정리해야 한다. 이때는 그린의 핀(깃대) 방향에 따라 평행하게 고르는 것이 좋으며, 벙커에서 나올 땐 들어갔던 길로 되돌아 나오며 발자국을 없애면 된다.

벙커를 출입할 때의 기본적인 에티켓을 잘 기억해둔다면 벙커 샷은 서툴더라도 매너는 만점이라는 찬사가 따를 것이다.

벙커에 들어가기 전에는 샷을 한 뒤 즉시 고무래를 집을 수 있도록 가까이에 옮겨두도록 한다.

02

골프 경기 방식

스트로크 플레이(Stroke Play) 골프 경기에서 가장 일반적인 방식은 Par 72, 18홀 기준으로 총 타수가 가장 적은 사람이 승리하는 것이다. 일반적인 라운딩에서는 플레이어 간의 실력 차이를 인정해서 핸디캡 등을 적용하는데, 실제 총 타수(Gross)에 핸디캡의 숫자만큼 뺀 숫자가 점수(Net)가 된다.

예를 들어 핸디캡이 1인 플레이어 A와 핸디캡 5인 플레이어 B가 시합을 해서 A가 80타, B가 83

타로 18홀을 마무리하면 A의 점수는 80-1=79, B의 점수는 83-5=78이 최종 점수가 되어 B가 승리하는 방식이다.

핸디캡을 적용하지 않는 방법도 있는데 이를 스크래치(Scratch)라고 한다.

매치 플레이(Match Play) 매치 플레이는 두 사람이 1:1로 대전하는 것이다. 홀마다 타수의 많고 적음에 따라 승부를 겨루어 이긴 홀이 많은 쪽을 승자로 하는 경기이다. 한 홀을 이기면 '업(UP)', 지면 '다운(DOWN)', 무승부면 '하프(HALF)', 이긴 홀과 진 홀이 동수일 경우에는 '올스퀘어(ALL SQUARE)'라고 부른다.

포볼(Fourball) 두 명이 한 팀이 되어 팀 Vs. 팀의 경기를 펼친다. 각자 자신의 볼로 경기하고 홀마다 가장 좋은 점수를 기록한 볼을 득점으로 인정하는 방식이다.

스킨스 매치(Skins Match) 매치 플레이로서 홀마다 상금을 걸고 해당 홀에서 이긴 플레이어가 상금을 차지하는 방식이다. 한 홀에서 승부가 결정되지 않아 다음 홀에서 승부가 결정되면 그 홀을 이긴 플레이어가 2개의 상금을 모두 차지한다.

페리오 방식(Perio Method) 전반과 후반 홀에서 각각 3개 홀씩 6개의 홀을 임의로 정한다. 지정된 홀에서 실제 친 타수를 합해 3을 곱하고, 코스의 기준 타수를 뺀 뒤 여기에 다시 0.8을 곱해 나온 숫자를 핸디캡으로 산정하는 방식이다. 실제 타수가 35라고 가정하면 핸디캡은 (35×3-72)×0.8의 값인 26.4가 된다.

신페리오 방식(New Perio Method) 임의 홀을 전 · 후반 6개씩 12개 홀을 지정한다. 그 12개 홀의 실제 타수를 더해 1.5를 곱한 뒤 기준타수를 빼 다시 0.8을 곱해준다.

예를 들어 12개 홀의 실제 총 타수가 76이라면 (76×1.5-72)×0.8을 계산한 33.6이 핸디캡이 되는 방식이다.

라스베이거스(Lasvagas) 핸디캡 적용이 어려울 경우 편을 나누는 것이 가장 공평한 방법이다. 1명당 9만 원씩 플레이 전에 모으면 4명 1조에 36만 원이 되고, 이것을 한 홀당 스트로크로 이긴 편 2명이 1만 원씩 2만 원을 빼간다.

편을 정하는 방법은 첫 홀에서 드라이브 샷거리에 따라 가장 멀리 나간 사람과 가장 적게 나간 사람이 한편이 되고, 나머지 2명이 한편이 된다.

2번 홀부터는 전 홀의 스코어에 따라 가장 잘 친 사람과 가장 못 친 사람이 한편이 된다. 그리고 그 나머지가 한편이 되는 방법으로 편이 계속 바뀌게 되므로 내기의 묘미는 그대로 느끼면서도 개인적 손실은 그다지 크지 않아 많은 골퍼들이 즐기는 경기방식이다.

포섬(Foursome) 포섬은 매치 플레이의 방식으로 2인 1조로 1개의 볼을 교대로 치는 방식이다.

예를 들어 1번이 티샷을 하면 2번이 세컨 샷을 하는 방식으로 개인기와 팀워크가 중요한 게임방식이다.

쓰리섬(Threesome) 한 사람과 다른 두 사람이 벌이는 매치 플레이로 각 편에서 볼 한 개로 플레이하며 두 명의 조는 샷을 번갈아 해야 한다.

베스트 볼(Best Ball) 2인조 경기 방식으로 두 사람 중 가장 잘 친 사람의 스코어를 적용하는 방식이다.

어게인스트 플레이(Against Play) 매치 플레이와 동일한 형식으로 홀마다 파에 도전하는 방식이다. 파를 못하면 '-', 버디를 하면 '+', 홀마다 승부를 가려 18홀이 끝나면 '+'가 많은 사람이 승리하는 방식이다.

포인트 터니(Point Tourney) 각 홀의 파에 도전하는 경기이다. 파보다 1타 많으면 1점, 2타 이상이면 0점, 파와 같으면 2타, 1타 적으면 3점을 주어 점수를 많이 얻는 사람이 이기게 된다.

툼 스톤(Tomb Stone) 코스의 파 합계와 핸디캡을 더한 수가 자신의 점수이다.

예를 들어 파 72인 코스에서 핸디캡이 10인 사람은 82가 자기 점수이다. 이 점수와 같은 수의 스트로크가 났을 때 경기를 종료하고, 가장 마지막에 정지한 볼이 그 사람의 기록이 되며 가장 멀리 간 사람이 우승한다.

어니스트 존(Honest Zone) 핸디캡에 관계없이 자신의 실력을 정확히 신고해야 유리하다. 우승할 욕심으로 그날 목표를 넉넉잡아 95타로 신고한 사람이 85타를 쳤을 경우, 우승 영예와 별도

니어 핀

롱기스트

로 10타나 적게 친 벌금을 낸다. 예를 들어 10타*1,000원=10,000원이 벌금이 된다.

반대로 많이 쳤을 경우 역시 마찬가지이기 때문에 자신이 그날 목표에 최선을 다해 근접해야 한다.

니어 핀(Near Pin) Par 3홀에서 티샷이 그린에 안착하여 핀에 가장 근접한 사람이 승리하는 방식이다. 그러나 니어핀에 성공하고도 Par 이하의 점수로 홀 아웃을 못 하면 인정받지 못한다.

롱기스트(Longest) 드라이버 샷의 비거리가 제일 긴 사람이 승리하는 방식이다. 일반적으로 Par 5홀에서 진행하며, 페어웨이에 안착한 볼만 인정한다.

03

골프 클럽에 대한 이해

1. 골프 클럽 기본 상식

2011년 ㈜골프존이 한국리서치와 함께 조사한 결과에 따르면, 대한민국 골퍼 중 약 93%가 본인의 골프 클럽을 소유하고 있으며, 단일 브랜드의 풀 세트 보유율보다 클럽종류별 다른 브랜드의 보유율이 6대 4 비율로 높게 나타났다.

또한, 골프 클럽을 직접 구입한 비율이 70%로 양도, 지인을 통해 선물로 받는 비율보다 압도적으로 높은 수치를 보여, 골프 클럽 선택 시 관여도가 높다는 것을 간접적으로 유추할 수 있다.

골프 클럽은 기본적으로 끝(헤드)이 나무로 된 우드와 금속제인 아이언 클럽, 그린에서 볼을 굴리는 퍼터로 나눈다. 우드는 장타를 날리기 쉽도록 보통 헤드는 크게, 샤프트는 길게 만들어져 있다. 최근에는 여러 종류의 금속으로 대체되고 있어 비거리와 정확도가 좋아지고 있으며, 예전에는 나무로 만들어졌기 때문에 지금까지도 우드라 불리고 있다.

각 클럽의 번호가 낮을수록 볼을 날릴 수 있는 거리는 길어진다. 예를 들어 1번 우드인 드라이버의 평균 비거리가 220야드인 데 비해 5번 우드는 180야드에 그친다. 아이언 역시 비거리에 따라 1~3번이 롱 아이언, 4~6번이 미들 아이언, 7~9번이 숏 아이언으로 나뉜다. 골퍼는 경기에서 최대 14개의 클럽을 쓸 수 있으며 그 구성은 개인 취향과 능력에 따른다.

즉, 1번, 3번, 5번 우드 + 2번부터 샌드까지 아이언 10개 + 퍼터 1개 등 총 14개이다.

[표-1] 우드의 종류

번호	구분	설명
1번	드라이버(Driver)	가장 파워가 좋은 클럽이며 티에서 최대한의 거리를 낼 때 사용함
2번	브래시(Brassie)	드라이버보다 1인치 정도 짧고 조금 더 무거우며 로프트가 큼
3번	스푼(Spoon)	보통 파 5홀에서 세컨 샷으로 온그린을 하고자 할 때 쓰지만 까다로운 클럽이어서 사용빈도가 적음
4번	버피(Buffy)	3번보다 잘 맞고 5번보다는 거리가 있어 사용빈도가 많음
5번	클리크(Cleek)	보기플레이어에서 가장 칠 기회가 많은 클럽

먼저 우드에 대해 살펴보자. 우드는 총 5가지로, 크게 드라이버와 페어웨이 우드로 나뉜다. 우드 1번 드라이버는 골프 클럽 중 헤드가 가장 크고, 길이가 가장 긴 골프채를 말한다. 헤드크기의 제한은 460cc이며, 예전 클럽의 경우 420, 440cc와 같이 작은 체적을 가진 모델이 있었다고 한다. 헤드 크기는 유행을 타며 최신 모델의 경우 초보자들이 마음 편하게 칠 수 있도록 헤드 크

우드(Wood)의 부위별 명칭

전통적인 헤드 모양(좌)과 사각 헤드 모양(우)

기를 크게 만드는 추세라고 한다.

헤드는 일반적으로 반달모양이다. 제조사별로 관성모멘트(빗맞아도 볼이 똑바로 날아가도록 하는 능력)를 높이기 위해 약간씩 차이가 있다.

최근에는 반달모양에서 벗어나 관성모멘트가 크다는 사각 드라이버가 등장했으나 전통적인 디자인을 벗어나서인지 그다지 인기는 없다.

헤드의 소재는 대부분 티타늄과 스테인리스 스틸로 만들어진다.

시중에 나와 있는 모델 중 헤드페이스 기준으로, 좌우로 넓은 모델(샬롯페이스)과 위아래로 길쭉한 모델(딥페이스)로 구분한다.

샬롯페이스형 모델은 대부분 초·중급자용 모델에 적용되며 무게중심이 뒤쪽에 있어 공을 띄우기가 쉽게 되어 있다.

딥페이스형 모델은 무게중심이 헤드 중심에서 약간 앞으로 쏠려 있다. 때문에 스윙 스타일이 어퍼스윙이 아니라 강한 파워를 동반한 찍어치기 위주의 샷 스타일을 가진 골퍼가 사용할 경우 무시무시한 비거리를 만든다고 한다.

그러나 그렇지 못한 골퍼가 어퍼스윙을 기반으로 한 스윙을 할 경우, 이를 흔히 '뱀 샷'이라고 하는데 지면에 낮게 깔려가는 미스 샷 및 비거리도 손해를 볼 수 있다.

헤드의 모양은 무게중심과 깊은 연관이 있다. 무게중심에는 중심 높이, 유효 타면, 중심 심도, 중심 거리 등이 종합적으로 작용한다.

드라이버 무게중심에 대한 설명

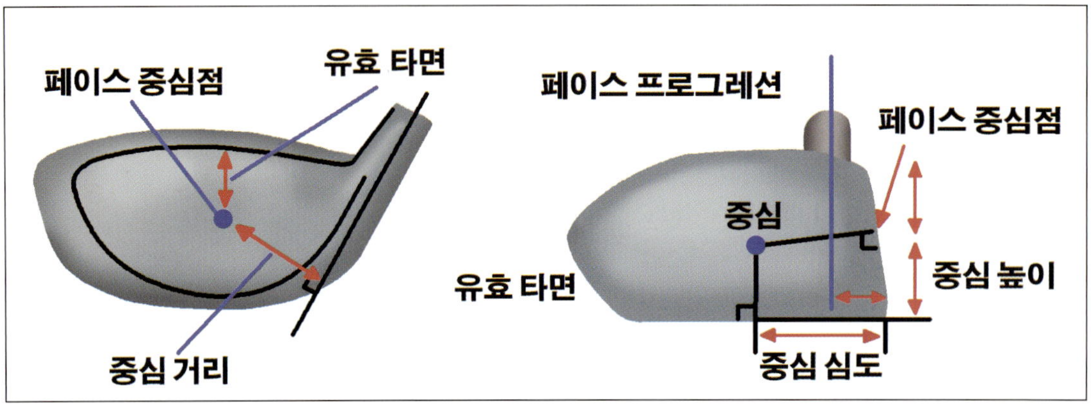

① 중심 거리

중심 거리는 샤프트의 라이를 이루는 중심으로부터 헤드페이스 중심점까지의 거리를 의미한다. 최근 가장 많이 활용되는 티타늄 드라이버의 경우, 중심 거리는 32~33㎜부터 38~40㎜ 정도이다. 중심 거리가 크면 비거리에 도움을 주지만 대신 방향성이 떨어지고, 너무 작으면 비거리에서 손해를 본다.

② 유효 타면

유효 타면은 헤드페이스의 중심점부터 페이스 상단까지 이어진 평면을 의미한다. 스윙의 궤도가 수직으로 원을 그리기 때문에 사실상 볼이 중심점에 맞는 것보다 유효 타면에 임팩트시키는 것이 볼의 탄도가 높고, 백스핀이 감소하여 비거리를 늘릴 수 있다.

③ 중심 심도

기존 메탈 드라이버의 중심 심도는 30㎜ 미만이었지만, 티타늄 드라이버로 발전하면서 중심 심도가 36㎜까지 확장되었다.

중심 심도가 클수록 스윗스팟(Sweet Spot)이 넓어지고 방향의 안정성이 좋아진다.

또한 드라이버의 특성상, 어퍼블로스윙 형태로 임팩트가 이루어지기 때문에 탄도가 높아지고, 백스핀량이 증가한다. 그러나 헤드 스피드가 빠른 상급자나 파워스윙어 스타일의 골퍼들이 중

로프트 각도와 라이 각도에 대한 설명

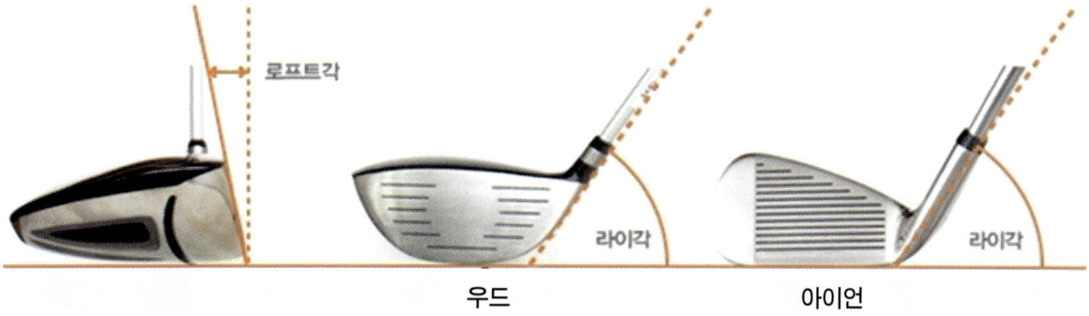

[표-2] 우드의 종류별 Spec

번호	구분	로프트(도)	표준 비거리(야드)	라이(도)
1번	드라이버(Driver)	9 - 12	210 - 220	53
2번	브래시(Brassie)	13 - 15	200 - 210	54
3번	스푼(Spoon)	16 - 18	190 - 200	55
4번	버피(Buffy)	19 - 21	180 - 190	56
5번	클리크(Cleek)	22 - 24	170 - 180	57

심 심도가 큰 것을 사용하면 백스핀량이 지나치게 많아지고, 탄도가 높아져 비거리에서 손해를 볼 수도 있다.

④ 중심 높이

최근 티타늄 드라이버의 중심 높이는 22~24㎜부터 28~30㎜ 정도이다. 중심 높이가 낮을수록 볼을 쉽게 띄울 수 있지만 탄도가 높아지고, 백스핀이 많아져 비거리에 손해를 볼 수 있다.

중심 심도와 마찬가지로 헤드 스피드가 빠른 상급자, 파워스윙어 골퍼는 중심 높이가 높을수록 비거리에 도움이 된다.

로프트는 헤드페이스의 각도를 의미하며 90도를 기준으로 높여진 정도를 말한다. 통상적으로 드라이버의 로프트는 8.5도, 9도, 9.5도, 10도, 10.5도, 11도, 11.5도, 12도로 나뉜다. 제조사에 따라 11.25도, 11.75도와 같은 로프트로 나뉘기도 한다.

다양한 강도의 샤프트 종류

일반적으로 9.5도, 10.5도, 12도(여성용)의 3가지로 나뉜다.

로프트 각도가 크면 클수록 공의 아랫부분을 들어올리는 기분으로 치게 되어 공을 쉽게 뜨게 한다. 반면, 공의 각도가 작을수록 공의 중심부를 치게 하여 공을 낮고 멀리 나가게 한다. 클럽 선택 시 방향성과 정확성을 중시하는 경우에는 로프트가 큰 모델을, 비거리를 중시하면 로프트가 작은 모델을 선택하면 된다. 또한 골프를 막 시작했거나 구력이 얼마 안 된 골퍼의 경우에는 10.5도를 사용하고 80타 중 · 후반 정도를 치는 골퍼들은 9.5도를 사용하는 경우가 많다.

다음은 라이 각에 대해 살펴보자.

라이 각이란, 샤프트가 지면과 대응하는 각도를 의미한다. 골퍼의 신장과 팔 길이에 맞추어 적절한 것을 사용해야 한다. 라이각이 작으면 헤드의 토우 부분이 들리게 되고, 라이 각이 크면 힐 부분이 들려 안정된 스트로크를 할 수 없다고 한다.

키가 큰 골퍼는 업라이트(Upright : 각도가 큰, 수직의)한 라이의 클럽을, 키가 작은 골퍼는 플랫(Flat : 각도가 작은, 평평한)한 라이의 클럽을 선택해야 한다. 그러나 라이 각이 샷에 미치는 정도는 웨지에 많은 영향을 미치기 때문에 민감해 하지 않아도 된다.

드라이버의 샤프트는 보통 그라파이트 소재를 사용한다. 예전에는 스틸을 사용한 적도 있었지

[표-3] 샤프트 강도별(Flex) 특성

구분	명칭	헤드 스피드	사용 대상
L	Ladies	33~35㎧	일반적인 여성, 주니어
A	Average	35~38㎧	시니어, 여성 강타자
R	Regular	38~42㎧	일반적인 남성
S	Stiff	42~45㎧	강타자
X	eXtra Stiff	45㎧ 이상	프로, 톱 아마추어

만 그라파이트 소재가 개발됨으로써 비거리가 폭발적으로 늘어났다고 한다.

샤프트 강도 즉 탄성은 딱딱하고 부드러운 정도를 말한다. 남성용의 경우 X(eXtra), S(Stiff), RS(Regular Stiff), R(Regular), A(Average), 여성용은 L(Ladies)로 구분하고, X에서 L로 갈수록 강도는 약해진다.

힘이 약하거나 스윙 스피드가 느린 골퍼는 탄성이 강한 샤프트를 사용하고, 힘이 강하거나 스윙 스피드가 빠른 골퍼는 탄성이 약한 샤프트를 사용하면 된다.

즉, 힘이 약하거나 스윙스피드가 느린 골퍼가 탄성이 강한 샤프트를 사용하는 이유는, 샤프트의 휘청거림과 같은 탄력을 이용함으로써 볼의 탄도를 높여 비거리에 도움을 주기 위해서이다.

클럽에는 두 가지 중량이 있다. 손으로 들었을 때 느껴지는 클럽 헤드의 중량과 밸런스 감각이 그것이다.

클럽의 밸런스 개념

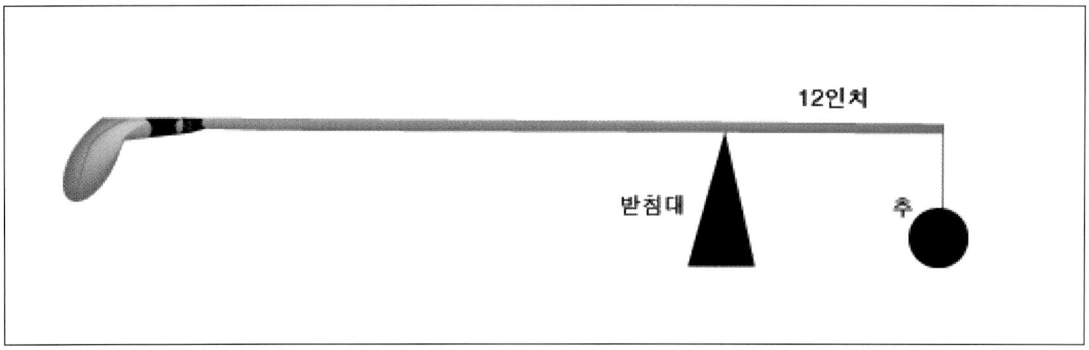

스윙 웨이트는 밸런스 감각을 의미하는 것으로 클럽의 헤드 쪽과 그립 쪽의 밸런스를 나타낸다. 자신에게 적합한 클럽, 스윙에 알맞은 클럽을 선택할 때 잊지 말아야 한다. 클럽을 손가락 위에 올려 놓고 수평을 유지해 보면, 밸런스의 지점을 알 수 있다. 헤드가 무거우면, 당연히 손가락이 헤드에 가깝다. 클럽에 표시되어 있는 스윙 웨이트는 이를 토대로 측정한 것이다.

스윙 웨이트는 가벼운 순서부터 A, B, C, D, E의 5단계로 나뉘고 다시 그것을 0~9까지 10등분해 표시한다. A0~B9는 힘이 약한 골퍼 및 소년, 소녀, 노인용으로 적합하며, C0~C7은 여성, 힘이 약한 남성용, C8~D3은 일반 남성용, D4~D9는 힘이 센 사람, 일반 프로용, E는 프로나 하드히터용이다.

다음은 토크에 대해 살펴보자.
토크는 샤프트의 뒤틀림 정도를 말하는 것으로 수치가 크면 클수록 뒤틀림이 커진다. 그 정도는 1~9까지 수치로 나타내며, 드라이버의 경우 평균 토크는 4~5 사이다. 토크 숫자가 작을수록 샤프트가 딱딱한 느낌을 준다.
드라이버를 선택할 때 A브랜드와 B브랜드가 같은 R(레귤러) 스펙의 샤프트인데 시타를 해보면 그 느낌이 다르다는 것을 알 수 있다. 같은 스펙이지만 기본적으로 브랜드별 기본형의 강도가 미세하지만 서로 다르며, 결정적으로 토크 수치 때문에 다른 느낌을 받게 된다.
4.5 정도 되는 토크의 드라이버를 사용했던 골퍼가 3.2 정도의 드라이버로 칠 경우, 엄청난 버거움을 느낄 뿐만 아니라 거리도 잘 안 나오는 경우가 발생한다. 때문에 드라이버를 새로 구입할 때는 샤프트 플렉스와 토크를 가장 중점적으로 살펴봐야 할 것이다.

드라이버 다음으로 공을 멀리 보내기 위한 페어웨이 우드는 통상 남성용은 3번, 5번, 여성용은 4번, 7번으로 구성되어 있다. 클럽의 번호가 커질수록 로프트 수도 커지고 클럽헤드의 크기는 작아진다.
헤드형태는 3가지로 구분한다. 첫 번째 납작한 형태의 샬로우 페이스는 찍어 치는 타법을 구사할 때 탄도가 높은 볼이 발생할 확률이 높다. 두 번째 뭉툭한 형태의 유틸리티형은 초보자에게 좋은 다른 헤드 형태의 단점을 보완하여 제작된 모델이다. 마지막으로 전통적인 둥근형의 헤드 형태는 볼을 띄우기가 쉽지 않아 초보자에게는 어려운 모델이라고 한다.

다음은 아이언 클럽에 대해 살펴보자.
아이언을 선택하는 경우는 정교한 티샷을 할 때, 턱이 높은 벙커에서 탈출할 때, 어프로치 샷을 할 때, 잔디가 긴 곳 또는 디봇 안에서 칠 때, 나무와 같은 장애물이 있을 때 등 그 쓰임새가 다양하다. 아이언 헤드의 소재는 일반적으로 철로 되어 있으나 요즘은 티타늄 등 합금으로 만들기도 한다.
또한 제조 방식에 따라 '단조 아이언'과 '주조 아이언'으로 나뉜다.
주조 아이언은 'Casting'이라고도 하며 헤드 모양의 거푸집(틀)을 만들어 놓고 거기에 쇳물을 부어 제조하는 방식이다. 특징은 일단 가격이 저렴하고 마모가 잘 되지 않으며, 스윗스팟이 넓어 정중앙에서 조금 벗어나도 방향성이 좋다는 것이다. 초보자용으로 많이 사용되지만 단조에 비

아이언의 부위별 명칭

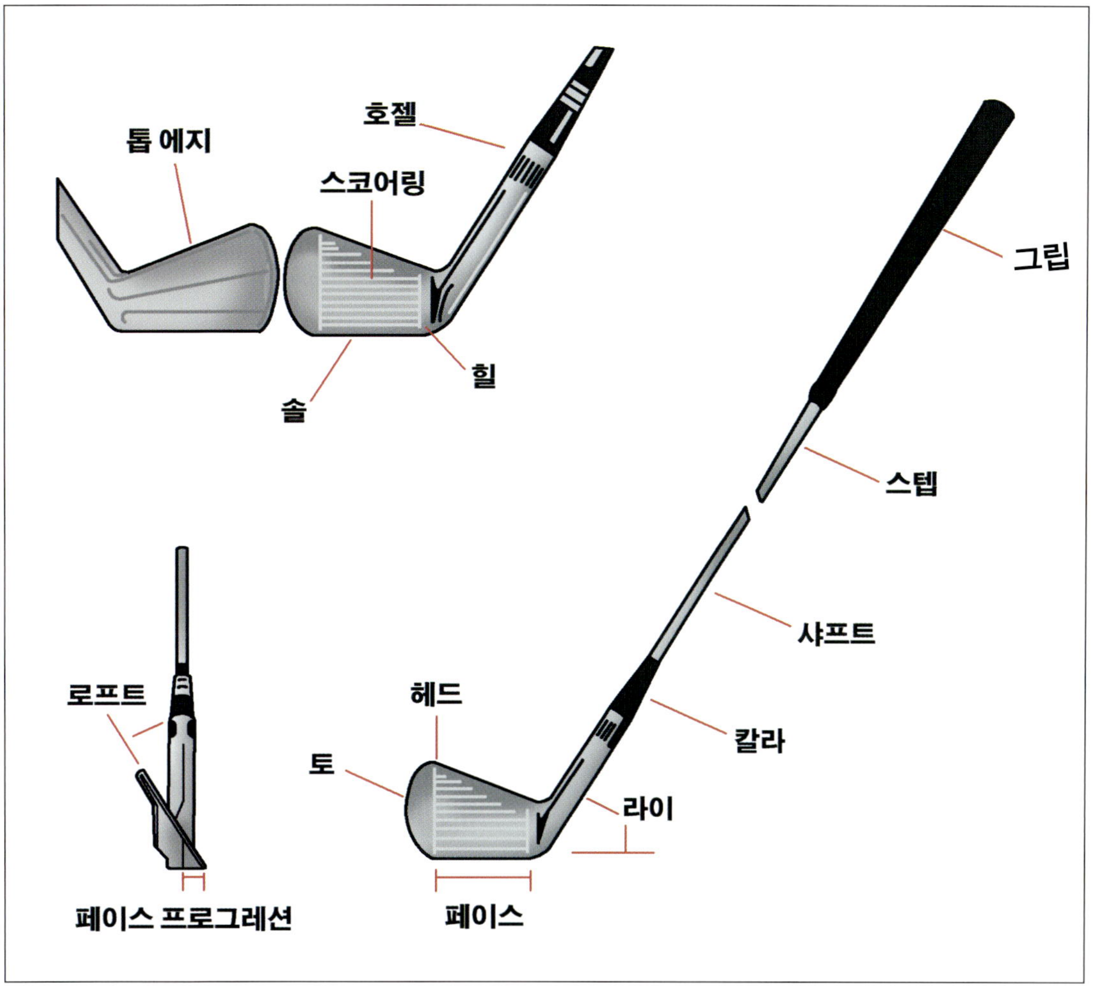

단조 금형(좌)과 주조 금형(우)

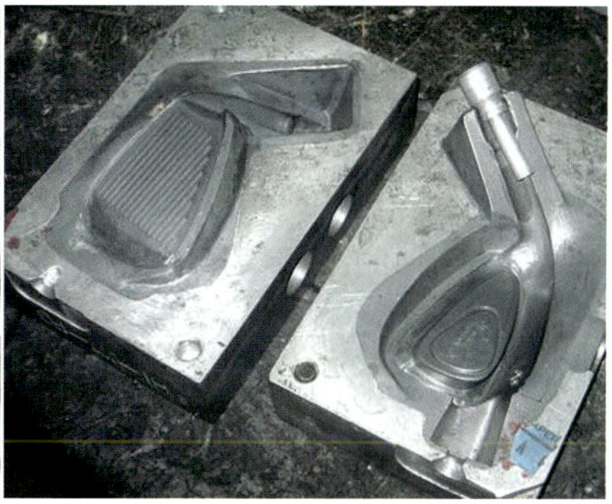

해 손맛이 떨어지며 비거리가 덜 하고, 라이 및 로프트 각을 조절할 수 없다는 단점이 있다.

단조 아이언은 연철 단조라고도 하며, 말 그대로 단단하지 않은 쇳덩어리를 프레스로 찍어서 만든 다음 정밀하게 수작업으로 깎아서 제조하는 방식이다. 단조 아이언의 장점은 스윗스팟이 좁지만 정확하게 타격하면 주조에 비해 거리가 더 많이 나간다는 것이다. 또한 로프트, 라이 각을 조절할 수 있어 자신의 몸에 맞게 클럽 피팅이 용이하다. 그러나 뒤 땅이나 스윗스팟을 벗어난 타격으로 로프트 각, 라이 각이 쉽게 변할 수 있으며, 정확하게 타격하지 않으면 방향성, 비거리가 좋지 않다는 단점이 있다.

주조 또는 단조 아이언을 선택할 때 핸디보다는 타격 스타일을 고려하는 것이 중요하다. 만약 쓸어 치는 타법을 구사한다면 주조, 찍어 치는 타법을 구사한다면 단조 아이언이 적합할 것이다. 프로골퍼는 100% 단조 클럽을 사용하는데, 바운스 각이 낮은 단조 클럽이 아니면 절대 찍어 칠 수가 없기 때문이다.

아이언 헤드의 모양에 따라 아이언의 블레이드/머슬백, 캐비티백, 중공구조 등으로 구분하기도 한다. 이를 좀 더 자세히 살펴보면 다음과 같다.

머슬백 타입의 아이언 헤드

캐비티 백 타입의 아이언 헤드

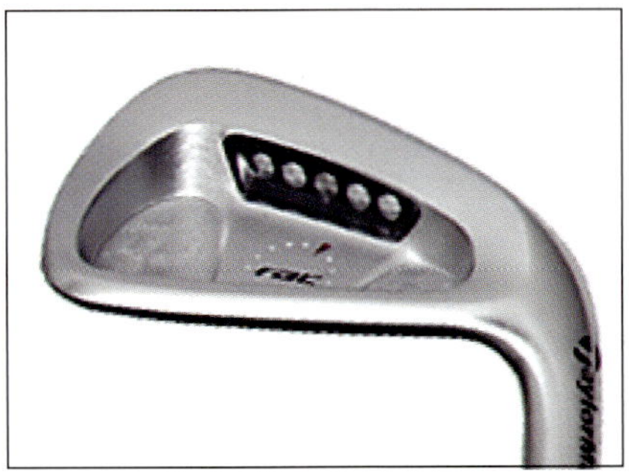

① 블레이드(Blade)/머슬백(Muscle back)

머슬백은 그 이름에서 짐작할 수 있듯, 헤드 뒷면이 근육 덩어리 모양의 통으로 되어 있다.

통으로 만들기 때문에 헤드의 크기가 작고 솔 바닥부분이 얇게 만들어진다. 타구감은 좋지만 예민해서 관용성이 부족하다. 일반적으로 프로나 아마추어 상급자들이 많이 선호한다.

② 캐비티 백(Cabity back)

캐비티 백 디자인은 헤드의 뒤쪽 중심을 움푹 들어가게 하여, 무게 중심을 클럽헤드의 가장자리로 배분한 타입이다.

무게 중심을 헤드 가장자리로 하면, 볼을 띄우기 쉽고 관용성이 높아져서 미스 샷의 확률을 낮출 수 있다. 캐비디 백은 골퍼들이 가장 많이 사용하는 디자인이기도 하다.

한편 캐비티 백 디자인은 풀 캐비티와 포켓 캐비티(하프 캐비티)로 다시 구분하는데, 포켓 캐비티는 헤드 하부의 캐비티에 다시 포켓 형상의 언더 컷을 넣는 형식이다. 포켓 캐비티는 풀 캐비티에 비해 관용도와 탄도가 높고, 솔도 넓어져서 안정감이 있다.

중공구조 타입의 아이언 헤드

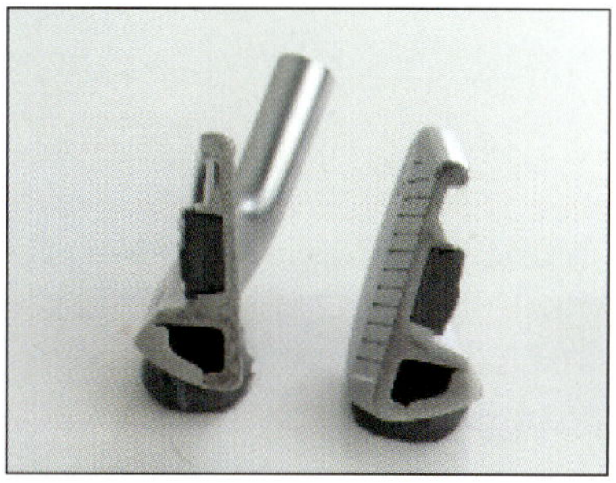

③ 중공구조 디자인

우드와 같이 클럽헤드의 중앙에 빈 공간을 만드는 디자인이다. 일반적으로 우드 또는 하이브리드 클럽에 많이 활용하는 형태이다. 중공구조 디자인의 장점은 얇은 페이스가 반발력을 극대화하여 비거리를 늘려주고, 무게중심이 솔과 헤드 후방에 배분됨에 따라 볼을 쉽게 띄울 수 있다.

아이언 바운스 각도에 대한 설명

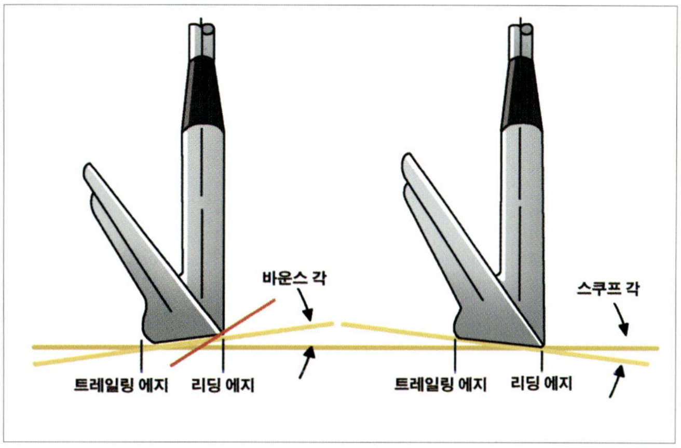

옆의 그림에서 볼 수 있듯, 바운스 각이 높으면 다운스윙할 때 그만큼 지면에 찍혀 꽂히지 않고 더 쉽게 튕겨 맞는다. 때문에 뒤 땅처럼 정확히 쓸지 못해도 공의 방향성과 거리 손실이 줄어들게 된다.

바운스 각이란 웨지에 많이 적용되며, 클럽을 지면에 뒀을 때 솔(클럽의 바닥)의 리딩 에지와 트레일링 에지가 이루는 각을 의미한다. 바운스 각이 크면 벙커나 러프 같은 곳에서 헤드가 바닥에

[표-4] 클럽별 상세 제원

Club No.	로프트 각도	라이 각도	중량(g)	오프셋(㎜)	바운드 각도
48°	48°	64°	289	1	5°/4°
52°	52°	64°	289	1	6°/5°
56°	56°	64°	300	1	12°/10°
60°	60°	64°	296	1	10°/8°
60° LB	60° LB	64°	296	1	2°/1°

박히지 않고 원활하게 빠질 수 있다. 반대로 바운스 각이 작으며 단단한 모랫바닥이나 그린 에지에서 정교하게 칠 때 유리하다.

아이언은 1~9번까지 있는데, 1~4번까지를 롱 아이언, 5, 6번을 미들 아이언, 7~9번까지를 숏 아이언이라 한다. 주요 기능은 방향의 정확성을 나타낸다.

그 밖에 아이언으로는 어프로치 샷에 쓰이는 가장 무거운 피칭 웨지와 벙커를 탈출할 때 사용하는 샌드 웨지가 있다. 아이언의 각 클럽헤드 로프트는 번호가 높을수록 약 3~4도가 높아지며, 헤드 무게 또한 4g 정도 무거워진다. 길이는 3~9번까지 약 0.5인치 정도씩 짧아진다.

다음은 아이언 클럽에 대해 자세하게 설명되어 있어 참고가 될 것이다.

롱 아이언은 숏 아이언에 비해 샤프트가 길고 로프트가 작기 때문에 짧은 아이언에 비해 스윙에 부담을 주는 클럽이다.

반면에 클럽헤드의 속도를 제대로 내면 좋은 비거리를 만들 수 있기 때문에 정교한 티샷을 할 때 드라이버나 우드 대신 사용하기도 한다. 볼이 날아가다가 착지한 이후에도 상대적으로 멀리 굴러가기 때문에 적당한 탄도의 샷을 하지 않으면 클럽의 장점을 살릴 수 없다.

[표-5] 아이언의 종류와 특성

<table>
<tr><th>구분</th><th>번호</th><th>아이언 명칭</th><th>로프트</th><th>길이</th><th>설명</th></tr>
<tr><td rowspan="4">롱 아이언</td><td>1번</td><td>드라이빙 아이언</td><td>16°</td><td>40"</td><td rowspan="4">롱 아이언은 숏 아이언에 비해 샤프트가 길고 로프트가 작기 때문에 짧은 아이언에 비해 스윙에 부담을 주는 클럽이다.
반면에 클럽헤드의 속도를 제대로 내면 좋은 비거리를 만들 수 있기 때문에 정교한 티샷을 할 때 드라이버나 우드 대신 사용하기도 한다. 볼이 날아가다가 착지한 이후에도 상대적으로 멀리 굴러가기 때문에 적당한 탄도의 샷을 하지 않으면 클럽의 장점을 살릴수 없다.</td></tr>
<tr><td>2번</td><td>미들 아이언</td><td>18°</td><td>39.5"</td></tr>
<tr><td>3번</td><td>미들 머시</td><td>22°</td><td>39"</td></tr>
<tr><td>4번</td><td>머시 아이언</td><td>26°</td><td>38.5"</td></tr>
<tr><td rowspan="3">미들 아이언</td><td>5번</td><td>머시</td><td>30°</td><td>38"</td><td rowspan="3">롱 아이언에 비해 비거리는 짧지만 사이드 스핀이 덜 걸리기 때문에 휘는 정도가 작고 다루기 용이하다. 또 볼에 백스핀이 많이 걸리기 때문에 볼이 착지 후에도 덜 굴러간다. 좀 더 비거리를 만들 수 있는 골퍼라면 롱 아이언 대신 사용하여 정확한 샷을 만들어낼 수 있다.</td></tr>
<tr><td>6번</td><td>스페이드 머시</td><td>34°</td><td>37.5"</td></tr>
<tr><td>7번</td><td>머시 니블릭</td><td>38°</td><td>37"</td></tr>
<tr><td rowspan="2">숏 아이언</td><td>8번</td><td>피쳐</td><td>42°</td><td>36.5"</td><td rowspan="2">정확도가 높은 클럽이라서 그린에 가까울수록 거리와 방향의 조절이 중요해지므로 많이 사용한다. 헤드도 롱 아이언과 미들 아이언에 비해 작지만 더 무겁다.</td></tr>
<tr><td>9번</td><td>니블릭/지거</td><td>44°</td><td>36"</td></tr>
<tr><td rowspan="4">웨지</td><td>PW</td><td>피칭 웨지</td><td>46°</td><td>35.5"</td><td>그린 주변에서 홀컵에 근접시키는 샷을 구사할 때 좋다.</td></tr>
<tr><td>AW</td><td>어프로치(갭) 웨지</td><td>52°</td><td>35"</td><td>49~54° 사이의 로프트를 가지며, 피칭과 샌드 웨지의 중간 정도 비거리를 보인다.</td></tr>
<tr><td>SW</td><td>샌드 웨지</td><td>56°</td><td>35"</td><td>바운스가 커서 벙커 탈출에 효과적이며 공과 목표 사이에 장애물이 있어 높은 탄도가 필요하거나, 짧은 런 거리 필요시에 사용한다.</td></tr>
<tr><td>LW</td><td>로브 웨지</td><td>60°</td><td>35"</td><td>일반적으로 58~64° 사이의 로프트를 가지며, 샌드 웨지보다 로프트 각이 커서 공을 띄우기 수월하다. 로브샷(Lob shot), 플롭샷(Flop shot) 등 스핀이 많이 필요한 경우에 사용한다.</td></tr>
</table>

마지막으로 공을 굴려 홀에 넣을 때 사용하는 클럽 즉, 비거리 위주가 아닌 정확한 방향성을 중시하는 도구인 퍼터에 대해 살펴보자.
실제로 드라이버나 아이언 클럽은 길이를 비롯해 샤프트 강도, 토크 등은 기본이고, 헤드 디자인이나 관성모멘트, 스윙웨이트 수치까지 꼼꼼히 챙기면서 정작 퍼터를 구매할 때는 브랜드나 디자인 외에는 크게 따지지 않는 경우가 많다.

우선 퍼터를 구분하는 기준은 헤드의 형태이다.
크게 '블레이드(Blade)'라고 불리는 일자형 퍼터와 '말렛(Mallet)'이라고 불리는 반달형 퍼터, 말렛의 형태를 응용한 T형 퍼터 등이 있다.
블레이드 퍼터는 스트로크할 때, 페이스가 회전하여 공의 방향이 예민하게 반응하기 때문에 상급자에게 적합한 것으로 알려져 있다. 반면, 말렛 퍼터는 헤드 뒤쪽에 무게가 배분되어 페이스가 돌아가지 않기 때문에 초·중급자에게 적합하다.

말렛 퍼터를 변형한 다양한 모양의 퍼터 헤드

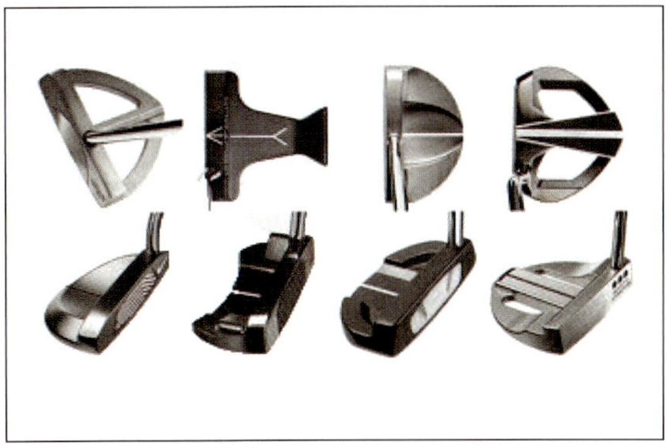

퍼터의 옵셋도 퍼터를 구분하는 중요한 요소이다.
퍼터의 옵셋(off-set)이란, 퍼터를 바닥에 놓고 샤프트를 지면에 수직으로 세웠을 때 퍼터 헤드 맨 앞쪽 날(leading-edge) 부분이 샤프트보다 뒤쪽에 위치하도록 한 클럽 제작 기법을 말한다. 옵셋은 퍼팅할 때 임팩트를 최대한 늦추게 해 임팩트

블레이드 퍼터(좌)와 말렛 퍼터(우)

퍼터의 다양한 옵셋(왼쪽부터 0, 1/2, 2/3, 풀 샤프트)

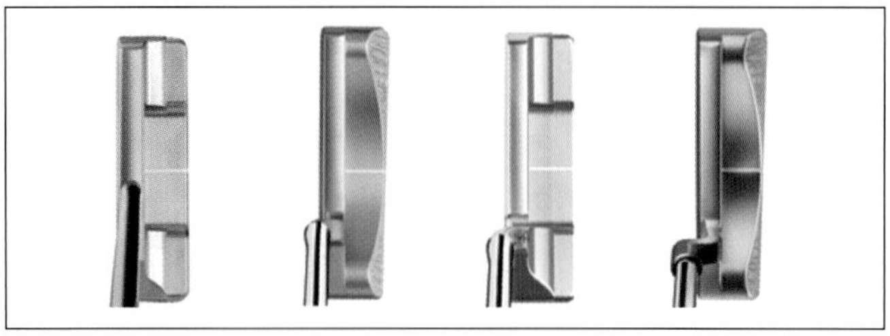

다양한 호젤(왼쪽부터 플러머 넥, 플레어 팁, 노 호젤)

순간 헤드보다 손이 먼저 공을 지나가도록 함으로써 헤드의 가속으로 보다 정확한 퍼팅이 이루어지도록 돕는 역할을 한다.

퍼터의 옵셋 크기는 보통 샤프트 굵기와 비교해 상대적인 크기로 표기한다. 예를 들어 '풀 샤프트(full-shaft)'란 퍼터 헤드의 페이스가 샤프트 굵기 하나만큼, '1/2 샤프트'란 샤프트 굵기의 절반만큼 페이스가 뒤로 물러나 있다는 뜻이다. 옵셋이 전혀 없는 경우에는 페이스와 샤프트의 앞쪽 끝 선이 동일 선상에 위치한다.

옵셋은 퍼터의 호젤(hosel) 모양과도 밀접한 관련이 있다. 일반적으로 가장 많이 사용하는 플러머 넥(plumber neck)은 풀 샤프트, 샤프트가 헤드의 힐 쪽 끝에 꽂혀 있는 L자형 퍼터에 많이 사용하는 플레어 팁(flare-tip)은 2/3 혹은 1/2 샤프트, 호젤이 없거나 샤프트가 퍼터 헤드 정중앙에 꽂혀 있는 센터 퍼터는 보통 옵셋이 없다.

초급자일수록 퍼팅할 때 목표 방향으로 머리가 움직이거나 손목이 꺾이는 경우가 많아 공이 오른쪽으로 밀리는 실수가 잦다. 이런 경우에는 당연히 옵셋이 많은 퍼터를 선택하는 것이 좋다. 반면 중·상급자나 왼쪽으로 당기는 퍼팅 실수가 많은 골퍼는 옵셋이 조금 더 적은 퍼터를 고르면 상당한 효과를 볼 수 있다.

다음은 밸런스에 대해 알아보자.

밸런스(Balance)란 퍼터 샤프트 중심축이 퍼터 헤드의 어느 부분에 위치하도록 설정했는지를 나타내는 말이다. 크게 '페이스 밸런스드(face-balanced)', '토우 웨이티드(toe-weighted/toe hang)' 그리고 이 둘의 중간인 '45도 행어(45 degree hanger/mid hanger)'로 나뉜다.

페이스 밸런스드는 샤프트의 중심축이 퍼터 페이스 정중앙에, 토우 웨이티드는 샤프트의 중심축이 페이스의 힐 쪽에 위치하도록 설계된 퍼터를 말한다.

45도 행어 퍼터를 '힐-토우 웨이티드(heel-tow weighted) 퍼터'라고 부르는 사람들이 있는데 이것은 퍼터의 밸런스가 아닌 단순한 헤드의 무게 배분 방식만을 표현한 말로서 잘못 사용된 용어 퍼터를 고를 때 자신의 퍼팅 스트로크의 궤도를 고려해야 한다.

다. 현재 출시하고 있는 거의 모든 퍼터들은 헤드의 관성모멘트를 높이기 위해 헤드의 힐과 토우 부분에 무게를 더 많이 배분하는 '힐-토우 웨이티드' 디자인을 채택하고 있기 때문이다.

퍼터의 밸런스는 퍼터의 헤드 가까운 샤프트 쪽을 손가락으로 받쳐 들었을 때 헤드가 기우는 모양을 보고 판별한다. 즉, 페이스 밸런스드 퍼터는 퍼터의 페이스가 하늘을 향하고, 토우 웨이티드 퍼터는 토우 쪽이 땅 쪽으로 완전히 기울어 지면과 직각이 된다. 45도 행어는 헤드의 토우 쪽이 이 두 가지 퍼터의 중간 지점을 가리킨다.

밸런스는 헤드 디자인과 밀접한 관련이 있다. 말렛형은 대부분 페이스 밸런스드 퍼터이고 블레이드형은 45도 행어가 많다. 블레이드형 중에서 특히 샤프트가 힐 끝에 꽂혀 있는 L자형 퍼터는 대부분 토우 웨이티드 퍼터다. 퍼터 밸런스는 자신의 퍼팅 스트로크 궤적에 따라 선택하는 것이 좋다.

예를 들어, 퍼팅할 때 퍼터 헤드가 움직이는 궤도가 거의 직선으로 움직이는 스트로크를 가진 골퍼라면 샤프트의 중심축이 페이스 가운데 위치한 페이스 밸런스 퍼터가 좋다.

반면 헤드의 움직임이 완만한 부채꼴 모양의 곡선을 그리는 골퍼라면 샤프트 중심축이 힐 쪽에 가까운 토우 웨이티드 혹은 45도 행어 퍼터가 적합하다.

골퍼들이 퍼팅할 때 손목이 꺾이는 것 다음으로 자주 저지르는 실수 중 하나는 어드레스 때 퍼터의 페이스를 정확하게 목표 방향으로 맞추지 못하고 엉뚱한 방향으로 조준(aiming)하는 것이다. 이런 실수를 자주하는 골퍼라면 퍼터 헤드 위쪽에 '사이트 라인(sight line)'이라 부르는 가로줄이나 홈을 새겨 넣어 조준을 보다 용이하게 만든 퍼터를 고르는 것이 좋다.

헤드 바로 뒤에 골프공과 같은 크기의 흰색 원형 문양을 넣은 투볼(2-Ball) 퍼터나 퍼터 헤드의 색을 녹색과 대비되는 하얀색으로 칠한 고스트 퍼터도 모두 목표 조준을 보다 쉽게 하기 위해 만든 퍼터들이다.

2. 골프 클럽 관리 방법

혹시 라운딩 후 또는 골프 연습장을 다녀온 후에 귀찮아서 골프 클럽을 차 트렁크에 대충 놓아두지는 않는지. 큰맘 먹고 비싼 돈 들여 좋은 클럽을 장만하면 그만큼 관리에 신경을 쓰기 마련이다. 계절별로 효과적인 골프 클럽 관리 방법은 무엇인지 살펴보자.

겨울철 골프 클럽 관리 방법 봄부터 가을까지 골퍼를 위해 헌신한 클럽들은 대부분 겨울에는 창고에서 쉬게 된다. 물론 겨울에도 열심히 연습을 하지만 대부분의 경우 클럽을 겨우내 방치하는 경우가 많다. 하지만 당장 골프 클럽을 사용하지 않는다고 창고나 베란다, 자동차 트렁크 같은 곳에 방치해두다가는 낭패를 보기 십상이다.

겨울철 클럽 관리의 첫 걸음은 그립 체크로부터 시작된다. 대다수 골퍼들이 그립의 중요성을 간과하고 있지만 그립은 골퍼와 클럽을 연결해주는 유일한 부분으로 중요하다.

겨울철 그립 관리 요령은 평소에 하는 관리 요령과 크게 다르지 않지만, 클럽 사용 빈도가 줄어드는 만큼 소홀해지기 쉬운 것이 사실이다. 시즌 내내 사용했던 그립은 때와 땀 때문에 오염되

는데 이를 청소하지 않고 방치한다면 그립의 경화(딱딱해짐)가 빨라지게 되므로 열흘에 한 번은 젖은 수건으로 닦아내 수분을 공급해주는 것이 바람직하다. 일단 사용한 그립은 미지근한 물로 씻고 중성 세제로 살살 문질러가면서 닦아낸다. 때와 땀을 제거하는 것이 목적이니 수세미 같은 것으로 세게 박박 문지를 필요는 없다.

겨우내 연습을 하지 않으면 스윙이 녹슬듯이 클럽 역시 마찬가지이다. 단조 아이언 헤드는 대부분 연철로 만들어지기 때문에 장시간 수분에 노출되면 녹슨다. 녹이 슬면 미관상 좋지 않을 뿐만 아니라 헤드 표면의 크롬 코팅이 벗겨져 클럽의 성능에 문제가 될 수도 있다. 때문에 비 오는 날이나 눈 오는 날 라운드를 한 후에는 반드시 클럽을 깨끗하게 닦고 말리는 것이 중요하다. 겨울철 장시간 사용하지 않을 경우에는 헤드 부분에 윤활제를 바른 뒤 보관하는 것이 좋다.

스틸 샤프트는 표면에 크롬 코팅이 되어 있어 녹슬지 않을 것 같지만, 그립을 제거하고 속을 보면 코팅이 안 되어 있어 녹이 많이 슬어 있는 경우가 대부분이다. 따라서 눈이나 비가 오는 가운데 라운드를 했다면 반드시 골프 클럽을 거꾸로 세우고 스틸 샤프트 안에 들어간 수분을 제거해줘야 한다. 장시간 사용하지 않을 때는 녹 방지제를 바르고 보관하는 것이 좋다.

또한 스틸 샤프트의 성능을 유지하려면 기온 차가 크지 않은 건조한 실내에 보관해두는 것이 포인트이다. 실내라 하더라도 너무 높은 온도에 골프 클럽을 보관하는 것은 클럽을 변형시킬 수 있으므로 피해야 한다. 반면 그라파이트 샤프트나 티타늄으로 된 드라이버 헤드 같은 경우는 깨끗하게만 털어준다면 보관상의 문제는 없다.

여름철 골프 클럽 관리 방법 습기가 많은 한국에서는 골퍼들의 각별한 골프 클럽 관리가 필요하다. 먼저 습기 많은 곳에서의 클럽 관리에 대해 알아보자.

그라파이트 샤프트는 습기에 의해 크게 손상되지 않지만, 열에 의해 고유의 성질과 성능이 저하되는 원인으로 작용할 수 있다.

한여름 자동차 트렁크 안은 최고 80도까지 올라가며 고열에 노출된다. 트렁크에 보관한 그라파이트 샤프트의 클럽은 당연히 이 열을 고스란히 받게 된다. 그로 인해 그라파이트 샤프트의 장점인 복원력, 탄성 부분이 손실된다.

수많은 카본 필름을 말아서 고열과 압축을 통해 만들어진 샤프트이기 때문에 그 열로 인해 성능이 저하될 수 있다는 얘기이다. 따라서 그라파이트 샤프트를 사용하는 골퍼라면 트렁크 안이나 뜨거운 열에 본인의 클럽이 노출되는 일이 없도록 해야겠다.

스틸 샤프트는 크롬 처리되어 있는 겉모양과는 달리 속은 쇠 그대로의 모습이 노출되어 있다. 때문에 공기 중에 노출되는 것만으로도 충분히 산화되기 마련이다. 한국처럼 습기 많은 곳에서는 공기 중에 노출되는 것만으로도 산화가 진행된다. 이는 샤프트의 수명이 단축되고 있음을 의미한다. 관리만 잘 한다면 수명을 좀 더 연장할 수 있다.

먼저 클럽을 살펴보면 그립 뒤쪽에 구멍이 있다. 이는 샤프트 안쪽에 물이나 습기가 들어갔을 경우 다시 빠져 나오게끔 만든 부분이니 절대로 이물질을 넣어 막아두면 안 된다.

또한 이 부분의 안쪽은 그립 테이프로 막혀 있기 때문에 이를 뚫어서도 안 된다. 일반적으로 퍼터와 같은 경우 마커를 이 부분에 끼워두는 골퍼들이 많은데 절대로 금물이다.

만약 비가 오는 날에 라운드를 즐겼다면, 실내에서 그립이 아래로 향하게 세워둔 뒤 그늘에서 최소 12시간 동안 건조시켜야 한다. 결국 습기가 많은 계절에는 클럽을 실내에 보관하는 것이 가장 좋은 방법이다. 즉, 클럽은 언제나 건조하게 두는 것이 가장 좋은 보관법이라고 할 수 있다.

염분이 묻어 있을 경우에 대비해 그립을 아래쪽으로 세워 놓은 뒤 흐르는 물에 세척해주는 것도 클럽의 수명을 연장하는 좋은 습관이다.

그립의 경우 습기나 수분에 접촉된 후 급격히 말라버리면 갈라지거나 미끄러진다. 이를 방지하기 위해 미지근한 담수로 먼저 씻어준 뒤 약산성 비누로 세척하고 건조시키는 것 또한 그립의 수명을 연장하는 방법이다.

아이언이나 웨지의 경우 연습장 볼을 치다 보면 종종 하얗게 볼 껍질이 달라붙거나 볼 자국이 생겨, 때가 잘 타고 지저분해 보일 뿐만 아니라 플레이에도 지장을 줄 수 있다. 이때 물에다 식초 몇

방울을 섞은 다음, 부드러운 칫솔로 살살 문질러주면 잘 벗겨진다.

마지막으로 골프 장비별 관리 방법을 요약해 보자.

클럽헤드(페이스) 미지근한 물로 씻은 뒤 헌 칫솔 같은 나일론 브러시로 닦아준다. 페이스에 파인 홈(그루브)과 나란한 방향으로 브러시를 움직여줘야 홈 속의 이물질이 잘 빠지고 홈도 손상되지 않는다. 금속으로 된 브러시나 수세미 종류는 사용하지 않는 것이 좋다.

그립 클럽헤드와 마찬가지로 미지근한 물로 닦아주는 것이 좋다. 그립은 골퍼들이 모르는 사이 때와 땀이 많이 생겨서 스윙할 때 자신의 의지와 관계없이 따로 스윙하는 느낌을 받는다. 클럽을 바꿀 때까지 한 번도 그립을 닦지 않는 골퍼들이 있는데 연습량이 많으면 수시로 닦아주는 것이 좋다. 타이거 우즈의 경우 캐디가 매 라운드에 앞서 젖은 수건으로 14개 클럽의 그립을 일일이 닦아준다. 자주 닦아주면 산뜻한 밀착감으로 클럽을 잡을 수 있어 좋은 스윙을 할 수 있다.

골프화 바닥의 고무징이 닳아 있을 경우 스윙하는 도중 미끄러질 염려가 있다. 경사지 같은 곳에서는 체중을 잘 지탱하지 못해 스웨이를 유발할 수도 있다. 일주일에 한 번 정도 라운드하는 골퍼들이라면 골프화의 고무징은 연중 두세 차례 바꿔주는 것이 바람직하다.

장갑 골프장갑은 얼마 쓰지 않아도 손에서 땀이 많이 나기 때문에 곧장 쭈글쭈글해진다. 이럴 때 구멍이 나지 않았어도 새 장갑을 끼는 것이 좋으며 3~4켤레를 준비해 돌아가면서 사용해야 한다. 그립을 잘못해 손가락, 손바닥 등에 구멍이 나거나 오래 써서 새까맣게 된 장갑을 끼면 좋은 스윙을 할 수 없는 것은 물론 동반자들이 보기에도 좋은 모습은 아니다.

볼 새것은 아니지만 버리기에 아까운 볼이 있다. 대개는 골프백 속에 넣어두었다가 라운드 중 볼이 동날 경우 쓰곤 하는데, 36홀 이상 사용한 볼은 성능이 떨어질 수 있으므로 쓰지 않는 것이 좋다. 또 카트 도로와 바위 등에 긁히거나 클럽헤드에 찢긴 볼도 탄도와 그린 위에서의 구름이 달라질 수 있으므로 과감하게 버리는 것이 좋다.

러프나 워터해저드에서 주운 볼(로스트볼)은 햇볕과 습기에 오랫동안 노출돼 반발 탄성이 떨어진다. 거리 손실이 불가피하다는 얘기다.

클럽 정비 방법

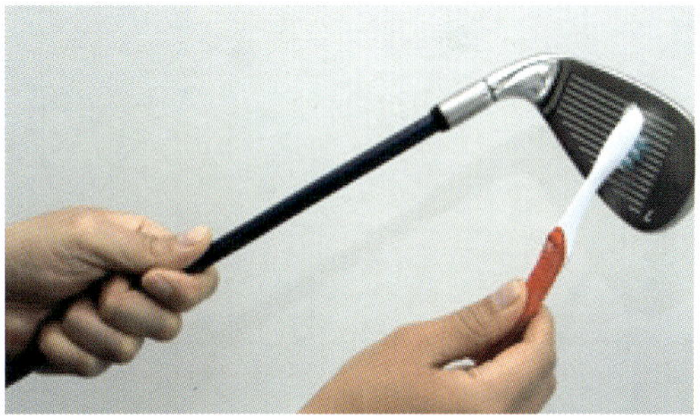

에필로그

2012년 초, 우리 팀에게는 특명이 내려졌습니다. '골프 산업 전반의 현황을 파악할 수 있는 책을 만들어라!' 거창하게 '집필'이라는 단어를 쓰지 않아도 회사 휴게 공간의 책장에 가지런히 놓여 있는 여러 책들을 바라보기만 해도 도저히 넘을 수 없는 큰 산처럼 다가왔습니다.
하지만 손 놓고 있을 수만 없던 우리는 서점이나 국회도서관, 유관 협회, 인터넷 등과 같은 다양한 경로를 통해 '골프' 관련 자료를 취합하고, 정리해 보았습니다.

뜬금없는 질문일 수도 있지만, 우리나라에서 가장 인기 있는 스포츠가 무엇일까요? 아마도 그 중 하나는 프로야구가 아닐까 생각합니다. 2012년을 기준으로 프로야구 관람객 수는 700만 명을 돌파하였습니다. 골프는 어떨까요? 약 500개에 가까운 골프장에 내장객 수가 2,000만 명이 넘는다고 하니, 명실공히 단일 종목 중 최고라고 할 수 있습니다.
이토록 많은 골퍼가 존재하고 다양한 골프 관련 업종이 있음에도 불구하고, 한국 골프의 현황과 시장 동향, 그리고 골퍼의 이용 실태 등 골프 산업 전반에 대한 이해를 도울 수 있는 자료를 찾기가 매우 어려웠습니다.
따라서 수개월 동안 골프 관련 자료들을 취합하고 정리를 하면서 점점 더 '반드시 책을 만들어야겠다'는 생각이 들었습니다.

통상적으로 하나의 산업에 대한 전반적인 현황 및 추이를 정리하여 발간하는 서적을 '백서'라고 일컫습니다. 이번에 발간하는 '골프백서' 또한 이러한 부분에서는 동일한 성격을 가지고 있습니다. 하지만 '골프백서'는 여느 백서들과 같이 골프 산업의 현황만 정리하는 방식은 최대한 지양하고, 실제 골퍼의 이용 행태나 라이프 스타일에 대한 다양한 리서치, CRM분석과 같은 업무를 통해 얻어진 다년간의 경험을 함께 정리하였습니다. 또한 골프에 대한 발전사와 명칭, 규칙 등 이론 부문을 강화하였습니다. 이러한 작업을 통해 골프 산업 관계자 및 골프 관련 학과와 학생, 골프에 관심을 가진 모든 사람들이 보다 쉽고 간편하게 골프를 이해할 수 있도록 했으며, 이렇게 얻어진 지식을 현업이나 실생활에 활용할 수 있도록 하였습니다.

앞서 말한 바와 같이 관련 자료를 취합하는 것은 쉽지 않은 작업이었지만, 업계에 종사하는 다양한 분들의 도움이 있었기에 '골프백서'의 발간이 가능하지 않았나 생각해 봅니다.
국내외 골프 역사 및 사진사 등의 변천사에 대해 도움을 주신 대한골프협회 장은숙 부장님, 필드골프 시장과 관련해서는 골프장경영협회, 골프 레슨 부문에 대해 흔쾌히 인터뷰를 해주신 조수현 감독님, 회원권 시장을 냉철하게 진단하신 에이스회원권 거래소 송용권 이사님, 골프웨어 트렌드 파악에 도움을 주신 크리스패션 이해진 실장님, 스크린골프 시장 및 골프 대회, 그리고 유관기관과의 협력을 위해 힘써주신 골프존 임동진 본부장님, 김명구 부장님, 과거 집필 경험을 토대로 책을 출간하기까지 다방면에서 지원해 주신 골프존 전략기획실 강효석 실장님, 그리고 바쁜 업무 중에 묵묵히 자료 수집부터 집필까지 애쓴 팀원들 외에도 많은 분들께 이 자리를 빌려 감사의 말씀을 전합니다.

지금 창 밖에는 비가 내리고 있습니다. 저는 퇴근 후에 지인들과 스크린골프를 칠 예정입니다. 이렇듯 언제, 어디서나 골프를 즐길 수 있는 여건이 갖춰지고 있으며, 골프 산업 또한 끊임없이 변화되고 있습니다. '골프백서'가 그 변화를 감지하는 밑거름이 되었으면 하는 바람입니다. 감사합니다.

2013년 6월

(주)골프존

마켓인텔리전스팀